한국말 말차림법

한국말 말차림법

최봉영 지음

한국말이 가진 힘을 또렷이 드러낸
완전히 새로운 한국말 문법!

머리말

한국말의 힘을 또렷이 드러낸, 새로운 문법을 차려내며

내가 책을 쓰는 것은 그동안 겪어온 온갖 것을 학문의 용광로에 녹여서 이론으로 만드는 일이다. 이번에 쓴 『한국말 말차림법』은 한국말을 모국어로 하는 사람으로 태어나, 적지 않은 세월을 살아오면서 말과 연관하여 겪은 온갖 것을 말차림법에 녹여서 하나의 이론으로 만든 것이다.

내가 겪은 학교 교육 속 한국말

내가 어렸을 때 들은 말 가운데 아직도 기억에 또렷이 남아 있는 것은 거의 모두가 아버지의 말이다. 나는 걸어 다니기 시작할 무렵부터 많은 시간을 아버지 곁에서, 아버지가 내게 하는 말이나 아버지가 다른 이들과 주고받는 말을 들으며 자랐다. 나에게 아버지의 말은 별스러운 데가 있었다.

아버지는 1884년에 태어나 조선왕조, 대한제국, 일제강점기, 미군정기, 대한민국을 거쳐서 1963년에 돌아가셨다. 아버지는 다섯 나라를 거치면서 격동의 시기에 벌어졌던 온갖 일을 겪어야 했다. 나는 아버지가 예순아홉이던 1952년에 태어나서, 아버지가 돌아가실 때까지 12년을 함께 살았다. 나는 아버지의 말을 통하여 세상이 어떻게 굽이치며 흘러가는지 조금 엿볼 수 있었다.

　내가 일곱 살 때, 아버지는 나에게 『천자문(千字文)』을 가르쳤다. 나는 아버지가 일러주는 대로 하늘 천(天), 따 지(地), 검을 현(玄), 누를 황(黃) 따위를 외웠다. 왜 외워야 하는지 까닭을 알지 못했지만, 그렇게 하면 좋다고 부추기는 바람에 그렇게 했다. 그런데 나는 이런 일을 겪으면서 사람들이 하나의 어떤 것을 하늘과 천(天)이라는 두 가지 말로 말하는 것을 알게 되었고, 하늘과 천(天)을 놓고서 하늘보다 천(天)을 더 값지게 녀기는 것도 알게 되었다. 64년 전의 일이다.

　열세 살에 중학교에 들어가자 영국말을 배우기 시작했다. 영어책에서 배운 첫 문장은 "I am Willy James.", "You are Sally Dickson."이었던 것 같다. 나는 영국말 낱말을 외우는 것이 싫고 힘들었지만, 공부를 하려면 어쩔 수 없다고 하여 마지못해서 그렇게 했다. 그런데 나는 이런 일을 겪으면서 사람들이 하나의 어떤 것을 하늘과 천(天)과 스카이(sky)라는 세 가지 말로 말하는 것을 알게 되었고, 하늘과 천(天)과 스카이(sky)를 놓고서 하늘과 천(天)보다 스카이(sky)를 더 값지게 녀기는 것도 알게 되었다.

　나는 초등학교에서 고등학교까지 12년 동안 국어 시간에 한국말을 공부했지만 그렇게 해야 할 필요를 크게 느끼지 못했다. 한자 낱말이나 영국말 낱말을 알고 있으면 한국말을 따로 공부하지 않아도 신문, 잡지, 소설, 시 따위를 보고 읽는 데 아무런 문제도 없었다.

나에게 한국말은 한자 낱말이나 영국말 낱말을 풀어주는 단순한 도구에 지나지 않았다. 이런 까닭으로 내가 국어 시간에 배운 한국말은 거의 모두가 시험 점수를 따기 위한 공부였다.

학문의 길에서 말의 바탕에 눈뜨다

대학에 들어가서 이런저런 책을 읽으며 어떻게 살 것인지 생각하다가, 학자가 되기로 마음을 먹었다. 아버지처럼 살 수도 없고, 형들처럼 살 수도 없고, 존 레넌(John Lennon)처럼 살 수도 없고, 이소룡(李小龍)처럼 살 수도 없는 나를 마주하게 된 상황에서 프로이트(Sigmund Freud)도 답이 아니고, 사르트르(Jean-Paul Sartre)도 답이 아니고, 피아제(Jean Piaget)도 답이 아니고, 프롬(Erich Fromm)도 답이 아닌 상황에 놓이게 되니, 내가 스스로 학자가 되어서 나와 같은 사람에게 알맞은 새로운 길을 열어보고자 생각하게 되었다. 나는 우리가 함께 겪어온 온갖 것을 용광로에 녹여서 모두에게 맞춤한 새로운 이론을 만들고 싶었다. 이때부터 나는 공부에 필요한 책을 두루 읽을 욕심에서 한문과 영국말을 부지런히 공부했다.

나는 대학원에서 학자의 길로 들어서자, 한자 개념과 서양말 개념을 바탕으로 이론을 만드는 일을 했다. 한국사람과 한국문화를 풀어낼 수 있는 나름의 이론을 만들어서 1994년에 『한국인의 사회적 성격(Ⅰ)-일반이론의 구성』, 『한국인의 사회적 성격(Ⅱ)-일반이론의 적용』을 냈고, 1997년에 『조선시대 유교문화』와 『한국문화의 성격』을 냈다. 이를 바탕으로 인간과 문화와 문명을 하나로 싸잡을 수 있는 이론 체계를 만들어서 2000년에 『주체와 욕망』을 냈다.

그런데 『주체와 욕망』을 마무리할 무렵부터 내가 배우고 쓰는 개념이 어설픈 것을 알게 되었다. 『주체와 욕망』에서 '주체'는 '님 주(主)'와 '몸 체(體)'로 된 말인데 나는 '님'과 '몸'이 어떤 바탕을 갖고 있는지 또렷이 알지 못했고, '욕망'은 '하고자 할 욕(慾)'과 '바랄 망(望)'으로 된 말인데 '하고자 함'과 '바람'이 어떤 바탕을 갖고 있는지 또렷이 알지 못했다.

이때부터 나는 내가 배우고 쓰는 개념을 하나하나 묻고 따져서 말의 바탕을 밝히기 시작했다. 이와 함께 다른 이들과 더불어 『우리말 철학사전』을 만드는 일, '우리말로 학문하기 모임'을 만드는 일, 《사이》라는 잡지를 만드는 일, '한국말 바탕공부 모임'을 만드는 일에 힘을 기울였다.

한국문화, 한국사회, 그리고 한국사람과 한국말

나는 한국말의 바탕을 묻고 따지는 일을 시작한 뒤로 이제까지 네 권의 책을 발표했다.

먼저, 2002년에 『본과 보기 문화이론』을 냈다. 나는 한국말에서 볼 수 있는 '본보기'라는 말을 실마리로 삼아서, 한국사람이 세상을 바라보는 눈이 어떤 것인지 풀어내고자 했다. 나는 본질을 가리키는 '본', 현상을 가리키는 '보기', 본질과 현상의 만남을 가리키는 '본보기', 그리고 '본'에서 '보기'로 나아가서 무엇을 알아차리는 연역(演繹), '보기'에서 '본'으로 나아가서 무엇을 알아차리는 귀납(歸納) 따위를 하나로 어울러서 한국문화를 풀어낼 수 있는 새로운 문화 이론을 만들었다.

2005년에 『한국사회의 차별과 억압: 존비어체계와 형식적 권위주의』를 냈다. 나는 한국말에서 볼 수 있는 존비어체계가 인간관계에서 어떤 구실을 하는지 풀어내고자 했다. 한국사람은 1960년대부터 수십 년 동안 힘차게 민주화 운동을 벌여온 결과, 제도의 민주화를 이루어서 삶의 바탕을 수평적 인간관계에 두게 되었다. 그러나 한국말이 갖고 있는 존비어체계로 말미암아 사람들이 형식적 권위주의에 빠져서 수직적 인간관계를 고집하게 됨으로써, 곳곳에서 갈등이 일어났다. 나는 이런 것의 까닭을 밝혀서 사람들이 존비어체계에서 비롯하는 형식적 권위주의를 넘어서 민주주의에 걸맞은 수평적 인간관계로 나아갈 수 있는 새로운 길을 열고자 했다.

    2012년에 『한국인에게 나는 누구인가』를 냈다. 나는 한국말에서 볼 수 있는 나, 너, 남, 저, 우리, 느낌, 앎, 쉬다, 보다, 맛, 멋, 떨림, 울림, 차림 따위를 묻고 따져서 한국사람에게 '나'는 누구인지 밝혀보고자 했다. 사람들은 '나'라는 말의 바탕이 '나다', '낳다(나+히+다)', '내다(나+이+다)'에 있다는 것을 알게 됨으로써 내가 '나'를 바라볼 수 있는 나름의 잣대를 가질 수 있게 된다. 그들이 이를 바탕으로 너, 남, 저, 우리, 느낌, 앎, 쉬다, 보다, 맛, 멋, 떨림, 울림, 차림으로 나아가면 저마다 나를 나답게 만들어가는 길을 손쉽게 찾아갈 수 있다고 보았다.

    2013년에는 『말과 바탕공부』를 냈다. 나는 한국말에서 볼 수 있는 아름, 다움, 그 위, 어울림, 맛, 멋, 성, 덕, 가르침, 깨침, 익힘, 배움, 다스림, 살맛, 죽을 맛 따위를 묻고 따져서 한국사람이 살아가는 삶의 바탕이 어디에 있는지 풀어내고자 했다. 나는 다섯 가지 주제, 곧

'아름다움이란 무엇인가', '성이란 무엇인가', '덕이란 무엇인가', '교육이란 무엇인가', '정치란 무엇인가'를 묻고 따져서 사람들이 아름다움, 성, 덕, 교육, 정치를 또렷이 알고, 이를 제대로 이루도록 돕고자 했다.

**서양말·일본말 문법에 기대지 않고,
한국사람들의 머릿속에 차려진 한국말을 제대로 풀어내다**

나는 위와 같은 일을 하면서 한국말을 더욱 깊이 묻고 따지게 되었고, 한국말이 어떤 말인지 더욱 또렷이 알아보게 되었다. 이를 통해서 나는 한국말이 갖고 있는 엄청난 힘에 거듭 놀라게 되었다. 나는 한국말에서 존재, 현상, 인식, 논리, 윤리, 미학 따위를 새롭게 풀어낼 수 있는 여러 가지 실마리를 찾게 되어, 누구도 가보지 못한 곳을 가볼 수 있게 되었다. 그리고 나는 뜻을 같이하는 이들과 더불어 한국말의 바탕을 묻고 따져서 풀어내는 일에 더 많은 힘을 쏟게 되었다.

이와 함께 나는 학교에서 가르치는 한국말 문법이 한국말을 제대로 풀어내지 못하는 것을 알게 되었다. 일찍이 한국의 학자들이 한국말 문법을 처음으로 묻고 따질 때, 본보기로 삼은 것은 일본말 문법이었다. 그런데 19세기 후반에 일본의 학자들이 일본말 문법을 만들 때, 그들은 서양말 문법을 일본말로 번역하면서 얻은 문법 지식과 그때 만든 서양식 문법 용어를 가지고 일본말 문법을 만들었다. 이로 말미암아 그들은 교착어인 일본말과 굴절어인 서양말은 다른 점이 매우 많음에도 서양식 문법 용어에 일본말을 욱여넣는 방식으로 일본말 문법을 만들었다. 이 때문에 일본말 문법이 일본말을 제대로 풀어내지 못하는 일이 벌어졌다.

그런데 한국의 학자들은 이런 것을 생각하지 못한 채, 일본말 문법을 좇아서 한국말 문법을 만들었다. 최광옥이나 유길준의 한국말 문법은 물론이고, 주시경이나 최현배의 한국말 문법도 마찬가지이다.

나는 처음에 기존의 한국말 문법을 고쳐서 제대로 된 문법을 만들어보고자 애를 썼다. 그러나 시간이 흐르면서 기존의 문법을 고치는 방식으로는 제대로 된 문법을 만들 수 없다는 것을 깨닫게 되었다. 그 뒤로 나는 기존의 문법을 벗어나서 완전히 새로운 문법을 만들기 시작했다. 이를 위해 나는 한국말을 배우고 쓰는 사람들의 머릿속에 차려져 있는 한국말의 차림새를 있는 그대로 담아낼 수 있는 한국말 말차림법을 만들고자 했다. 나는 무슨 말이든 그것의 차림새를 두루 풀어낼 수 있는 일반 이론을 생각하면서, 그것을 바탕으로 한국말에 맞는 말차림법을 만들어나갔다.

나는 독자들의 이해를 돕기 위해 이 책 말미에 '덧붙임(부록)' 두 가지를 실어놓았다. '덧붙임 1. 한국말 말차림법 용어 풀이'는 내가 만든 한국말 말차림법의 핵심 용어 스무 개를 설명한 것으로, 일종의 '개념어 사전'이라고 할 수 있다. 그리고 '덧붙임 2. 한국말 말차림법 도표'는 이 책 전체에 걸쳐서 설명한 한국말 말차림법의 뼈대를 추려서 하나의 도표로 정리해놓은 것이다. 독자들의 필요에 따라 먼저 '덧붙임'을 훑어본 뒤에 본문을 읽어나가도 좋고, 먼저 본문을 읽은 뒤에 '덧붙임'을 보면서 마무리를 해도 좋다.

나는 갖가지로 많은 실패와 좌절을 맛보면서 2019년 8월 2일에 마침내 한국말 말차림법을 만들게 되었다. 그로부터 이제까지 4년에 걸쳐서 한국말 말차림법을 고치고 다듬는 일을 거듭하며 오늘에 이르렀다. 나에게 이런 일이 있을 수 있게 한 모든 것이 그저 고마울 따름이다.

일러두기

한국사람은 옛날에 'ㄴ'이 첫소리로 들어가는 '니다', '닐다', '니르다', '녀기다', '니', '님'을 썼다. 그런데 오늘날에는 이것을 모두 '이다', '일다', '이르다', '여기다', '이', '임'으로 고쳐서 쓰도록 한다. 이 때문에 '니다', '닐다', '니르다', '녀기다', '니', '님'이 어떤 바탕을 가진 말인지 알아볼 수 없게 되었다. 그런데 한국말을 풀어내는 일에서 '니다', '닐다', '니르다', '녀기다', '니', '님'은 매우 중요한 실마리가 되는 낱말인 까닭으로, 이 책에서는 옛날에 쓰던 본래 모습을 좇아서 되도록 'ㄴ'을 살려서 썼다.

차례

머리말_한국말의 힘을 또렷이 드러낸, 새로운 문법을 차려내며 … 004

제1부 말과 말차림법

01 말과 사람 … 019
02 말과 녀김 … 021
03 입말과 글말 … 029
04 말과 생각 … 039
05 말과 문장 … 044
06 한국말과 영국말과 중국말 … 047
07 한국말과 중국말 … 057
08 한국말과 영국말 … 065
09 한국말 학교문법 … 073

제2부 한국말 말차림법

01 말을 어떻게 차릴 것인가 … 095
02 한국말 말차림법 … 098
  1 말 … 100
  2 포기말 … 101
  3 마디말 … 102
  4 매듭말 … 102
  5 다발말 … 103
  6 씨말 … 104
  7 앞씨말 … 105
  8 곁씨말 … 106
  9 낱말 … 107

03 한국말 차림새 풀어내기 … 112

  1 마디말 차림새 풀어내기 … 113

    1 마디말 … 113

    2 마디말의 갈래 … 115

    1) 곧이말 … 116

      ① 으뜸 곧이말 … 117   ② 딸림 곧이말 … 117

      ③ 얼임 곧이말 … 118   ④ 같이 곧이말 … 119

    2) 맞이말 … 120

      ① 바로 맞이말 … 122   ② 끼침 맞이말 … 123

      ③ 가암 맞이말 … 124   ④ 비롯 맞이말 … 124

      ⑤ 자격 맞이말 … 125   ⑥ 밑감 맞이말 … 125

      ⑦ 시간 맞이말 … 126   ⑧ 장소 맞이말 … 126

      ⑨ 방향 맞이말 … 127   ⑩ 보람 맞이말 … 127

      ⑪ 도구 맞이말 … 128   ⑫ 수단 맞이말 … 128

      ⑬ 까닭 맞이말 … 129   ⑭ 견줌 맞이말 … 129

      ⑮ 같이 맞이말 … 130

    3) 풀이말 … 130

      ① 풀이말이 곧이말을 푸는 방식에 따른 갈래 … 131

      ② 풀이말이 포기말에서 맡은 구실에 따른 갈래 … 133

    4) 꾸밈말 … 136   5) 묶음말 … 138

    6) 놀람말 … 138   7) 호응말 … 138

    8) 부름말 … 139

  2 매듭말 차림새 풀어내기 … 139

  3 포기말 차림새 풀어내기 … 141

    1 포기말 … 141

    1) 무엇을 어떤 것으로 풀어내는 포기말의 갈래 … 142

    2) 마디말을 쌓아 올리는 포기말의 갈래 … 143

    2 포기말과 마침법 … 145

    1) 일됨을 풀어내는 바탕 얼개 … 147

    2) 꼴됨을 풀어내는 바탕 얼개 … 150

    3) 이됨을 풀어내는 바탕 얼개 … 152

4) 있음을 풀어내는 바탕 얼개 ⋯ 153

5) 됨이를 풀어내는 바탕 얼개 ⋯ 155

4 씨말 차림새 풀어내기 ⋯ 158

1 씨말 ⋯ 158

2 앞씨말과 곁씨말 ⋯ 160

1) 곧이말 앞씨말＋곧이말 곁씨말 ⋯ 161

2) 맞이말 앞씨말＋맞이말 곁씨말 ⋯ 162

3) 풀이말 앞씨말＋풀이말 곁씨말 ⋯ 163

4) 꾸밈말 앞씨말＋꾸밈말 곁씨말 ⋯ 163

5) 묶음말 앞씨말＋묶음말 곁씨말 ⋯ 164

6) 놀람말 앞씨말＋놀람말 곁씨말 ⋯ 165

7) 호응말 앞씨말＋호응말 곁씨말 ⋯ 165

8) 부름말 앞씨말＋부름말 곁씨말 ⋯ 166

3 앞씨말의 갈래 ⋯ 166

1) 몸통것 앞씨말 ⋯ 166

① 본디 몸통것 앞씨말 ⋯ 167   ② 처럼 몸통것 앞씨말 ⋯ 168

③ 누리 몸통것 앞씨말 ⋯ 168   ④ 딸림 몸통것 앞씨말 ⋯ 170

⑤ 갈음 몸통것 앞씨말 ⋯ 175   ⑥ 빈 몸통것 앞씨말 ⋯ 176

⑦ 셈 몸통것 앞씨말 ⋯ 178   ⑧ 자리 몸통것 앞씨말 ⋯ 181

2) 풀이것 앞씨말 ⋯ 182

3) 풀이지 앞씨말 ⋯ 184

① 일됨 풀이지 앞씨말 ⋯ 186   ② 꼴됨 풀이지 앞씨말 ⋯ 187

③ 이됨 풀이지 앞씨말 ⋯ 189   ④ 있음 풀이지 앞씨말 ⋯ 189

⑤ 됨이 풀이지 앞씨말 ⋯ 190

4 곁씨말의 갈래와 모음 ⋯ 190

1) 곧이말 곁씨말 모음 ⋯ 190

① 으뜸 곧이말 곁씨말 ⋯ 190   ② 딸림 곧이말 곁씨말 ⋯ 191

③ 얼임 곧이말 곁씨말 ⋯ 192   ④ 같이 곧이말 곁씨말 ⋯ 192

2) 맞이말 겿씨말 모음 … 192
    ① 바로 맞이말 겿씨말 … 192　② 끼침 맞이말 겿씨말 … 193
    ③ 가암 맞이말 겿씨말 … 193　④ 비롯 맞이말 겿씨말 … 193
    ⑤ 자격 맞이말 겿씨말 … 193　⑥ 밑감 맞이말 겿씨말 … 194
    ⑦ 시간 맞이말 겿씨말 … 194　⑧ 장소 맞이말 겿씨말 … 194
    ⑨ 방향 맞이말 겿씨말 … 194　⑩ 보람 맞이말 겿씨말 … 195
    ⑪ 도구 맞이말 겿씨말 … 195　⑫ 수단 맞이말 겿씨말 … 195
    ⑬ 까닭 맞이말 겿씨말 … 195　⑭ 견줌 맞이말 겿씨말 … 196
    ⑮ 같이 맞이말 겿씨말 … 196

3) 풀이말 겿씨말 모음 … 196
    ① 마침 풀이말 겿씨말 … 196　② 매김 풀이말 겿씨말 … 197
    ③ 이음 풀이말 겿씨말 … 197　④ 엮음 풀이말 겿씨말 … 198

4) 꾸밈말 겿씨말 모음 … 198

5) 묶음말 겿씨말 모음 … 199

6) 놀람말 겿씨말 모음 … 199

7) 호응말 겿씨말 모음 … 200

8) 부름말 겿씨말 모음 … 200

5 씨말과 바탕치 … 200

1) 앞씨말 만들기와 바탕치 차리기 … 203
    ① 몸통겻 앞씨말+풀이지 앞씨말 … 203
    ② 가져다 붙이기 … 213　③ 말뜻을 넓히거나 펼치기 … 216
    ④ 말소리 달리하기 … 216　⑤ 남의 나라말 빌려 쓰기 … 217
    ⑥ 널리 알려진 이야기를 바탕으로 삼기 … 219

2) 겿씨말 만들기와 바탕치 차리기 … 220
    ① 겿씨말 만들어 쓰기 … 220　② 겿씨말 바탕치 차리기 … 223

맺음말_한국말을 바탕으로 묻고 따져서 풀어내기 … 242

덧붙임 1. 한국말 말차림법 용어 풀이 … 248
덧붙임 2. 한국말 말차림법 도표(삽지)

제1부
말과 말차림법

01 말과 사람
02 말과 녀김
03 입말과 글말
04 말과 생각
05 말과 문장
06 한국말과 영국말과 중국말
07 한국말과 중국말
08 한국말과 영국말
09 한국말 학교문법

01

말과 사람

    오늘날 많은 사람이 개나 고양이와 더불어 살아간다. 어떤 이들은 개나 고양이를 집 안에 들여서 마치 가족처럼 함께 지낸다. 그들은 나들이할 때도 개나 고양이를 데리고 다니려 한다. 그렇게 할 수 없는 경우에는 나들이를 그만두기도 한다. 이러니 한국사람은 개나 고양이를 애완동물이라고 부르던 것을 고쳐서 반려동물이라고 부르게 되었다.

    사람들이 개나 고양이를 반려(짝이 되는 동무)처럼 생각하더라도 사람과 개나 고양이는 크게 다르다. 사람은 살아가기 위해 벼, 보리, 감자, 닭, 소 따위를 기르는 일을 하고, 밥, 옷, 집 따위를 짓는 일을 하며, 그릇, 호미, 안경, 자동차, 컴퓨터 따위를 만드는 일을 한다. 그런데 개나 고양이는 이런 일을 하지 못한다. 그들은 먹이가 될 만한 것을 찾거나, 잡거나, 얻어서 먹으며 살아간다.

    사람과 개와 고양이는 모두 고등동물에 속한다. 그들은 많은 능력을 가지고 있어서 살아가는 데 필요한 갖가지 일을 잘 해낸다. 그런데 사람이 살아가는 것과 개나 고양이가 살아가는 것은 크게 다르다. 이는 사람이 말을 갖고 있기 때문이다. 사람들은 말을 써서 무엇이든 깊고 넓게 묻고 따질 수 있게 되었고, 이에 따라 온갖 것을 깊고 넓게 느끼고, 알고, 바라고, 이룰 수 있게 되었다. 반면에 개나 고양이는 말을 갖고 있지 않기 때문에 묻고 따지는 일을 깊고 넓게 하지 못한다. 이로 말미암아 사람은 개나 고양이를 기르는 임자로 자리하게 되었고, 개나 고양이는 사람이 기르는 짐승에 머무르게 되었다.

 사람들은 묻고 따지는 일을 통해서 지식과 기술을 갖게 되자, 사물이 가진 성질을 살려서 살아가는 살림살이를 하게 되었다. 사람들은 풀, 나무, 물, 불, 쇠, 돌과 같은 것이 가진 성질을 살려서 심고, 기르고, 짓고, 세우고, 이루는 일을 함으로써 살아가는 데 필요한 온갖 것을 갖추어 쓸 수 있다. 이런 일을 바탕으로 사람들은 곳곳에서 대를 이어가며 문화를 일구고 문명을 이룩해왔다.

 오늘날 사람들은 기계를 부릴 수 있는 인공 언어(artificial language)를 만들어서, 기계가 사람의 말을 좇아 사람처럼 일하는 세상에서 살아간다. 사람은 기계와 정보를 주고받으면서, 기계에 여러 가지 일을 시킨다. 기계가 차를 몰고, 글을 읽고, 바둑을 두고, 시를 쓰고, 소설을 짓고, 그림을 그리고, 프로그램을 만들고, 물건을 생산하는 일이 곳곳에서 일어나고 있다.

02

말과 녀김

　　말은 사람들이 더불어 함께하는 것이다. 사람들은 더불어 함께하는 말을 바탕으로 커다랗게 무리를 지어서 어울려 살아간다. 사람들은 말을 바탕으로 이웃, 마을, 지역, 나라, 세계, 우주로 삶의 영역을 끝없이 넓혀나간다.

　　사람들은 말을 함께하는 이들을 겨레라고 부른다. 사람들은 인종, 시대, 출신, 거주, 국적 따위가 달라도 같은 말을 배우고 쓰면 하나의 겨레가 된다. 그들은 말을 바탕으로 온갖 생각을 주고받으며 함께 어울려 살아간다. 같은 말을 배우고 쓰는 이들이 늘어나고 줄어듦에 따라 겨레의 크기 또한 커지고 작아진다. 말을 같이하는 이들이 사라지면 겨레 또한 사라진다.

　　말은 사람들이 더불어 함께하는 것이기에 그것을 배우고 쓰는 이들은 모두 좇아서 따라야 한다. 사람들이 말을 좇아서 따르지 않으면 말은 바탕을 잃게 되어 어떤 구실도 하지 못하게 된다. 바탕을 잃은 말은 알맹이를 갖지 못한 쭉정이와 같다. 이런 까닭으로 함께 더불어 살아가는 사람들에게 말은 공공성(公共性)이 비롯하는 기틀이 된다. 사람은 말의 공공성에 기대어서 지식, 정보, 기술, 지혜와 같은 것을 함께 일구고 가꾸는 일을 이어갈 수 있다.

말은 사람이 스스로 만들어 쓰는 것이다. 한국사람은 '나', '~는', '빵', '~을', '먹', '~었', '~다'와 같은 것을 만들어서 "나는 빵을 먹었다."와 같은 말을 쓰고, 영국사람은 'I', 'ate', 'bread'와 같은 것을 만들어서 "I ate bread."와 같은 말을 쓴다. 사람들이 말을 어떻게 만들어 쓰느냐에 따라 말의 갈래가 이리저리 달라질 수 있다. 사람들이 수백, 수천 개의 말을 만들어 써온 것을 보면 알 수 있다.

사람들이 말을 만들어 쓰는 것은 무엇을 어떤 것으로 녀기는 것에 바탕을 두고 있다. 이를테면 한국사람은 무엇을 '나'로 녀기고, 무엇을 '~는'으로 녀기고, 무엇을 '빵'으로 녀기고, 무엇을 '~을'로 녀기고, 무엇을 '먹'으로 녀기고, 무엇을 '~었'으로 녀기고, 무엇을 '~다'로 녀겨서 "〈나는〉-〈빵을〉-〈먹었다〉"라는 말을 한다. "〈나는〉-〈빵을〉-〈먹었다〉"라는 말에 있는 모든 것은 사람이 무엇을 어떤 것으로 녀겨서, 누구나 뜻을 알아볼 수 있도록 만들어 쓰는 것들이다.

사람들이 말을 만들어 쓰는 일이 무엇을 어떤 것으로 녀기는 것에 바탕을 두고 있음을 잘 보여주는 예가 『도덕경(道德經)』에 나오는 "도가도 비상도(道可道 非常道), 명가명 비상명(名可名 非常名)"과 『화엄경(華嚴經)』에 나오는 "일체유심조(一切唯心造)"와 같은 것이다.

『도덕경』에서 "도가도 비상도, 명가명 비상명"은 사람들이 말로써 무엇을 어떤 것으로 녀겨서 알아보는 일을 할 때, 존재하는 그 무엇과 사람이 말하는 어떤 것이 같지 않을 수 있음을 말한다. 즉 "도가도 비상도"는 "사람들이 말로써 도를 어떤 도라고 녀기게 되면, 말하고자 하는 본래의 도와 같지 않을 수 있다."는 것을 말하고, "명가명 비상명"은 "사람들이 말로써 이름을 어떤 이름이라고 녀겨서 말하게 되면, 말하고자 하는 본래의 그 이름과 같지 않을 수 있다."는 것을 말한다.

"도가도 비상도"에서 도(道)는 '말하다'의 뜻을 지니고 있다. 사람들이 도를 닦고, 따르고, 행하는 것은 사람들이 도라고 말하는 것을 닦고, 따르고, 행하는 것을 말한다. 그리고 "명가명 비상명"에서 명(名)도 '말하다'의 뜻을 지니고 있다. 사람들이 명을 짓고, 따르고, 부르는 것은 사람들이 명이라고 말하는 것을 짓고, 따르고, 부르는 것을 말한다. 이런 까닭으로 사람들이 말로써 말하는 '도'와 '명'은 말이 가리키고자 하는 본래의 그것과 같지 않을 수 있다.

특히 한자와 같이 말의 뜻을 그림으로 나타내는 글자를 만들어 쓰는 경우, 사람들이 그림으로 나타낸 말의 뜻과 말이 가리키는 본래의 것이 가진 뜻이 크게 다를 수 있다. 이를테면 한자에서 달을 나타내는 '月'은 해에 비친 달의 모습이 사람의 눈에는 날마다 바뀌는 것처럼 보이기 때문에 사람들이 '月'이라는 글자를 만들어 쓰게 되었지만, 달의 본체는 둥그런 모습에 어떤 변화도 일어나지 않는다.

『화엄경』에서 "일체유심조"는 "모든 것은 마음으로 지은 것이다."를 뜻하는 말이다. 보살설게품(菩薩設偈品)에 "만약 어떤 사람이 과거, 현재, 미래의 모든 부처를 알고자 한다면(若人欲了知三世一切佛), 마땅히 법계의 본성을 꿰뚫어 보아야 한다(應觀法界性). 모든 것은 마음으로 지은 것이다(一切唯心造)."라고 나와 있다. 여기서 "일체유심조"는 마음에 있는 모든 것은 사람이 무엇을 어떤 것으로 지어서 알아보는 것에 지나지 않음을 말한다.

"모든 것은 마음으로 지은 것이다."라고 말하는 경우에 사람들이 마음으로 무엇을 어떤 것으로 지어서 알아보는 것은 크게 두 가지가 있다. 하나는 사람들이 늧['늧'은 느낌이 비롯하는 빌미로서 감각 자질을 말함. '느닷없이'에서 '느닷'은 '늘(늧)의 앗(씨앗)'으로서 느낌이 일어나는 바탕을 말함]을 가지고 느껴서 무엇을 어떤 것으로 지어서 알아보는 것이고, 다른 하나는 사람들이 말을 가지고 녀겨서 무엇을 어떤 것으로 지어서 알아보는 것이다. 『화엄경』은 늧으로 느껴서 알아보는 것과 말로 녀겨서 알아보는 것을 하나로 싸잡아, 모든 것을 마음으로 지어서 알아보는 것으로 말하고 있다. 그런데 사람들이 마음에서 일어나는 것을 제대로 알아보려면 늧으로 느껴서 알아보는 일과 말로 녀겨서 알아보는 일을 나누어서 살펴보아야 한다.

벌과 나비, 개나 돼지, 침팬지나 고릴라와 같은 것은 늧으로 느껴서 알아보는 데 그치는 탓에 불을 피우고, 농사를 짓고, 나라를 세우고, 글자를 만들고, 자동차를 만드는 일 따위를 하지 못한다. 그러나 사람은 늧으로 느껴서 알아보는 일과 말로 녀겨서 알아보는 일을 아울러 하는 덕분에, 말로 녀겨서 알아보는 일을 통해 늧으로 주어지지 않은 것까지 나아갈 수 있다. 이로써 사람들은 불을 피우고, 농사를 짓고, 나라를 세우고, 글자를 만들고, 자동차를 만드는 일 따위를 할 수 있다.

사람들이 말을 만들어 쓰는 것은 무엇을 어떤 것으로 느끼고, 알고, 바라고, 이루는 일에 쓰고자 하는 뜻에서 비롯하는 일이다. 이러니 사람들이 어떤 말을 만들어 쓰는 것은 무엇을 어떻게 하고자 하는 뜻이 바탕에 깔려 있다. 말은 사람이 뜻하는 것을 느끼고, 알고, 바라고, 이루는 일에 쓰는 도구다. 사람은 말이라는 도구를 가지고 살아가는 반면에 침팬지나 고릴라는 그렇지 못하다.

사람들이 갖고 쓰는 말이라는 도구는 엄청난 힘을 갖고 있다. 사람들은 말에 담을 수 있는 것이면 무엇이든 불러내어 마주할 수 있다. 사람들은 물, 불, 풀, 나무, 사슴 따위를 불러내어 마주하는 것은 물론이고 넓이, 부피, 무게, 바탕, 까닭, 차례, 어짊, 모짊, 거룩함, 아름다움과 같은 것을 불러내어 마주할 수 있다. 그리고 사람들은 '뛰어가는 토끼', '날아가는 비둘기', '일렁이는 물결'과 같은 것을 불러내어 마주하는 것은 물론이고 '뛰어가는 딸기', '날아가는 코끼리', '일렁이는 바위'와 같은 것을 불러내어 마주할 수 있다. 그리고 사람들은 '끝없이 즐거움을 누리는 것', '죽어도 죽지 않는 것', '없지도 않고 있지도 않은 것', '말이 되면서도 되지 않는 것'과 같은 것을 불러내어 마주할 수 있다.

사람들은 불러내어 마주하는 모든 것을 깊고 넓게 묻고 따져서 갖가지로 풀어내는 일을 할 수 있다. 사람들은 "비가 왜 오는지?", "해가 왜 뜨는지?", "쇠는 왜 단단한지?", "싹이 왜 트는지?", "나는 왜 사는지?", "사람은 왜 죽은 뒤에도 살고 싶어 하는지?", "우주의 끝이 어디인지?" 따위를 묻고 따져서 온갖 것을 깊고 넓게 느끼고, 알고, 바라고, 이루는 일을 할 수 있게 된다.

말의 탄생: 녀겨서 니르기

한국사람이 무엇을 어떤 것으로 녀겨서 말을 만들어 쓴다고 할 때, '녀기다'는 '넋'과 '녘'과 '넉살'과 '넉넉하다'와 바탕을 같이하는 말이라고 할 수 있다.

한국사람은 무엇을 어떤 것으로 녀기는 님자(임자)를 넋이라고 보았다. "이 몸이 죽고 죽어 넋이라도 있고 없고"에서 말하는 넋이 그것이다. 사람들은 무엇을 어떤 것으로 녀길 수 있는 넋이라는 님자가 마음에 자리하고 있기 때문에 말을 만들고, 배우고, 쓰는 일을 할 수 있다. 조선시대 사람들은 녀기는 님자인 넋을 '넋 혼(魂)', '넋 백(魄)'으로 새겼는데, 넋은 혼, 백, 혼백(魂魄), 신(神), 정신(精神), 영(靈), 영혼(靈魂) 따위를 싸잡아 일컫는 말이라고 할 수 있다.

한국사람은 녀김의 님자인 넋이 무엇을 향(向)하는 쪽을 녘이라고 불렀다. "이 몸이 죽고 죽어 넋이라도 있고 없고/ 님 향한 일편단심이야 가실 줄이 있으랴."에서 말하는 '향'이 그것이다. '님 향한'에서 '향'은 넋이 향하는 지향(志向)과 방향(方向)으로, 넋이 나아가는 쪽을 가리킨다. 사람들은 넋이 나아가는 쪽을 잣대로 삼아서 앞녘과 뒷녘과 왼녘과 오른녘 따위를 말한다. 그리고 넋이 온갖 녘으로 나아가는 것을 넉살이라고 말한다. 넉살은 넋의 살로, 녀김의 님자인 넋에서 나아가는 살을 말한다. 해에서 햇살이 끊임없이 나아가듯이 넋에서 넋살이 끊임없이 나아간다. 그리고 사람들은 넋이 무엇을 어떤 것으로 녀기는 일이 매우 널널하게 이루어진다고 보아서 '넉넉하다'라는 말을 만들어 썼다. 사람이 무엇을 어떤 것으로 녀기는 일은 마음먹기에 따라서 온갖 녘으로 끝없이 뻗어나갈 수 있다.

사람들이 무엇을 어떤 것으로 녀겨서 말을 만들어 쓰는 것은 낱낱의 무엇을 어떤 것으로 녀겨서 니르는(이르는) 것에서 비롯한다. 이를테면 사람들이 "그는 빵을 먹는다."라는 말을 하려면 '그', '~는', '빵', '~을', '먹', '~는', '~다'와 같은 것을 하나하나 무엇으로 녀겨서 니를 수 있어야 한다. 그들은 '그', '~는', '빵', '~을', '먹', '~는', '~다'가 무엇을 어떻게 녀겨서 니르는 것인지 알고 있어야 "그는 빵을 먹는다."라고 말할 수 있다.

사람들은 말을 이루고 있는 낱낱의 무엇을 어떤 말로 녀겨서 니르는 것을 '기호(記號/sign)'라고 부른다. 기호는 낱낱의 무엇을 어떤 말로 녀겨서 니르는 소리와 뜻을 하나로 아우른 것이다. 이때 사람들은 낱낱의 무엇을 어떤 말로 녀겨서 니르는 소리를 '기표(記標/signifier)'라고 말하고, 어떤 말로 녀겨서 니르는 뜻을 '기의(記意/signified)'라고 말한다. 사람들이 어떤 말을 만들어 쓰는 것은 낱낱의 무엇을 녀겨서 니르는 '기호'를 만드는 일에서 비롯한다.

사람들은 무엇을 이렇게 또는 저렇게 다르게 녀겨서 니를 수 있다. 이를테면 한국사람은 '딸기'라고 녀겨서 니르는 것을 영국사람은 '스트로베리(strawberry)'라고 녀겨서 니르고, 중국사람은 '차오메이(草莓)'라고 녀겨서 니른다. 이때 사람들이 '딸기'와 '스트로베리'와 '차오메이'로써 니르는 그 무엇은 같은 것을 가리키기 때문에 그 무엇을 나타내는 말의 뜻은 아주 같거나 거의 같다. 그런데 사람들이 그 무엇을 나타내는 말의 소리는 아주 달라서 '딸기'와 '스트로베리'와 '차오메이'로 갈라진다. 사람들이 그 무엇을 어떤 것으로 녀겨서 니르냐에 따라 말의 소리를 나타내는 '기표'와 말의 뜻을 나타내는 '기의'는 이리저리 관계를 달리한다. 이런 까닭으로 사람들은 "기표와 기의는 자의적 또는 임의적 관계에 있다."라고 말한다.

사람들이 말을 이루는 낱낱의 무엇을 어떤 말로 녀겨서 니르는 것을 기호라고 할 때, 기호를 좀 더 쉽게 '니름것'으로 바꾸어서 말할 수 있다. '말을 이루고 있는 낱낱의 무엇을 말로 녀겨서 니르는 것'에서 '니르다'는 '이르다'의 옛말로, 사람이 무엇을 어떤 것으로 닐러서(말해서) 니르게(닿게) 하는 것을 뜻한다. 이를테면 사람들이 딸기라고 니르는 것은 사람들이 무엇을 '딸기'라고 닐러서(말해서) '딸기'라는 그 무엇에 니르게(닿게) 하는 것을 말한다. 니름것은 니르는 말의 소리를 나타내는 '니름소리'와 니르는 말의 뜻을 나타내는 '니름뜻'으로 이루어져 있다. 니름것(記號/sign)과 니름소리(記標/signifier)와 니름뜻(記意/signified)의 관계를 도표로 나타내면 다음과 같다.

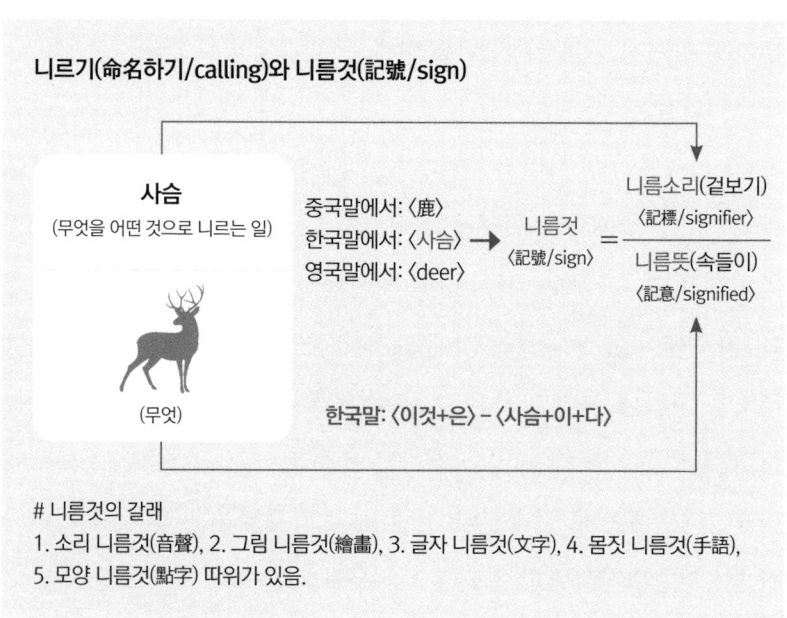

니르기(命名하기/calling)와 니름것(記號/sign)

니름것의 갈래
1. 소리 니름것(音聲), 2. 그림 니름것(繪畫), 3. 글자 니름것(文字), 4. 몸짓 니름것(手語), 5. 모양 니름것(點字) 따위가 있음.

03

입말과 글말

사람들은 입에서 내는 말소리를 가지고 말을 만들어 쓰기 시작했다. 입으로 소리를 내서 말하는 것에 기대어, 오랫동안 말하는 사람으로 살아온 까닭에 말은 곧 입으로 하는 말을 가리킨다. 이런 까닭으로 사람들은 말하는 것을 두고 '입을 놀리다', '주둥이를 놀리다', '입으로 떠들다', '입으로 씨불이다', '입으로 지껄이다' 따위로 말한다. 그리고 누구에게 말을 하지 못하게 할 때도 '입 닥쳐라', '입 다물어라', '입 놀리지 마라', '주둥이 놀리지 마라', '떠들지 마라', '씨불이지 마라', '지껄이지 마라' 따위로 말한다.

사람들이 입으로 말하는 데는 세 가지 점이 바탕에 깔려 있다. 첫째, 사람이 입으로 내는 말소리는 빨리, 그리고 널리 울려 퍼진다. 입에서 나는 말소리는 둘레에 있는 모든 것을 울리면서 퍼져나간다. 가까이 있는 것은 먼저 그리고 크게 울리고, 멀리 있는 것은 뒤에 그리고 작게 울린다. 둘째, 사람이 입으로 내는 말소리는 울림이 닿자마자 지나가서 사라져버린다. 말소리는 닿자마자 곧바로 사라지기 때문에 사람들은 말소리를 차례로 이어서 말을 하거나 말을 들을 수 있다. 말소리가 곧바로 사라지지 않으면 앞뒤의 말소리가 서로 뒤섞여서 말로 알아들을 수 없다. 셋째, 사람이 입으로 내는 말소리는 울림을 통해서 귀를 떨게 할 뿐만 아니라 몸까지 함께 떨게 한다. 사람들은 말소리에 갖가지로 떨림과 울림을 실어서 뜻으로 사무치는 일을 한층 깊고 넓게 만들어나갈 수 있다.

사람들은 입으로 말소리를 내서 무엇을 어떤 것으로 녀겨서 말할 수 있게 되면, 무엇을 낱낱의 니름것(기호/sign)으로 나누어서, 이어서 붙이거나 잘라서 떼어내는 일을 마음대로 할 수 있다. 이를테면 사람들은 갖가지 니름것을 가지고 얼굴이라는 것을 어떤 것으로 녀기는 일을 할 수 있게 되면 "얼굴은 둥글다.", "얼굴에는 눈이 있다.", "얼굴에는 코가 있다.", "얼굴에는 입이 있다.", "얼굴에는 귀가 있다.", "얼굴에는 눈썹이 있다.", "얼굴에는 머리카락이 있다.", "얼굴이 밝다.", "얼굴이 어둡다."와 같이 말할 수 있다. 이러면 사람들은 얼굴을 '둥근 것', '눈', '코', '입', '귀', '눈썹', '머리카락', '밝은 것', '어두운 것'과 같은 것들이 모여 있는 어떤 것으로 녀길 수 있게 되어서, 얼굴에서 볼 수 있는 '둥근 것', '눈', '코', '입', '귀', '눈썹', '머리카락', '밝은 것', '어두운 것' 따위를 이리저리 이어서 붙이거나 잘라서 떼어내는 일을 마음대로 할 수 있다. 이로써 사람들은 '둥근 얼굴에 큰 코', '작은 눈과 오뚝한 코', '짙은 눈썹에 큰 입', '밝은 머리카락과 작은 귀', '커다란 눈에 어두운 얼굴', '얼굴에 있는 코와 눈과 입과 귀' 따위를 말할 수 있다.

사람들은 무엇을 낱낱의 니름것으로 나누어서, 붙이거나 떼어내는 일을 할 수 있게 되면, 무엇을 어떤 것으로 녀기는 것을 어떠한 그림으로 그려서 나타낼 수 있다. 이를테면 사람들은 어떤 것에 둥그렇게 생긴 것, 눈처럼 생긴 것, 코처럼 생긴 것, 입처럼 생긴 것, 귀처럼 생긴 것, 눈썹처럼 생긴 것, 머리카락처럼 생긴 것 따위를 차례로 그려 넣어서, 얼굴처럼 생긴 것을 그림으로 그려서 나타낼 수 있다. 사람들은 낱낱의 니름것을 차례로 엮어서 말로 말할 수 있기 때문에 낱낱의 니름것을 차례로 그려서 그림으로 나타낼 수 있다. 사람은 말을 바탕으로 그림을 그리기 때문에 말을 배우지 못하면 그림을 그릴 수 없다.

사람이 그림으로 그린 얼굴은 얼굴처럼 보이도록 얼굴처럼 생기게 그려놓은 것이고, 사람이 조각으로 만든 얼굴은 얼굴처럼 보이도록 얼굴처럼 생기게 만들어놓은 것이다. 사람들은 무엇을 어떤 것으로 녀기는 일을 바탕으로 삼아서 무엇을 어떤 것처럼 생기게 그리거나 만드는 일로 나아갈 수 있다. 이때 사람들이 그린 그림이나 만든 조각은 무엇을 어떤 것처럼 생겨 보이게 꾸며놓은 '처럼것'이다. 사람들은 무엇을 어떤 것으로 녀길 수 있게 되면, 무엇을 어떤 것처럼 생겨 보이도록 꾸며놓은 '처럼것'의 세계로 나아갈 수 있다.

사람들은 눈에 보이는 사람을 가지고 사람처럼 생긴 것을 그림으로 그리거나 조각으로 만드는 것을 넘어서, 눈에 보이지 않는 하느님을 가지고 하느님처럼 생긴 것을 그림으로 그리거나 조각으로 만들어서 함께하게 되었다. 이로써 사람들은 '무엇인 것'과 '무엇인 것을 어떤 것으로 녀긴 것'과 '어떤 것처럼 보이는 처럼것'이 함께 뒤엉켜서 돌아가는 세상을 살아가게 되었다.

글말의 역사

사람들은 무엇을 어떤 것으로 녀기는 것을 바탕으로 무엇을 어떤 것처럼 그려낼 수 있으면, 입으로 하는 말을 그림으로 나타내서 뜻을 주고받는 상형문자(象形文字/pictogram)를 만들어낼 수 있다. 고대 이집트나 고대 중국에서 볼 수 있는 상형문자는 말을 그림으로 그려서 뜻을 주고받는 그림 글자이다. 사람들이 말을 그림으로 그려서 뜻을 주고받게 되자 두 가지 말, 곧 입으로 소리를 내서 하는 '입말'과 그림으로 꼴을 보여주는 '그림말'이 함께하게 되었다.

사람들이 입으로 하는 말을 그림으로 그려서 나타내는 데는 어려움이 많았다. '무겁다', '가볍다', '즐겁다', '놀랍다', '아름답다', '가다', '오다', '이기다', '지다'처럼 상태나 사태를 나타내는 말을 그림으로 그려서 나타내는 것은 매우 어려운 일이다. 그림으로 글자를 만드는 것도 매우 어려운 일이었고, 글자를 엮어서 문장을 만드는 것도 매우 어려운 일이었다. 이런 까닭으로 상형문자는 깊이 공부한 이들만 그려서 쓰고 풀어서 읽는 일을 할 수 있었다.

사람들은 상형문자를 좀 더 쉽게 읽고 쓰기 위하여 상형문자를 하나의 낱말을 가리키는 글자처럼 만들어갔다. 상형문자가 하나의 낱말을 가리키는 글자처럼 바뀌어가자, 입으로 하는 입말과 그림으로 나타내는 글말이 좀 더 가까워졌다. 사람들은 이를 더욱 발전시켜서 하나의 글자가 하나의 낱말을 나타내는 표의문자(表意文字/ideogram)를 만들어 쓰는 단계로 나아갔다. 고대 이집트의 '히에로글리프(hieroglyph)'나 고대 중국의 '갑골문자(甲骨文字)'는 하나의 글자가 하나의 낱말과 짝을 이루는 표의문자에 바탕을 두고 있다.

표의문자는 하나의 낱말과 하나의 글자가 짝을 이루기 때문에 낱말 수만큼 글자를 만들어야 한다. 처음에는 중요한 낱말만 글자로 만들어 쓰기 때문에 글자 수가 많지 않을 수 있지만, 나중에는 모든 낱말을 글자로 만들어야 했기 때문에 글자 수가 크게 늘어났다. 중국의 한자(漢字)는 표의문자라는 성격 때문에 글자 수가 점점 늘어나서 몇만 개에 이르게 되었다.

사람들은 하나의 낱말을 하나의 글자로 나타내는 표의문자를 쓰게 되자, 입말을 글말로 적는 일을 제대로 잘할 수 있게 되었다. 글자를 배운 사람들은 입으로 하는 말을 그냥 그대로 글로 적을 수 있었다. 이때부터 사람들은 그림말 시대를 넘어서 글말 시대로 나아가게 되었다. 그런데 표의문자는 낱말을 나타내는 글자 수가 매우 많아서 사람들이 글자를 배우는 일이 쉽지 않았다. 그리고 사람이나 지역이나 시대에 따라서 글자의 꼴을 다르게 적는 일이 많아서, 사람들이 어떤 글자를 어떤 낱말로 알아보는 일도 쉽지 않았다.

사람들은 표의문자에서 비롯하는 여러 가지 어려움을 탈피하기 위해서 입말의 소리를 그대로 적을 수 있는 표음문자(表音文字/phonogram)를 만들어 쓰기 시작했다. 사람들은 상형문자나 표의문자의 말소리를 바탕으로, 어떤 말소리를 나타내는 특정한 글자를 만들어서 입말의 소리를 그대로 적을 수 있는 표음문자를 만들었다. 사람들은 표의문자와 표음문자를 섞어서 쓰는 단계를 거쳐서 입말의 소리만 담아내는 표음문자의 단계로 넘어가게 되었다. 사람들이 글자를 배우고 쓰는 일이 쉬워지자, 글말의 시대가 활짝 열리게 되었다.

사람들이 말을 글로 적는 데는 세 가지 점이 바탕에 깔려 있다. 첫째, 사람이 말을 글로 적어놓으면 글자가 지워지지 않는 한 그냥 그대로 전해질 수 있다. 어떤 사람이 몇천 년 전에 돌이나 흙이나 종이 따위에 쓴 글이 오늘날까지 전하는 것을 볼 수 있다. 둘째, 사람이 말을 글로 적어놓으면 글을 옮겨서 다른 곳에 있는 이들도 같이 볼 수 있다. 사람들은 글을 쓰거나 책을 찍어서 멀리 떨어져 있는 사람도 같이 볼 수 있도록 해왔다. 셋째, 사람이 말을 글로 적어놓으면 말이 바뀌는 것을 막을 수 있다. 사람들은 다짐할 말이 있으면 다짐하는 말을 글로 적어서 말을 바꾸지 못하도록 해왔다. 사람들은 다짐한 말을 바꿀 수 없도록 갖가지로 문서를 작성하여 나누어 보관한다.

　영국의 대영박물관에는 기원전 196년에 고대 이집트에서 만들어진 로제타돌(Rosetta Stone)이 전시되어 있다. 로제타돌은 고대 이집트에서 만든 법령을 세 가지 문자, 곧 신성문자(神聖文字), 민중문자(民衆文字), 그리스문자로 적어놓은 비석이다. 비석에 적힌 세 가지 문자는 상형문자와 표의문자와 표음문자의 성격을 잘 보여준다. 신성문자는 신관들이 배우고 쓰는 신성한 문자로, 입말을 그림으로 그려서 뜻을 풀어내는 상형문자의 전통을 잇는 글자라고 말할 수 있다. 민중문자는 사람들이 일상에서 주고받는 말을 글로 적을 때 쓰는 문자로, 하나의 낱말을 하나의 글자가 나타내도록 하는 표의문자에 가까운 글자라고 말할 수 있다. 그리고 그리스문자는 사람들이 일상에서 주고받는 말을 소리가 나는 대로 따라서 적을 수 있도록 만든 표음문자이다.

로제타돌에 적힌 세 가지 문자는 지중해 지역에서 상형문자로부터 출발한 글자가 표의문자를 거쳐서 표음문자에 이르는 과정을 잘 보여준다. 장프랑수아 샹폴리옹(Jean-François Champollion)과 토머스 영(Thomas Young) 같은 이들은 로제타돌에 나오는 그리스말을 길잡이 삼아서 이집트 상형문자를 해독하는 길을 열었다.

사람들은 글말을 쓰게 되자 온갖 것을 더욱 깊고 넓게 묻고 따질 수 있었다.

첫째로 사람은 숫자를 글로 적어서 더하고, 빼고, 곱하고, 나누는 것을 촘촘하게 셈할 수 있게 되었다. 그들은 숫자로 눈금을 매겨놓은 자, 되, 저울, 달력과 같은 것을 만들어서 한 뼘, 두 뼘으로 셈하던 것을 한 자, 두 자로 셈하고, 한 바가지, 두 바가지로 셈하던 것을 한 되, 두 되로 셈하고, 먼 옛날, 아주 먼 옛날로 셈하던 것을 103년 전, 315년 전으로 셈하게 되었다. 그들은 길이, 넓이, 부피, 무게, 높이, 깊이 따위를 숫자로 헤아려서 궁궐, 성곽, 신전, 사원, 무덤, 기념물, 공연장과 같이 몹시 큰 건물을 설계하고 건축했다.

둘째로 사람은 머리로 기억하는 것을 글로 적어서 잊지 않도록 만들 수 있었다. 그들은 글로 적어놓은 기억을 통해서 몸은 죽더라도 기억은 살아 있게 되었다. 온갖 이들이 글로 적어놓은 수많은 기억이 모이고 쌓여서 엄청난 기억의 창고를 만들었다. 그들은 거대한 기억의 창고를 뒤져서 끊임없이 새로운 지식과 기술을 만들어냈다. 이로부터 문학, 철학, 천문, 종교, 정치, 수학, 예술, 역사와 같은 학문이 싹을 틔우고 자라서 갖가지로 꽃을 피웠다.

흔히 중세라고 일컫는 시대는 사람들이 경전이라는 강력한 글말에 끌려간 시대라고 말할 수 있다. 그들은 경전에 적혀 있는 것을 살아가는 일의 잣대로 삼았다. 서양에서는 라틴어로 적힌 경전이 그러했고, 동아시아에서는 한문으로 적힌 경전이 그러했다. 경전을 읽고 쓸 수 있는 소수의 글말 지식인이 지배 세력과 손을 잡고 종교와 정치와 학문을 끌어갔다. 입으로 주고받는 입말이 글자로 적혀 있는 글말에 완전히 눌려서 지냈다. 이런 일은 서양에서 종교개혁과 시민혁명으로 라틴어 경전이 힘을 잃어버릴 때까지, 동아시아에서 19세기 중엽부터 서구 제국의 침략으로 전제 왕조가 무너져가면서 한문 경전이 힘을 잃어버릴 때까지 굳세게 이어졌다.

겨레말의 시대가 활짝 열리다

서양에서 라틴어 경전의 시대가 막을 내리게 된 것은 사람들이 입말과 글말이 하나로 아우러진 겨레말의 중요성에 눈을 떴기 때문이다. 그들에게 라틴어는 글말로, 일상에서 주고받는 입말과 따로 놀았다. 그들은 나날이 몸소 겪어보는 것을 라틴어로는 있는 그대로 적을 수 없었다. 그러나 그들은 입말과 글말이 하나로 아우러진 겨레말로는 나날이 몸소 겪어보는 것을 있는 그대로 적어서 뜻을 더욱 알뜰하고 살뜰하게 알아보고, 알아내고, 알아차릴 수 있다는 것을 깨달았다.

그들은 이런 것을 바탕으로 존재와 사물, 현상과 인식, 관계와 자아, 욕구와 욕망, 전체와 부분, 전능과 무능 같은 것을 깊고 넓게 살피는 일을 했다. 그들은 겨레말로 온갖 것을 묻고 따져서 세상을 바라보는 새로운 실마리, 새로운 잣대, 새로운 줏대를 찾아내고자 했다. 이로부터 입말과 글말이 하나로 아우러진 겨레말 시대가 활짝 피어났다.

서양에서 시작된 근대 문화가 세계로 퍼져나가면서 입말과 글말이 하나로 아우러진 겨레말 시대가 곳곳에서 펼쳐졌다. 그런데 겨레마다 입말과 글말이 처한 사정이 달라서 겨레말 시대로 나아가는 것이 크게 달랐다. 이를테면 입말을 적을 수 있는 글자를 가지고 있는 경우에는 겨레말 시대로 곧바로 나아갈 수 있었지만, 입말을 적을 수 있는 글자를 가지고 있지 못한 경우에는 남의 글자를 빌리거나 스스로 글자를 만들어서 겨레말 시대로 나아가야 했다.

1443년에 세종대왕은 한국말을 소리 나는 대로 적을 수 있는 '훈민정음'을 만들었다. 사람들은 훈민정음을 써서 나날이 주고받는 말을 있는 그대로 글로 옮길 수 있게 되었다. 그런데 조선왕조는 한자로 적은 한문을 공용 문서로 삼았기 때문에, 훈민정음으로 적은 언문(諺文)은 한문에 더부살이를 하는 정도에 그쳤다. 그러나 19세기에 서구의 근대 문명이 급박하게 밀려오면서 조선왕조가 위기를 맞게 되자, 이를 벗어나기 위해 언문을 살려 쓰는 일에도 관심을 갖게 되었다.

1894년 갑오개혁으로 "법률(法律), 칙령(勅令)은 모두 국문(國文)으로써 근본을 삼되, 한문(漢文)을 번역해서 덧붙이거나, 국한문(國漢文)을 섞어서 쓸 수 있다."라는 조항이 만들어지자, 언문이 국문으로 자리하게 되었다. 이에 따라 고종이 1894년 12월 12일(음력)에 정부의 개혁과 독립 의지를 안팎에 알리는 「홍범 14조」를 작성하여 종묘에 알리는 서고문(誓告文)을 발표할 때, 한글본과 국한문 혼용본과 한문본을 함께 만들었다. 그리고 1896년에 이르면 서재필이 정부의 도움을 받아서 오로지 한글로 된 《독립신문》을 발행했다. 이로써 입말과 글말이 하나로 아우러진 겨레말 시대가 열리게 되었다. 대한제국 시기에 겨레말 운동이 활발해지자, 부국강병을 위한 계몽운동이 매우 빠르고 힘차게 일어났다.

　20세기에 접어들어 과학기술이 발달하자, 사람들은 소리를 담을 수 있는 기계를 만들어서 입말을 글말처럼 기록할 수 있게 하였다. 사람들은 녹음된 입말을 기계에서 끄집어내면 언제든지 다시 들을 수 있게 되었다. 녹음기를 통해서 입말이 시간의 장벽을 넘어서자, 입말과 글말의 경계가 흐릿해졌다. 또한 사람들은 영상을 담을 수 있는 기계를 만들어서 입말과 글말과 장면을 함께 기록할 수 있게 하였다. 사람들은 녹화된 영상을 기계에서 끄집어내면 언제든지 입말과 글말과 장면을 다시 보고 들을 수 있게 되었다. 그러자 입말이든 글말이든 말만 잘하면 누구나 대단한 사람으로 대접받게 되었다. 세상은 온통 말 잘하는 사람들이 말잔치를 벌이는 곳으로 바뀌어가고 있다.

04

말과 생각

사람들은 말로 무엇을 어떤 것으로 녀기는 것을 바탕으로 온갖 것을 생각할 수 있다. 사람들은 말에 담을 수 있는 것이라면 무엇이든 생각으로 펼쳐서 느끼고, 알고, 바라고, 이루는 일의 대상으로 삼는다. 이로 말미암아 사람들은 있을 수 있는 것과 있을 수 없는 것, 할 수 있는 것과 할 수 없는 것, 될 수 있는 것과 될 수 없는 것이 하나로 어우러진 생각 속에서 살아간다. 사람이 살아가는 것과 개나 고양이가 살아가는 것이 크게 달라진 것은 이 때문이다.

사람은 태어나 말을 배우면서 생각하는 사람으로 바뀌어간다. 사람은 말을 배워서 생각을 제대로 할 수 있어야 온전한 사람으로 살아갈 수 있다. 사람은 생각하는 힘을 잃게 되면 사람의 모습 또한 사라진다. 이런 까닭으로 사람을 '생각하는 존재'라고 일컬어왔다. 사람으로서 살아가는 일은 끝없이 이어지는 생각 속에서 이루어지는 까닭으로, 생각에서 벗어나고 싶어도 그렇게 할 수 없다. 어떤 생각을 지우더라도 곧바로 다른 생각이 나거나 든다.

사람들이 무엇을 생각하는 일은 저마다 머릿속에서 따로 일어나는 일이다. 말은 모두가 함께 하지만 생각은 저마다 따로 이루어지기 때문에, 누구도 다른 사람의 머릿속에 있는 생각을 들여다보거나 끄집어내는 일을 하지 못한다. 사람들은 머릿속에서 저마다 따로 하는 생각을 바탕으로 "내가 무엇을 생각하는 동안에 '나'라는 것은 존재한다."라는 말을 하게 된다. 사람들은 머릿속에 들어 있는 생각을 밖으로 드러내어 말을 주고받음으로써 뜻을 함께한다.

　사람들은 만나면 뜻을 함께하려고, 생각을 밖으로 드러내어 말을 주고받는다. 그런데 사람들이 말을 주고받으며 뜻을 함께하는 것은 말소리를 알아들을 수 있는 이들만 같이 할 수 있다. 말은 빠르게 사라지고 멀리까지 나아갈 수 없기 때문에, 사람들이 말로써 뜻을 함께하려면 반드시 가까이서 마주해야 한다. 사람들은 가까이서 마주할 수 없는 이들과 말로써 뜻을 함께하기 위하여 새로운 길을 찾아 나서게 되었다.

　사람들은 가까이서 마주할 수 없는 이들과 말로써 뜻을 함께하기 위하여, 말을 그림에 담아서 그림으로 말을 알아볼 수 있게 만들었다. 처음에 사람들은 말의 뜻을 그림으로 나타내는 그림글자를 만들어 썼다. 그런데 사람들이 말의 뜻을 그림으로 그려서 나타내는 것도 쉽지 않았고, 그림으로 나타낸 말의 뜻을 풀어서 알아보는 것도 쉽지 않았다. 이 때문에 사람들은 말의 소리를 그림으로 그려서 나타내는 소리글자를 만들어 쓰게 되었다. 사람들은 소리글자를 갖고 쓰게 되자, 무슨 생각이든 있는 그대로 손쉽게 글에 옮겨서 때와 곳을 가리지 않고 말의 뜻을 함께할 수 있게 되었다.

　사람들이 말로써 무엇을 어떤 것으로 녀겨서 생각을 펼치는 것은 크게 두 가지가 있다.

하나는 사람들이 사물에서 비롯하는 실제의 느낌을 바탕으로 무엇을 어떤 것으로 녀겨서 생각을 펼치는 것이다. 이러한 생각은 실제의 사물에서 비롯하는 느낌을 가지고, 무엇을 어떤 것으로 녀기는 일이 일어나기 때문에 실상(實想)이라고 말할 수 있다. 이를테면 "하늘에 비둘기가 날아가고 있다."라는 것은 실제의 사물에서 비롯하는 느낌에 바탕을 두고 있기 때문에 실상에 해당한다.

다른 하나는 사람들이 꾸며서 지어낸 말을 바탕으로 무엇을 어떤 것으로 녀겨서 생각을 펼치는 것이다. 이러한 생각은 사람이 꾸며서 지어낸 말에서 비롯하는 느낌을 가지고, 무엇을 어떤 것으로 녀기는 일이 일어나기 때문에 상상(想像), 공상(空想), 망상(妄想), 환상(幻想) 따위로 나타나게 된다. 이를테면 '날아가는 코끼리', '화성에서 날아온 골프공', '죽어도 죽지 않는 사람'과 같은 것은 사람이 스스로 지어낸 말에 바탕을 두고 있기 때문에 상상이나 공상이나 망상이나 환상에 해당한다.

사람들은 말을 배워서 생각하는 힘이 커짐에 따라 생각의 무대를 실상에서 상상, 공상, 망상, 환상으로 넓혀나간다. 사람들은 '무엇에 대한 생각을 실제처럼 그려내는 실상'과, '무엇에 대한 생각을 멋대로 그려내는 상상'과, '무엇에 대한 생각을 아무렇게나 그려내는 공상'과, '무엇에 대한 생각을 홀려서 그려내는 망상'과, '무엇에 대한 생각을 씌어서 그려내는 환상' 따위를 어우르고 아우르는 생각의 세계로 나아간다. 사람들은 맛과 멋이 이끄는 대로 무엇이든 그려낼 수 있다.

사람들은 실상의 세계에 상상, 공상, 망상, 환상을 끌어들임으로써 실상에서 볼 수 없는 온갖 이야기를 만들어낸다. 이를테면 사람들은 실상의 세계에서 볼 수 있는 '땅을 걷는 코끼리'에 상상, 공상, 망상, 환상 따위를 끌어들여서 '하늘을 나는 코끼리', '두 개의 날개를 가진 코끼리', '밤마다 사자와 잠자리를 같이하는 코끼리', '신이 모습을 바꾸어서 태어난 코끼리'와 같은 것들을 만들어낸다. 사람들은 이런 코끼리를 가까이하고, 멀리하고, 받들고, 섬기고, 만들고, 세우는 따위의 일을 함으로써 실상의 세계를 이리저리 새롭게 바꾸어나간다.

사람들은 실상, 상상, 공상, 망상, 환상 따위가 함께 어우러진 생각을 바탕으로 무엇을 느끼고, 알고, 바라고, 이루는 일을 하고자 한다. 이로써 사람은 실상에 기대어서 무엇을 욕구(欲求)하는 것을 넘어, 실상, 상상, 공상, 망상, 환상 따위가 하나로 어우러진 생각에 기대어서 무엇을 욕망(慾望)하는 것으로 나아간다. 사람들은 무엇을 하더라도 그것에 대한 욕망을 충족하는 방식으로 하게 된다. 사람들은 빵 한 조각을 먹더라도 그냥 먹는 것이 아니라, 자리에 걸맞고 능력에 알맞게 그리고 바람직한 결과를 생각하면서, 사람답게 먹고자 한다.

사람들은 어떤 욕망이든 '더'를 붙여서 끝없이 부풀릴 수 있다. 사람들은 아무리 좋은 것도 '더'를 붙여서 '더 좋은 것'을 욕망할 수 있고, 아무리 싫은 것도 '더'를 붙여서 '더 싫은 것'을 욕망할 수 있다. 이런 까닭으로 사람들은 욕망을 바탕으로 무엇을 느끼고, 알고, 바라고, 이루는 일을 끝없이 부풀리게 된다. 사람들은 이런 욕망에 이끌려서 문화를 가꾸고, 문명을 이룩하는 일에 온갖 힘을 쏟아왔다. 오늘날 사람들은 마침내 지구의 생태와 환경까지 크게 바꾸어놓고 있다.

05

말과 문장

사람들이 말로써 생각을 펼치는 일은 낱낱의 문장(文章/sentence)을 바탕으로 이루어진다. 이런 까닭으로 사람이 어떤 말을 하려면 문장이 무엇인지 알고 있는 상태에서, 말하고자 하는 문장을 제대로 만들어낼 수 있어야 한다.

사람이 만드는 문장은 여러 가지 성분으로 이루어져 있다. 이를테면 문장은 주어, 동사, 보어, 목적어, 수식어와 같은 여러 가지 성분으로 이루어진다. 문장의 성분은 문장에서 볼 수 있는 낱낱의 조각이 가진 구실을 말한다. 문장에서 낱낱의 조각은 저마다 나름의 구실을 갖고 있다. 낱낱의 조각이 갖고 있는 구실이 모여서 함께 어울리면, 하나의 문장을 이루게 된다.

아기는 말을 배울 때, 다른 이들이 말하는 말소리를 들으면서, 문장을 이루는 낱낱의 조각을 배우기 시작한다. '엄마', '맘마', '좋아', '착해'와 같은 낱낱의 조각이 무엇을 뜻하는지 하나둘 알아간다. 아기는 낱낱의 조각이 가진 구실에 대해 눈을 뜨면서, 문장을 만들고 쓰는 일로 나아간다.

문장을 이루는 성분 가운데 으뜸 자리에 있는 것은 주어(主語/subject)다. 주어는 사람들이 문장에서 말하고자 하는 바로 그 무엇을 가리키는 말이다. 사람들은 바로 그 무엇인 주어를 어떤 것으로 풀어내기 위해 갖가지로 문장을 만들어 쓰는 일을 한다.

사람들이 문장에서 주어를 어떤 것으로 풀어내는 것은 주어에서 볼 수 있는 어떤 점에 대해 말하는 것으로 이루어진다. 이를테면 사람들은 문장을 통해 주어에서 볼 수 있는 어떤 일, 어떤 꼴, 어떤 이름, 어떤 자격 따위를 말하고자 한다. 사람들은 주어에서 볼 수 있는 어떤 일에 대해 "이 사람은 빵을 먹고 있다."라고 말하고, 주어에서 볼 수 있는 어떤 꼴에 대해 "이 꽃은 빛깔이 붉다."라고 말하고, 주어에서 볼 수 있는 어떤 이름에 대해 "이 산은 백두산이다."라고 말하고, 주어에서 볼 수 있는 어떤 자격에 대해 "이 사람은 해군 장교이다."라고 말한다.

사람들은 낱낱의 성분을 아울러서 갖가지로 문장을 만들어 쓰는 말의 체계를 '문법(文法/文典/語法/grammar)'이라고 부른다. 사람들은 어떤 말의 문법을 묻고 따지고 풀어서 사람들이 말을 어떻게 만들어 쓰는지 밝히고자 한다.

어떤 말이냐에 따라 문장의 성분을 만드는 일에서 다를 수 있고, 성분을 아울러서 문장을 만드는 일에서 다를 수 있다. 이런 까닭으로 이런 말과 저런 말이 말의 체계를 달리하는 일이 생겨난다. 어떤 말은 말의 체계가 조금 다른 것을 볼 수 있고, 어떤 말은 말의 체계가 크게 다른 것을 볼 수 있다. 한국말과 영국말과 중국말은 말의 체계가 서로 크게 다르다고 할 수 있다.

사람들이 말을 배우고 쓰게 되면, 머릿속에 말의 체계가 자리하게 된다. 한국말을 배우고 쓰면 한국말 체계가 자리하게 되고, 영국말을 배우고 쓰면 영국말 체계가 자리하게 되고, 중국말을 배우고 쓰면 중국말 체계가 자리하게 된다.

한국말과 영국말과 중국말처럼 말의 체계가 크게 다른 경우에, 그런 말을 배우고 쓰는 사람들은 사물을 알아가고, 알아보고, 알아차리고, 알아내고, 알아주는 일에서 크게 다를 수 있다. 이 때문에 그들이 세상을 살아가는 일 또한 다르게 나타난다. 이런 점이 한국사람과 영국사람과 중국사람이 나름으로 문화를 일구고 문명을 이룩하는 일에 큰 영향을 끼쳐왔다고 할 수 있다.

한국사람과 영국사람과 중국사람이 사물을 알아가는 일과 세상을 살아가는 일에서 어떤 점이 같고 다른지 알아보려면 무엇보다 먼저 한국말과 영국말과 중국말이 어떤 점에서 같고 다른지 알아보아야 한다. 사람이면 누구라도 말로써 생각을 펼쳐서 온갖 것을 느끼고, 알고, 바라고, 이루는 일을 하기 때문이다.

06

한국말과 영국말과 중국말

한국말과 영국말과 중국말에서 문장은 모두 주어, 동사, 보어와 같은 성분으로 이루어져 있다. 그런데 한국말과 영국말과 중국말은 주어, 동사, 보어와 같은 성분을 만들어서 문장을 엮어내는 방식에 다른 점이 많다. 이로 말미암아 한국말과 영국말과 중국말은 말의 차림새 또한 크게 다른 것을 볼 수 있다.

한국말에서 "그는 부산으로 여행을 갔다."라는 말은 네 개의 성분으로 되어 있다. 〈그는〉과 〈부산으로〉와 〈여행을〉과 〈갔다〉가 그것이다. 이 말을 영국말로 옮긴 "He went on a trip to Busan."이라는 말도 네 개의 성분으로 되어 있다. 〈He〉와 〈went〉와 〈on a trip〉과 〈to Busan〉이 그것이다. 이 말을 중국말로 옮긴 "他去釜山旅行了."라는 말은 다섯 개의 성분으로 되어 있다. 〈他〉와 〈去〉와 〈釜山〉과 〈旅行〉과 〈了〉가 그것이다. 그런데 한국말과 영국말과 중국말은 성분을 만들어서 문장을 엮어내는 방식이 크게 다르다. 한국말은 문장의 성분을 그대로 좇아서 "〈그는〉-〈부산으로〉-〈여행을〉-〈갔다〉"로 말하고, 영국말은 문장의 성분을 단어로 쪼개서 "〈He〉-〈went〉-

⟨on+a+trip⟩-⟨to+Busan⟩"으로 말하고, 중국말도 문장의 성분을 단어로 쪼개서 "⟨他⟩-⟨去⟩-⟨釜山⟩-⟨旅行⟩-⟨了⟩."로 말한다. 그런데 중국말에는 한국말에서 볼 수 있는 '~는', '~에', '~을'이나 영국말에서 볼 수 있는 'on~', 'a~', 'to~'와 같은 것을 찾아보기 어렵다.

언어학자들은 문장의 성분을 만들고 엮는 방식을 잣대로 삼아서, 한국말이나 일본말과 같은 것을 교착어(膠着語/agglutinative language)로 부르고, 영국말이나 프랑스말과 같은 것을 굴절어(屈折語/inflectional language)로 부르고, 중국말이나 베트남말과 같은 것을 고립어(孤立語/isolating language)로 불러왔다. 그런데 이런 구분은 말의 실제와 맞지 않는 부분이 있는 것을 알 수 있다.

첫째로 언어학자들이 한국말을 agglutinative language라고 말할 때, agglutinative는 '붙다'를 뜻하는 agglutinate에 바탕을 둔 낱말로, 아교와 같은 풀로 '무엇이 ~에 붙는 것', '무엇을 ~에 붙이는 것'을 뜻하는 말이다. agglutinative language는 낱낱의 성분을 붙이고 떼는 방식으로 문장을 엮어내는 말이라는 뜻이다.

이를테면 한국말에서 "⟨나라면⟩-⟨그렇게까지는⟩-⟨하지⟩-⟨않았을⟩-⟨것이다⟩"에서 ⟨나라면⟩은 '나'와 '~라'와 '~면'이 붙어서 된 것이고, ⟨그렇게까지는⟩은 '그렇'과 '~게'와 '~까지'와 '~는'이 붙어서 된 것이고, ⟨하지⟩는 '하'와 '~지'가 붙어서 된 것이고, ⟨않았을⟩은 '않'과 '~았'과 '~을'이 붙어서 된 것이고, ⟨것이다⟩는 '것'과 '~이'와 '~다'가 붙어서 된 것이다. 낱낱의 성분을 모아서 붙이면 "⟨나+라+면⟩-⟨그렇+게+까지+는⟩-⟨하+지⟩-⟨않+았+을⟩-⟨것+이+다⟩"라는 문장이 되고, 붙어 있는 것을 낱낱으로 떼어내면 '나', '~라', '~

면', '그렇', '~게', '~까지', '~는', '하', '~지', '않', '~았', '~을', '것', '~이', '~다'로 나뉠 수 있기 때문에 한국말과 같은 것을 agglutinative language라고 불러왔다. agglutinative language는 낱낱의 성분을 붙이고 떼는 것에 바탕을 두고 있는 말을 가리킨다.

학자들은 agglutinative language를 교착어라고 번역하여, 한국말이나 일본말 같은 것을 교착어라고 일컬어왔다. 이때 교착(膠着)은 사람들이 아교(阿膠)와 같은 풀로써 이것과 저것을 단단하게 붙여서 하나의 덩어리가 되게 함으로써 떨어지지 않게 만드는 것을 말한다. 그런데 이것과 저것이 붙어서 하나의 덩어리를 이루면, 이것과 저것을 붙이고 떼는 일에 바탕을 두고 있는 agglutinative language의 뜻이 흐릿해지게 된다. 이런 까닭으로 교착이라는 말을 못마땅하게 녀기는 이들은 교착어를 첨가어(添加語), 부착어(附着語), 점착어(粘着語) 따위로 부르기도 한다.

그런데 첨가어, 부착어, 점착어도 붙여서 하나가 되게 만드는 것만 강조한다는 점에서는 마찬가지이다. 한국말과 같은 말은 낱낱의 성분을 붙이고 떼는 것에 바탕을 두고 있다는 점에서 agglutinative language라고 부르기보다 assembling language(조립어)라고 부르는 것이 낫다. 그래야 한국말이나 일본말과 같은 말이 가진 특성을 좀 더 또렷이 나타낼 수 있다.

둘째로 언어학자들이 영국말을 inflectional language라고 말할 때, inflectional은 '~에 따라 달라지다'를 뜻하는 inflect에 바탕을 둔 낱말로, '~에 따라 달라지는', '~에 따라 달라지는 것'을 뜻하는 말이다. inflectional language는 명사와 형용사의 경우에는 격(case),

수(number), 성(gender)에 따라 꼴을 달리하고, 동사의 경우에는 시제(tense), 상(aspect), 서법(mood)에 따라 꼴을 달리하는 방식으로 성분을 만들어서 문장을 엮어내는 말이라는 뜻이다.

이를테면 영국말에서 "⟨He⟩-⟨has⟩-⟨his⟩-⟨own⟩-⟨house⟩"에서 ⟨he⟩는 격에서 주격이고, 성에서 남성이고, 수에서 단수이기 때문에 'he'라는 나름의 꼴을 갖게 되고, ⟨has⟩는 성에서 남성이고, 수에서 단수인 'he'라는 주격이 현재에 하고 있는 어떤 행위를 나타내는 'has'라는 나름의 꼴을 갖게 되고, ⟨his⟩는 격에서 소유격이고 성에서 남성이고, 수에서 단수인 'he'를 좇아서 'his'라는 나름의 꼴을 갖게 되고, ⟨own⟩은 'house'를 어떤 것으로 꾸며주는 형용사로서 'own'이라는 나름의 꼴을 갖게 되고, ⟨house⟩는 'has'라는 행위의 대상으로서 수에서 단수인 'house'라는 나름의 꼴을 갖게 된다. 이때 명사, 형용사, 동사가 성, 수, 격, 시제와 같은 것에 따라 꼴이 달라진다는 것은 꼴이 달라짐에 따라 뜻도 달라진다는 것을 말한다. 사람들은 성, 수, 격, 시제 따위를 좇아서 낱낱의 성분이 꼴을 달리하여 문장을 엮어내는 말을 inflectional language라고 말한다.

학자들은 inflectional language를 굴절어라고 번역하여, 영국말이나 프랑스말과 같은 것을 굴절어라고 일컬어왔다. 이때 굴절(屈折)은 사람들이 무엇을 휘게 해서 꺾이도록 하는 것을 말한다. 그런데 사람들이 무엇을 휘게 해서 꺾으면 무엇의 꼴은 바뀌지만 무엇의 속까지 바뀌는 것은 아니다. 그러나 inflectional은 'in'과 'flectional'이 어우러진 낱말로, 무엇을 휘어서 꺾이게 하는 데 그치지 않고 무엇의 속까지 들어가서 바뀌게 하는 것을 뜻하는 말이다.

이는 굴절(屈節)을 뜻하는 flexible과 굴절(屈折)을 뜻하는 inflectional을 비교해보면 잘 드러난다. flexible은 무엇이 휘어서 굽은 것을 나타내는 반면에 inflectional은 무엇이 휘어서 꺾임으로써 속까지 달라지는 것을 말한다. inflectional에서 'in'은 속에 있는 것에 이르러서 달라지게 하는 것을 나타낸다. 이런 점에서 inflectional language를 굴절어라고 부르기보다 융합어(融合語)라고 부르는 것이 낫다. 융합어라고 부르면 굴절(屈折)과 굴절(屈節)이 뒤섞여 어지러워지는 것에서도 벗어날 수 있고, 속에 있는 것에 이르러서 달라지게 한다는 뜻도 담을 수 있다.

그런데 영국말은 프랑스말이나 독일말과 달리 근대로 넘어오면서 몇백 년 사이에 inflectional language로서의 성격을 많이 잃어버렸다. 격이나 성에 따라 낱말이 꼴을 달리하는 것은 몇 개에 지나지 않게 되었다. 영국말은 낱말이 놓이는 자리에 따라 구실을 달리하는 고립어와 비슷한 성격을 갖게 되었다. 이런 까닭으로 오늘날 학자들은 영국말을 고립어에 포함시키는 일이 많다.

셋째로 언어학자들이 중국말을 isolating language라고 말할 때, isolating은 '~을 따로 하다'를 뜻하는 isolate에 바탕을 둔 낱말로, '~을 따로 하는', '~을 따로 하는 것'을 뜻하는 말이다. isolating language는 저마다 따로 하는 낱낱의 낱말이 놓이는 자리에 따라 구실을 달리하게 만들어서 문장을 엮어내는 말이라는 뜻이다.

이를테면 중국말에서 '他', '去', '釜', '山', '旅', '行', '了'와 같은 낱말은 언제나 같은 꼴을 갖고 있다. 낱말이 문장에서 구실을 달리하더라도 꼴에는 변화가 일어나지 않는다. 사람들이 낱낱의 낱말을 가져다가 '他', '去', '釜', '山', '旅', '行', '了'의 차례로 늘어놓으면, 놓이는 자리에 따라 저마다 구실을 달리하게 되면서 '그가 부산으로 여행을 간 것'을 뜻하는 "〈他〉-〈去〉-〈釜山〉-〈旅行〉-〈了〉"와 같은 문장이 만들어진다.

　학자들은 isolating language를 고립어라고 번역하여, 중국말과 같은 것을 고립어라고 일컬어왔다. 이때 고립(孤立)은 무엇이 저마다 따로 하는 것을 말한다. 그런데 이런 고립에는 두 가지가 있을 수 있다. 하나는 저마다 따로 하면서 함께하는 고립이고, 다른 하나는 저만 따로 해서 외톨이가 되는 고립이다.

　언어학에서는 고립에서 볼 수 있는 두 가지 뜻을 바탕으로 isolating language(언어유형상 고립어)와 language isolate(언어계통상 고립어)라는 말을 만들어 써왔다. isolating language는 중국말이나 베트남말처럼 저마다 따로 하는 낱말을 차례로 늘어놓는 방식으로 문장을 만들어내는 말을 가리키는 말이고, language isolate는 한국말이나 바스크말처럼 계통을 같이하는 다른 말을 찾아볼 수 없는 상태에서 저만 따로 외톨이로 있는 말을 가리키는 말이다. 그런데 학자들이 isolating language와 language isolate를 모두 고립어라고 부르기 때문에 사람들은 매우 혼란스럽다. isolating language를 순서어(順序語)로 부르고 language isolate를 고립어로 부르면 이런 혼란에서 벗어날 수 있다.

한국말·영국말·중국말 차림새의 특징

한국말 문장은 "그는/부산으로/여행을/갔다."에서 보듯이 〈그+는〉, 〈부산+으로〉, 〈여행+을〉, 〈가+ㅆ+다〉와 같은 성분으로 차려져 있다. 이때 〈그+는〉, 〈부산+으로〉, 〈여행+을〉, 〈가+ㅆ+다〉와 같은 문장의 성분은 저마다 하나의 덩어리를 이루고 있어서 굳이 따로 나눌 필요가 없다. 이런 까닭으로 사람들이 한국말 문장을 만나면 저절로 성분의 차림새부터 먼저 살피게 된다.

영국말 문장은 "He went on a trip to Busan."에서 보듯이 'he', 'went', 'on', 'a', 'trip', 'to', 'Busan'과 같은 단어로 차려져 있다. 영국말은 문장의 성분을 단어로 쪼개서 따로 놀 수 있게 만들었다. 이런 까닭으로 사람들이 영국말 문장을 만나면 저절로 단어의 차림새부터 먼저 살피게 된다.

중국말 문장은 "他去釜山旅行了."에서 보듯이 '他', '去', '釜', '山', '旅', '行', '了'와 같은 단어로 차려져 있다. 중국말은 모든 성분이 낱으로 되어 있어서 어떤 자리에 어떻게 놓이느냐에 따라 성분이 달라진다. 이런 까닭으로 사람들이 중국말 문장을 만나면 저절로 단어가 놓인 자리부터 먼저 살피게 된다.

언어학자들은 문장을 이루는 성분 가운데 주어(subject)와 동사(verb)와 목적어(object)가 놓이는 차례를 가지고 말의 갈래를 나누기도 한다. 그들은 말의 갈래를 크게 두 가지로 나누는데, 하나는 주어(S)+동사(V)+목적어(O)의 차례로 되어 있는 것으로, 영국말과 중국말 따위가 이에 속한다. 다른 하나는 주어(S)+목적어(O)+동사(V)의 차례로 되어 있는 것으로, 한국말과 일본말 따위가 이에 속한다.

주어+동사+목적어의 차례로 되어 있는 영국말이나 중국말은 주어에서 일어나는 운동이나 주어가 일으키는 행동을 담아내는 데 초점을 둔다. 이를테면 영국말 문장 "I love her."는 주어인 'I'가 일으키는 사랑이라는 행동에 초점을 두고 있다. 이때 목적어인 'her'는 주어인 'I'가 일으키는 사랑이라는 행동이 미치는 대상에 그치고 만다. 마찬가지로 중국말 문장 "我愛她."는 주어인 '我'가 일으키는 사랑이라는 행동에 초점을 두고 있다. 이때 목적어인 '她'는 주어인 '我'가 일으키는 사랑이라는 행동이 미치는 대상에 그치고 만다.

반면에 주어+목적어+동사의 차례로 되어 있는 한국말이나 일본말은 주어와 목적어가 함께하는 어떤 일을 담아내는 데 초점을 둔다. 이를테면 한국말 문장 "나는 그녀를 사랑한다."는 주어인 '나'와 목적어인 '그녀'가 함께하는 것을 바탕으로 '내'가 '그녀'를 사랑하는 일에 초점을 두고 있다. 주어인 '나'와 목적어인 '그녀'가 함께한다고 보기 때문에 "나는 그녀를 사랑한다."에서 "우리는 사랑한다."로 나아갈 수 있다. 그리고 "그는 그분을 도와드렸다."와 같은 문장의 경우에, 주어인 '그'를 목적어인 '그분'에 맞추어서 '도와주는 일'을 '도와드리는 일'로 바꾸어서 말한다. '그'와 '그분'이 따로 하는 것이 아니라 함께하는 것에서 돕는 일이 비롯한다고 보기 때문이다.

한국말과 영국말과 중국말은 나름의 특징을 갖고 있다. 그 가운데 몇 가지를 짚어보면 다음과 같다.

한국말은 영국말이나 중국말에 없는 높낮이말 체계를 갖고 있다. 한국사람은 누가 밥을 먹는 일을 말할 때, 그가 가진 지위에 따라 말투를 달리해야 한다. 이를테면 누가 밥을 먹는 일을 두고서도 사람들은 "그는 이미 밥을 먹었다.", "그분은 이미 밥을 드셨다.", "그분은 이미 진지를 드셨다.", "그분께서 이미 진지를 드셨다.", "그분께서는 이미 진지를 드셨다."와 같이 달리 말해야 한다. 이런 까닭으로 내가 누구에게 하는 일도 상대에 따라 내가 하는 일을 스스로 낮추거나 높여서 말하게 된다. 나는 그가 어떤 사람이냐에 따라 "나는 그에게 옷을 사주었다.", "나는 그분에게 옷을 사드렸다.", "나는 그분께 옷을 사드렸다."라고 말한다. 그런데 영국말이나 중국말은 이와 같은 높낮이말 체계를 갖고 있지 않다. 그들은 지위에 따라 상대를 높이거나 낮추어 부를 수는 있어도, 문장의 차림새를 달리해서 높이거나 낮추는 일을 하지 않는다.

영국말에는 한국말이나 중국말에서 볼 수 없는 '인칭의 일치'와 '수의 일치'가 있다. 영국사람은 말을 할 때, 주어의 인칭과 수에 따라 동사의 꼴을 달리해야 한다. 이를테면 누가 키 큰 것을 말할 때, 사람들은 '인칭(1인칭/2인칭/3인칭)'과 '수(단수/복수)'에 따라 동사의 꼴을 달리하여 "I am tall."(1인칭 단수), "We are tall."(1인칭 복수), "You are tall."(2인칭 단수 및 복수), "He is tall."(3인칭 단수), "They are tall."(3인칭 복수)이라고 말한다. 영국말에서 볼 수 있는 인칭의 일치와 수의 일치는 서양말에서 두루 볼 수 있는 것으로, 영국말은 옛날에 복잡하게 되어 있던 것이 간단하게 줄어서 지금과 같이 되었고, 독일말이나 프랑스말이나 스페인말은 아직도 매우 복잡하게 되어 있다. 그런데 한국말과 중국말은 이와 같은 인칭의 일치와 수의 일치를 갖고 있지 않다.

중국말에는 한국말이나 영국말에서 볼 수 없는 단어 쓰임 체계가 있다. 중국사람은 단어에 어떤 변화도 주지 않은 상태에서 그냥 그대로 필요에 따라 동사, 형용사, 명사, 부사 따위로 두루 쓴다. 이를테면 중국사람은 걷는 것을 뜻하는 '行(행)'을 가지고 '步行(보행)', '擧行(거행)'에서는 동사로 쓰고, '行商[행상: 이동식의/임시의 장사(꾼)]'에서는 형용사로 쓰고, '品行(품행)', '兵車行[병거행: 고시(古詩)의 한 형식]'에서는 명사로 쓰고, '行將畢業(행장필업: 곧 졸업함)', '行去行不去(행거행불거: 가거나 말거나)'에서는 부사로 쓴다. 그리고 그들은 밝은 것을 뜻하는 '明(명)'을 가지고 '明月(명월)', '聰明(총명)'에서는 형용사로 쓰고, '去向不明(거향불명: 간 곳을 모른다)'에서는 동사로 쓰고, '神明(신명)', '明天(명천)'에서는 명사로 쓴다. 이렇기 때문에 사람들은 어떤 단어가 어떤 자리에서 어떻게 쓰이는지 미리 알고 있어야만 뜻을 제대로 풀어낼 수 있다. 중국말에서는 단어의 쓰임에 대한 공부가 매우 중요하다.

그런데 한국말이나 영국말에서는 명사를 동사나 형용사나 부사로 바꾸어 쓰거나 동사나 형용사를 명사나 부사로 바꾸어 쓸 때, 단어의 꼴에 변화를 주어서 쉽게 알아볼 수 있도록 한다. 한국사람은 '먹는 것'을 말할 때, 동사로 말할 때는 '먹는다/먹었다/먹을'로 말하고, 명사로 말할 때는 '먹음/먹기/먹이'로 말한다. 영국사람은 '어려운 것'을 말할 때, 형용사로 말할 때는 'difficult(디피컬트)'로 말하고, 부사로 말할 때는 'difficultly(디피컬틀리)'로 말하고, 명사로 말할 때는 'difficulty(디피컬티)'로 말한다.

07

한국말과 중국말

한국사람은 오랫동안 중국에서 가져온 한문으로 문자 생활을 했다. 그들은 한문으로 공부를 하고, 문서를 작성하고, 편지를 쓰고, 시를 짓고, 저술을 했다. 한국사람은 한문을 통해서 중국말과 중국 문화를 매우 가깝게 만나게 되었다.

한국사람은 삼국시대에 한자의 뜻과 소리를 빌려서 한국말을 적을 수 있는 향찰(鄕札), 구결(口訣), 이두(吏讀)와 같은 것을 만들었다. 향찰은 한자의 소리와 뜻을 빌려서 한국말을 있는 그대로 적을 수 있도록 만든 것이다. 사람들은 향찰을 주로 향가(鄕歌)를 적는 데 썼다. 구결은 사람들이 한문을 읽을 때 한문의 짜임새를 쉽게 알아볼 수 있도록, 한문 구절에 한국말로 토를 붙여서 읽는 것을 말한다. 이두는 넓은 뜻으로는 한자를 빌려서 한국말의 소리나 뜻을 적는 것을 모두 싸잡아서 일컫는 말이고, 좁은 뜻으로는 한문에 한자로 된 한국말 문법 요소를 덧붙여서 읽고 쓰는 것을 일컫는 말이다.

그런데 향찰, 구결, 이두로는 한국말을 제대로 적을 수 없었다. 한자에서 빌려온 중국말 말소리로는 한국말 말소리를 온전하게 담을 수 없었던 것이다. 그리고 향찰, 구결, 이두는 한문을 공부한 사람만이 배울 수 있었다. 이 때문에 향찰, 구결, 이두는 한문을 보조하는 수단에 그치고 말았다.

1443년에 세종대왕은 사람들이 한국말을 소리 나는 대로 읽고 쓸 수 있는 훈민정음을 만들었다. '백성을 가르치는 바른 말소리'를 뜻하는 훈민정음을 통해 누구든 쉽게 글을 쓸 수 있게 했다. 세종대왕은 1446년에 훈민정음을 책으로 찍어서 많은 이들이 널리 보고 배우도록 했다. 이때부터 한국말을 있는 그대로 글로 읽고 쓰는 시대를 맞이했다. 그런데 사람들은 훈민정음으로 글을 쓰는 것보다 한문으로 글을 쓰는 것을 더 높이 샀기 때문에 훈민정음으로 글을 쓰는 일이 널리 퍼지지 못했다. 관청에서는 거의 모든 문서를 한문으로 쓰도록 했다. 그들은 특별한 경우에만 문서를 이두나 언문으로 썼다. 그들은 훈민정음으로 쓴 글을 언문이라고 낮추어 불렀고, 한문으로 쓴 글을 진서(眞書)라고 높여 불렀다.

1894년에 갑오개혁이 이루어지면서 국가기관에서 작성하는 공문서를 언문으로 작성하는 것을 근본으로 삼게 되었다. 이때부터 사람들은 언문을 국문이라고 고쳐 불렀다. 언문이 비로소 나라를 대표하는 글로 자리를 잡아갔다. 그러나 1910년에 일본제국이 대한제국을 강제 병합하여 식민지로 삼은 후, 일본말을 국어라고 부르게 하고 한국말을 조선어라고 부르게 했다.

한국사람은 삼국시대부터 한문을 써온 까닭으로 한문이 한국말에 큰 영향을 미치게 되었다. 한국말에 엄청난 수의 한자 낱말이 쓰이는 것도 이 때문이다. 이런 까닭으로 한국말을 알려면 중국말을 살펴보는 것도 필요하다.

　중국사람은 중국말을 가지고서 말하고자 하는 모든 것을 다 말할 수 있다. 그들은 다른 나라 말을 중국말로 옮기거나, 중국말을 다른 나라 말로 옮기는 것까지 문제없이 해낼 수 있다. 그들은 중국말로써 할 수 있는 데까지 하면 되기 때문이다. 그들은 중국말 속에서 그것만으로 그냥 그렇게 살아간다.

중국말의 특징

　중국말을 한국말이나 영국말에 비추어보면 중국말이 가진 여러 가지 특징이 잘 드러난다. 몇 가지 살펴보면 다음과 같다.

　중국사람은 일찍부터 한자라는 독특한 문자를 만들어 썼다. 그들은 말의 뜻을 그림으로 나타내는 글자를 만들어서 읽고 쓰는 일을 시작했다. 그들은 이런 식으로 글자를 만드는 것을 '상형(象刑: 日, 月, 火, 水, 木, 土와 같은 것)'이라고 불렀다. 그런데 사람들이 해, 달, 불, 물, 나무, 흙과 같은 것을 그림으로 나타내는 글자를 만들어서 누구나 알아볼 수 있게 하는 것은 매우 어려운 일이다. 사람들이 '日'이라는 그림을 보고서 해를 가리키는 글자임을 알아보거나 '月'이라는 그림을 보고서 달을 가리키는 글자임을 알아보는 것은 그렇게 하도록 배우지 않으면 할 수 없는 일이다. 그리고 사람이 무엇을 잡는 것, 먹는 것, 사랑하는 것, 미워하는 것, 좋아하는 것, 싫어하는 것과 같은 것을 그림으로 나타내기란 불가능에 가까운 일이다.

　이 때문에 그들은 '상형'으로 나타내기 어려운 것은 1) 도식적 그림으로 어떤 상태나 사태를 나타내는 글자를 만들어 쓰는 방식(一,

二, 三, 上, 中, 下, 正과 같은 것), 2) 이미 있는 글자의 소리와 뜻을 따다가 붙여서 어떤 것을 나타내는 글자를 만들어 쓰는 방식(攻, 江, 紅, 虹과 같은 것), 3) 이미 있는 글자를 합쳐서 비슷한 뜻을 가진 새로운 글자를 만들어 쓰는 방식(休=人+木, 語=言+吾, 談=言+炎, 訟=言+公, 議=言+義와 같은 것) 등을 써서 말을 적는 데 필요한 글자를 만들어나갔다. 이렇게 되니 글자의 꼴이 매우 복잡해지고 글자 수도 엄청 많아져서, 사람들이 어떤 글자를 보고서도 그것이 가리키는 말이 무엇인지 알아보기가 매우 어려웠다. 한자는 글자를 오래도록 공부한 이들만 알아볼 수 있는 특별한 글자였다.

중국은 한자로 말미암아 글자를 오래 공부한 이들만 글을 읽고 쓸 수 있었다. 글을 읽고 쓸 수 있는 유식한 사람과 그렇지 못한 무식한 사람은 저절로 신분이 나뉘어 살아가게 되었다. 글을 읽고 쓸 수 있는 이들은 문자의 장벽을 통해 지식과 정보를 독점하는 자리에 서게 되었다. 그들이 지배층을 이루어서 거대한 제국을 다스렸다. 이를 제도적으로 뒷받침한 것이 문장을 짓는 능력으로 시험을 보아서 관리를 뽑는 과거제도였다. 이렇게 되니 문장에 쓰는 글이 일상에서 주고받는 말을 이끌어가는 일이 벌어지게 되었다. 중국말은 글이 말의 짜임새, 쓰임새, 발자취, 바탕치 따위를 휘둘러왔다.

중국말은 한국말이나 영국말에 비해 문장의 성분을 나타내는 요소가 적고 간단하다. 이를테면 한국말 문장 "〈그+는〉-〈부산+으로〉-〈여행+을〉-〈가+ㅆ+다〉"는 문장의 성분을 나타내는 '~는: 주격 성분', '~으로: 방향격 성분', '~을: 목적격 성분', '~ㅆ: 과거형 성분', '~다: 마침형 성분'이 들어 있고, 영국말 문장 "〈He〉-〈went〉-〈ona-trip〉-〈to-Busan〉"은 문장의 성분을 나타내는 'went: 과거형 성분', 'on~: 자리 성분', 'a~: 숫자 성분', 'to~: 방향 성분'이 들어 있다. 그런데 중국말 문장 "〈他〉-〈去〉-〈釜山〉-〈旅行〉-〈了〉"에는 문장의 성분을 나타내는 '了: 과거형 성분'만 들어 있다. 중국말 문장은 단어가 놓이는 자리에 따라 성분이 정해지기 때문에 단어가 놓이는 자리가 무엇보다 중요하다.

중국말은 문장에서 단어가 놓일 수 있는 자리에 변수가 많지 않아서 문장의 성분을 단순하게 처리한다. 그들은 문장에 나오는 단어를 실사(實辭)와 허사(虛辭)와 어조사(語助辭) 따위로 나누어 살펴보는 데 그쳤다. 그들은 문장의 차림새를 알아보는 것을 문리(文理)가 통하는 것으로 말했다. 그들은 문리만 통하면 된다고 생각했기 때문에 말의 차림새를 묻고 따져서 문법을 만드는 일에 관심이 적었다. 중국에서 논리학이나 문법학이 발달하지 못한 중요한 까닭이다.

중국말은 문장의 성분이 단순하기 때문에 뜻이 길게 이어지는 말은 몇 개의 짧은 문장으로 끊어서 뜻을 이어가는 방식을 쓴다. 이를테면 한국사람은 하나의 문장으로 길게 이어서 "나는 어제저녁에 학교에서 집으로 돌아가다가 길에서 친구를 만나 식당에서 함께 저녁을 먹고 늦은 시간에 헤어졌다."라고 말한다. 주어 '나는'에서 시작된 말이 마침을 뜻하는 '~다'에서 끝을 맺는다. 그런데 중국사람은 이러한 말을 몇 개의 짧은 문장으로 끊어서 "昨天晚上, 他在放學回家的路上, 在街上遇到一個朋友, 一起在餐廳吃飯, 很晚才分手."로 말한다. 주어 '我'에서 시작된 말이 몇 개의 짧은 문장으로 뜻이 이어진다.

중국말은 문장의 성분이 단순하기 때문에 말뜻을 풀어내는 것도 단순하게 이루어진다. 이를테면 한국사람이 "〈나는/내가/나니까/나라서〉-〈학교에/학교로/학교를〉-〈간다〉"와 같이 여러 가지로 말할 수 있는 것을 중국사람은 하나로 싸잡아서 "〈我〉-〈去〉-〈上學〉"이라고 말한다. 중국말은 '나'에 붙을 수 있는 '~는', '~가', '~니까', '~라서'와 같은 것이 따로 있지 않고, '학교'에 붙을 수 있는 '~에', '~로', '~를'과 같은 것이 따로 있지 않기 때문이다.

중국말은 말뜻을 풀어내는 것이 단순하게 이루어지기 때문에, 사람들이 무엇에 대해 이야기할 때 직접 풀어내기보다 비유를 끌어다가 살뜰하게 풀어내는 것을 좋아한다. 그들은 '부모가 자녀를 교육하는 일에서 환경이 매우 중요하다는 것'을 말하고자 할 때 '맹모삼천(孟母三遷: 맹자의 어머니가 어린 아들을 올바르게 교육하기 위해 세 번이나 이사했다는 이야기)'을 끌어다가 이야기하고, '사람에게 다가오는 행복과 불행은 변수가 많아서 어느 한쪽으로만 판단하기 어렵다는 것'을 말하고자 할 때 '새옹지마(塞翁之馬: 변방에 사는 노인이 기르던 말로 인해 좋은 일과 나쁜 일이 번갈아 생겼다는 이야기)'를 끌어다가 이야기한다. 그들은 비유에 담긴 이야기보따리를 풀어서 말의 뜻을 살뜰하게 만들고자 한다. 중국사람은 수많은 고사성어(故事成語)를 입에 달고 다닌다.

한국말 속의 중국말

한국사람이 오랫동안 중국에서 가져온 한문으로 문자 생활을 한 까닭에 한국말은 한문의 영향을 많이 받았다. 사람들은 한문책에서 배운 내용이나 낱말을 일상으로 주고받았다. 이 때문에 생활 용어로 쓰는 한자 낱말이 점점 늘어나게 되었다. 특히 교재에 나오는 학술 용어는 거의 모두가 한자 낱말로 이루어져 있다. 그렇지만 한문은 한국말의 차림새에 별다른 영향을 미치지 못했다. 한문과 한국말은 말의 차림새가 크게 달라서 영향을 주고받기 어려웠기 때문이다. 한문이 한국말의 차림새에까지 영향을 미칠 수 있었다면, 한국말은 중국말과 같거나 비슷한 차림새를 갖게 되었을 것이다.

조선시대에 한국말을 글로 적을 수 있는 훈민정음이 나오자, 선비들은 성리학 교재를 한국말로 풀어내는 일에 관심을 가졌다. 이황 같은 이는 뜻이 두리뭉실한 한문 문장을 한국말로 촘촘하게 풀어내는 일에 힘을 쏟았다. 그는 다른 이들이 훈석(訓釋)해놓은 것을 모아서 바르게 고치거나, 제자들과 더불어 묻고 따지게 된 것을 연구해서 경전을 쉽게 풀었다.

이를테면 그는 한국말에서 볼 수 있는 '~을 ~함'과 '~에 ~함'을 가지고 『대학(大學)』에 나오는 '재격물(在格物)'을 "物을 格함에 있느니라."와 "物에 格함에 있느니라."로 풀어내고서, "物을 格함에 있느니라."는 뜻에 맞고, "物에 格함에 있느니라."는 뜻에 맞지 않는다고 말했다. 또한 그는 한국말에서 볼 수 있는 '~가 없음이니라', '~가 없게 할지니라', '~가 없게 함이니라'를 가지고 『논어(論語)』에 나오는 '사무사(思無邪)'를 "思에 邪가 없음이니라."와 "思에 邪가 없게 할지니라."와 "思가 邪가 없게 함이니라."로 풀어내고서, "思에 邪가 없음이니라."와 "思에 邪가 없게 할지니라."는 모두 맞지만, "思가 邪가 없게 할지니라."로 푸는 것은 "思에 邪가 없게 함이니라."로 풀어야 마땅하다고 말했다. 이황이 『사서(四書)』와 『삼경(三經)』과 『근사록(近思錄)』에 나오는 어려운 구절에 한국말로 토를 달아서 뜻을 풀어낸 것을 뒷날 제자들이 한데 모아서 『사서석의(四書釋義)』와 『삼경석의(三經釋義)』, 『근사록석의(近思錄釋義)』로 펴냈다.

    선비들이 한문에 한국말로 토를 달아서 뜻을 깊고 넓게 묻고 따지는 일에 관심을 갖게 되자, 선조 18년(1585)에 나라에서 교정청(校正廳)을 설치하여 『사서』와 『삼경』을 한국말로 풀어서 언해(諺解)하는 일을 시작했다. 『사서언해』와 『삼경언해』가 차례로 간행되자 선비들은 언해본을 길잡이로 삼아서 한문을 한층 쉽게 배울 수 있었고, 한문의 뜻을 한층 야무지게 파고들 수 있었다. 이를 바탕으로 선비들 사이에 무극(無極)과 태극(太極), 주리(主理)와 주기(主氣), 사단(四端)과 칠정(七情), 이발(理發)과 기발(氣發) 등에 대한 논쟁이 일어나서 오랫동안 줄기차게 이어지게 되었다.

08

한국말과 영국말

한국사람은 19세기 말에 영국사람과 미국사람을 마주하는 일이 벌어지면서 영국말에 눈을 뜨게 되었다. 이때부터 한국사람은 외교, 통상, 학문, 종교 따위를 위해 영국말을 배우기 시작했다. 오늘날 한국사람은 국제 공용어로 쓰이는 영국말을 배우기 위해 어릴 때부터 많은 시간과 노력과 자원을 영어 공부에 들인다. 한국사람에게 영국말은 매우 친숙하고 익숙한 말이 되었다.

한국사람이 영국말을 배우는 일에 힘을 쏟으면서, 영국말이 한국말에 여러 가지 영향을 끼쳐왔다. 이를 크게 다섯 가지로 나누어 살펴보면 다음과 같다.

첫째로 한국사람은 영국말을 공부하면서 배운 명사(noun), 동사(verb), 형용사(adjective), 관사(article), 전치사(preposition), 접속사(conjunction), 주어(subject), 목적어(object), 보어(complement)와 같은 문법 용어를 가지고서 한국말의 차림새를 알아보게 되었다.

둘째로 한국사람은 영국말을 공부하면서 배운 포크(fork), 나이프(knife), 하우스(house), 와이프(wife), 뉴스(news), 게임(game), 스포츠

(sports), 디자인(design), 컴퓨터(computer)와 같은 영국말 낱말을 일상에서 쓰게 되었다.

셋째로 한국사람은 영국말을 공부하면서 배운 속담이나 경구, 곧 "시간은 돈이다(Time is money).", "보는 것이 믿는 것이다(Seeing is believing).", "일찍 일어난 새가 더 많은 벌레를 잡는다(The early bird catches more worms).", "하늘은 스스로 돕는 자를 돕는다(Heaven helps those who help themselves)."와 같은 것을 일상에서 쓰게 되었다.

넷째로 한국사람은 영국말을 한국말로 옮기면서 배운 말투, 곧 "건강은 아무리 강조해도 지나치지 않다(Health cannot be overemphasized).", "나에게 있어서 돈이 많고 적은 것은 문제가 되지 않는다(For me, having more or less money doesn't matter)."와 같이 말을 하거나 글을 쓰는 일이 늘어나게 되었다.

다섯째로 한국사람은 영국말을 부러움의 대상으로 삼다 보니, 한국말 낱말보다 영국말 낱말을 더 좋다고 생각하고, 한국말로 말하는 것보다 영국말로 말하는 것이 더 낫다고 생각하는 이들이 많아져서 한국말을 업신여기는 일이 많다.

21세기에 인터넷이 휴대전화로 들어와서 지구촌 시대가 활짝 열리자, 한국사람이 영국말을 좋아하고 사랑하는 일은 더욱 짙어지게 되었다. 사람들은 말을 주고받거나 노랫말을 만들 때 영국말 단어나 문장을 섞어서 쓰는 것을 당연하게 받아들인다. 이러니 사람들은 유치원이나 초등학교 단계에서 영국말을 가르치는 것을 당연한 일로 보게 된다. 그리고 대학에서는 교수가 영국말로 강의하는 것을 권장하는 수준을 넘어서 강제하는 경우도 많아졌다.

한국말 속 영국말의 역사

영국말이 한국말에 끼친 가장 큰 영향은 한국사람이 영국말 문법에서 배운 지식으로 한국말 문법을 알아본다는 것이다.

한국사람은 한국말 문법을 배우지 않더라도 한국말을 배울 수 있기 때문에 한국말 문법을 배우는 일에는 관심이 적거나 없다. 그러나 한국사람이 영국말을 배우려면 영국말 문법을 어느 정도는 알고 있어야 한다. 이 때문에 한국사람은 영국말을 배우게 되면, 한국말 문법보다 영국말 문법을 더 잘 알게 된다. 이런 까닭으로 한국사람에게 한국말의 명사, 동사, 형용사, 주어, 목적어, 보어에 대해 물어보면 곧장 영국말 문법에서 말하는 명사, 동사, 형용사, 주어, 목적어, 보어를 생각하게 된다. 한국사람은 영국말 문법에서 말하는 명사, 동사, 형용사, 주어, 목적어, 보어 따위를 가지고 한국말 문법에 나오는 명사, 동사, 형용사, 주어, 목적어, 보어 따위를 풀어낸다.

한국말 문법에 나오는 문법 용어는 거의 모두 19세기에 일본 학자들이 서양말, 특히 영국말 문법을 일본말로 번역하면서 만든 용어들이다. 그들이 'noun'을 '명사', 'verb'를 '동사', 'adjective'를 '형용사', 'adverb'를 '부사', 'subject'를 '주어', 'object'를 '목적어', 'complement'를 '보어' 따위로 번역해놓은 것을 한국의 학자들이 한국말 문법을 만들 때 그냥 그대로 가져다 썼다. 이런 까닭으로 한국말 문법을 알려면 먼저 영국말 문법을 살펴보아야 한다.

영국사람은 고대부터 라틴말로 된 책으로 공부했기 때문에 라틴말을 배우는 과정에서 라틴말 문법을 알게 되었다. 그들은 라틴말 문법을 영국말로 풀어서 공부하는 사이에 영국말 문법에 절로 눈을 뜨게 되었다. 이런 까닭으로 라틴말을 공부한 영국사람에게 문법이라는 말은 매우 익숙한 낱말이었다. 이는 프랑스나 독일이나 스페인의 경우에도 마찬가지였다.

16세기부터 영국사람은 종교개혁, 시민혁명, 과학혁명을 거치면서 영국말로 성경을 읽고, 희곡을 쓰고, 소설을 짓고, 논문을 쓰는 시대를 열어갔다. 나날이 배우고 쓰는 영국말에 긍지를 갖게 되자, 그들은 영국말 문법을 정리하는 일로 나아갔다. 17~18세기에 이르러 그들은 영국말 문법을 정리하는 일에 힘을 기울였다. 이때부터 여러 가지 영국말 문법책이 쏟아져 나오기 시작했다.

한국사람은 오랫동안 중국의 한문을 배우고 썼지만 중국말 문법에는 관심을 두지 않았다. 한문이나 중국말을 공부하는 일에는 특별히 문법이라고 부를 만한 것이 없었다. 그냥 부지런히 문장을 외워서 절로 문리를 깨치도록 하는 것이 전부였다. 그런데 19세기 말에 서양말을 공부하면서 서양말 문법을 알게 되었고, 이에 따라 한국말 문법에도 눈을 뜨게 되었다.

한국 학자들은 20세기 초에 국민 계몽을 위해 한국말 문법을 만드는 일을 시작했다. 1907년에 학부(學部: 조선 말기에 학무행정을 관장하던 중앙관청)에서 '국문연구소'를 만들어 윤치호를 위원장으로 삼고, 장헌식, 이능화, 현은, 권보상, 주시경, 우에무라(上村正己) 같은 이를 위원으로 두었다. 일본인 우에무라가 위원으로 들어간 것은 그가 학부 사무관으로 있었기 때문이다.

그들은 1909년 12월까지 모두 23회에 걸쳐서 14개 항의 문제를 논의했다. 그들은 연구 결과를 종합하여 1909년 12월 28일 학부에 『국문연구의정안』을 제출하는 동시에, 연구원이 저마다 연구한 결과를 모은 『국문연구』도 함께 제출했다. 이때 함께한 위원은 모두 여덟으로 어윤적, 이능화, 주시경, 권보상, 송기용, 지석영, 이민응, 윤돈구였다.

20세기 초에 유길준, 윤치호, 김규식, 주시경과 같은 한국 학자들은 일본 학자들이 만든 일본말 문법을 따라서 한국말 문법을 만들었다. 근대 학문의 다른 여러 분야와 마찬가지로, 문법을 만드는 일에서도 한국은 일본이 앞서서 한 것을 따라가는 방식을 취했다. 그리고 한국 학자들보다 한참 앞서서 언더우드(H. G. Underwood)가 1890년에 『한영문법』 및 『한영자전』을 만들 때와, 게일(J. S. Gale)이 1897년에 『한영자전』을 만들 때도 일본 학자들이 번역한 문법 용어를 그대로 좇아서 따랐다.

메이지유신(明治維新)이 일어날 무렵부터 일본사람은 영국이나 미국과 같은 부강한 나라를 만들기 위해 영국말을 배우면서 문법을 공부했다. 그들은 영국말을 일본말로 번역하면서 명사, 대명사, 동사, 형용사, 관사, 전치사, 부사, 접속사, 주어, 목적어, 보어와 같은 한자 낱말을 만들었다. 그들은 영국말 문법을 일본말로 번역해서 영국말을 공부하는 데 도움을 주고자 하였다.

일본 학자들이 영국말 문법을 번역하면서 만든 문법 용어는 여러 가지 문제를 갖고 있다. 이를테면 'verb'를 '동사'로, 'adjective'를 '형용사'로, 'adverb'를 '부사'로, 'subject'를 '주어'로, 'object'를 '목적어'로 번역한 것은 매우 어설프다고 볼 수 있다. 당시에 그들은 서양말 문법에 대해 폭넓은 지식을 갖고 있지 않았기 때문에 그렇게밖에 할 수 없었다. 그런데 백수십 년이 지난 오늘날에도 그대로 이어지고 있다는 것은 심각한 문제다.

일본에서 가공된 영국말 문법을 수입

일본 학자들은 서양말 문법을 일본말로 번역해내는 것을 기틀로 삼아서 일본말 문법을 만드는 일에도 힘을 기울였다. 그리하여 이미 1900년에 일본말 문법을 체계적으로 정리한 『광일본문전(廣日本文典)』이 세상에 나왔다.

일본 학자들은 일본말 문법을 만들 때, 일본말의 특성을 있는 그대로 묻고 따질 수 있는 힘을 갖고 있지 못했다. 그들은 서양말 문법을 알아보는 일조차 버거운 상태에서 서양말과 크게 다른 일본말의 차림새를 제대로 풀어낼 수 없었다. 그래서 서양말 문법에 일본말을 담아내는 방식으로 일본말 문법을 만들었다. 그들은 일본말에서만 볼 수 있는 것에 한해서 조사, 어미와 같은 일본식 문법 용어를 만들어 썼다. 이렇게 되니 일본말을 서양말 문법 체계에 억지로 욱여넣는 일이 곳곳에서 벌어지게 되었다.

일본 학자들이 일본말 문법을 만들면서 서양말 문법을 번역할 때 만든 문법 용어를 그대로 가져다 씀으로써 여러 가지 문제가 뒤따랐다. 이를테면 영국말 문법에 나오는 형용사와 일본말 문법에 나오는 형용사는 성격이 크게 달라서 같은 이름으로 부를 수 없는 것인데도 모두 형용사로 불렀다. 영국말에서 'small(작은)', 'famous(유명한)', 'beautiful(아름다운)'과 같은 형용사는 'adjective=ad+jective'로, 'ject(sub+ject나 ob+ject 따위)'에 붙어서 'ject'를 꾸며주는 수식어이

다. 반면에 일본말에서 '小さい(작다)', '有名な(유명하다)', '美しい(아름답다)'와 같은 형용사는 무엇이 어떠하다는 것을 풀어주는 서술어이다. 일본말에서 형용사는 동사와 함께 서술어에 속하며, 형용사는 무엇이 어떠하다는 것을 풀어주는 서술어이고, 동사는 무엇이 어찌한다는 것을 풀어주는 서술어이다.

이런 까닭으로 영국말에서 'small', 'famous', 'beautiful'과 같은 형용사는 주로 수식어로 쓰이기 때문에 꼴이 하나로 정해져 있는 반면에, 일본말에서 '小さい', '有名な', '美しい'와 같은 형용사는 서술어로 쓰이기 때문에 풀이하는 상황에 따라 꼴이 여러 가지로 달라진다. 그런데 사람들이 이쪽과 저쪽을 모두 형용사라고 부르니, 영국말 문법과 일본말 문법이 서로 헷갈리게 된다. 이런 일은 형용사에 그치지 않고 동사, 부사, 주어, 목적어, 보어와 같은 것에서도 비슷하게 나타나는 것을 볼 수 있다. 그런데 이와 같은 일이 백수십 년이 지난 오늘날까지 그대로 이어져오고 있다.

한국사람은 일본에서 만든 영국말 문법책을 한국말로 번역해서 영국말 문법을 공부했다. 이를테면 수십 년에 걸쳐 전국의 고등학생이 영어 공부의 필독서로 삼았던 안현필의 『영어실력 기초』, 『메들리 삼위일체 강의』, 김열함의 『영어정해(英語精解)』, 『영어의 왕도』, 송성문의 『성문기본영어』, 『성문종합영어』 따위는 모두 일본의 영국말 문법 참고서를 본떠서 만든 것이었다. 이것들은 일본의 영국말 문법 참고서에 나오는 용어나 체계나 서술을 그대로 따르고 있다. 한국사람은 일본의 영국말 문법 참고서에서 볼 수 있는 여러 가지 문제점을 그대로 배우게 되었다.

한국사람은 영국말 문법을 배울 때, 영국말의 차림새를 묻고 따지는 일을 하지 않고 그냥 외워서 배운다. 이러니 영국말 문법을 오랫동안 배워도 영국말의 특성에 대해 깜깜한 상태에 머물러 있다. 그리고 영국말 문법과 한국말 문법을 견주어서 배우는 것이 아니라 따로 배우기 때문에, 영국말과 한국말을 어울러서 볼 수 있는 눈을 갖지 못한다. 이 때문에 같거나 비슷한 문법 용어를 놓고서 영국말 문법과 한국말 문법 사이를 오가게 된다. 이러니 영국말 문법에 밝아지면 한국말 문법에 어두워지고, 한국말 문법에 밝아지면 영국말 문법에 어두워지는 이상한 일이 벌어지는 것이다.

09

한국말 학교문법

20세기 초에 한국 학자들이 한국말의 차림새를 묻고 따져서 한국말 문법을 만들고자 했을 때, 그들이 가졌던 생각은 백성들이 한국말을 제대로 배워서 부강한 나라를 만들어가는 일을 잘할 수 있도록 돕고자 하는 데 있었다. 이런 까닭으로 한국말 문법을 만드는 일과 국민을 계몽하는 일이 늘 함께했다.

문법을 만드는 일과 국민을 계몽하는 일이 함께했기 때문에, 한국말 문법을 만드는 이들은 국민 계몽에 필요한 규범문법(規範文法/normative grammar)을 만드는 데 힘을 기울였다. 그들은 백성들 누구나 글을 쓰고 읽을 수 있도록 돕고자 했다. 이런 까닭으로 1907년에 나라에서 한국말을 연구하는 기관을 만들 때, 기관 이름을 '국어연구소'라 하지 않고 '국문연구소'라고 지었다. 국문연구소에서 주로 한 일은 백성들이 한국말을 글로 쓰고 읽는 일을 바르게 할 수 있도록 정서법(正書法/맞춤법)을 만드는 일이었다. 이는 연구위원들이 3년에 걸쳐서 연구한 것을 1909년 12월에 최종 보고서 형태로 정리한 『국문연구의정안』에 잘 나타나 있다.

그들은 다음과 같은 열 가지 항목에 대한 의견을 학부에 제출했다.

첫째, 국문의 연원(淵源)과 글자의 모양 및 소리의 자취에 대해 논의하고 의결한 것.

이에 대해 위원들이 연구한 것을 살펴보면, 국문의 연원에 대해서는 거의 같은 생각을 가진 반면, 글자의 모양과 발음에 대해서는 조금씩 다른 생각을 갖고 있음을 알 수 있다. 위원들이 논의를 통해 국문의 연원과 글자의 모양 및 소리에 대해 의결한 것을 요약하면 다음과 같다.

단군 시대는 국문이 있었는지 없었는지 알아볼 수 있는 자료가 남아 있지 않다. 기자(箕子) 시대에는 중국에서 한문이 수입되어 말[言]과 글[文]이 두 가지로 나뉘고, 한문이 국어에 섞여들게 되었다. 신라시대에 설총(薛聰)이 한문의 소리를 빌려서 이두를 만들어 공문서에 사용함으로써, 우리말을 그대로 적을 수 있는 국문을 만들어야 한다는 생각이 생겨났다. 그리고 오랜 옛날에 우리나라가 나름으로 사용하던 문자가 있었다고 하나 문자의 자취가 문헌에 전해오는 것이 없는바, 아마도 온전하게 갖추어진 국문이 되지 못했을 것으로 생각된다. 조선시대에 세종대왕이 국문인 훈민정음을 창조했다. 훈민정음을 볼 때, 국문의 연원과 자체(字體)와 발음과 오음(五音)과 칠음(七音)과 청탁(淸濁)은 직접 또는 간접으로 한자(漢字) 및 범서(梵書: 고대 인도 문자의 하나인 브라흐미 문자로 기록된 글)와 관계가 있다고 하겠다.

둘째, 첫소리 가운데 'ㆁ, ㆆ, ㅿ, ◇, ㅱ, ㅸ, ㆄ, ㅲ' 여덟 글자를

다시 사용하느냐 마느냐에 대해 논의하고 의결한 것.

이에 대해 위원들은 모두 같은 의견을 갖고 있었다. 이들은 논의를 통해 첫소리 가운데 'ㆁ, ㆆ, ㅿ, ◇, ㅱ, ㅸ, ㆄ, ㅹ' 여덟 글자를 다시 사용하지 않기로 의결했다.

셋째, 첫소리로 쓰는 'ㄲ, ㄸ, ㅃ, ㅆ, ㅉ, ㆅ' 여섯 글자를 적는 방법에 대해 논의하고 의결한 것.

이에 대해 위원들은 서로 의견을 달리했다. 이능화와 주시경과 송기용과 윤치호는 이자병서(異字竝書: ㅺ처럼 다른 글자를 어울러 쓰는 것)를 동자병서(同字竝書: ㄲ처럼 같은 글자를 거듭해 쓰는 것)로 통일하여 적을 것을 주장했고, 권보상과 지석영은 왼쪽에 ㅅ을 붙여서 쓸 것을 주장했고, 어윤적은 동자병서와 이자병서가 갖추어져 있고 소리가 또한 같으니 그냥 그대로 두어도 문제가 없다고 주장했다. 위원들은 논의를 통해 첫소리로 쓰는 된소리 가운데서 이자병서인 'ㅲ', 'ㅳ', 'ㅄ', 'ㅶ', 'ㅺ', 'ㅼ', 'ㅆ', 'ㅿ'을 동자병서인 'ㄲ', 'ㄸ', 'ㅃ', 'ㅆ', 'ㅉ', 'ㆅ'으로 바꾸어서 적되 'ㆅ'은 'ㅎ'으로 적기로 의결했다.

넷째, 가운뎃소리 중 아래아(ㆍ)를 폐지하는 것과 'ㅢ'를 새로 만들어 쓰는 것을 하느냐 마느냐에 대해 논의하고 의결한 것.

이에 대해 위원들은 서로 의견을 달리했다. 지석영은 아래아의 본래 소리가 'ㅣ'와 'ㅡ'를 더한 것에 있다고 보아, 아래아를 폐지하고 'ㅣ'와 'ㅡ'를 어울러서 'ㅢ'자를 새로 만들어 쓸 것을 주장하고 나섰는데, 이민응이 뜻을 같이했다. 그러나 이능화와 송기용과 윤치호는 아래아를 폐지하고 'ㅢ'자를 새로 만들어 쓰는 것이 모두 옳지 않다고 주장했으며, 어윤적과 권보상과 주시경은 'ㅢ'자를 새로 만들어 쓰는 것은 옳지 않고 아래아를 폐지하는 것은 옳다고 주장했다. 위원들은 논의를 통해 아래아는 그대로 쓰고, 'ᅳ'를 새로 만들어 쓰지 않기로 의결했다.

다섯째, 마침소리에서 'ㄷ, ㅅ' 두 글자의 사용법 및 'ㅈ, ㅊ, ㅋ, ㅌ, ㅍ, ㅎ' 여섯 글자도 마침소리로 함께 쓰는 것에 대해 논의하고 의결한 것.

이에 대해 위원들은 의견을 서로 달리했다. 'ㅅ'을 끝소리에 주로 쓰게 되면서 'ㄷ'도 근래에는 'ㅈ, ㅊ, ㅋ, ㅌ, ㅍ, ㅎ'과 마찬가지로 끝소리로 쓰지 않는 상황에서, 어윤적과 권상로와 주시경과 윤치호는 'ㄷ'을 포함해서 'ㅈ, ㅊ, ㅋ, ㅌ, ㅍ, ㅎ'을 모두 통용하는 것이 마땅하다고 주장했고, 이능화는 상용과 활용과 비고로 나누어 'ㄷ, ㅈ, ㅊ, ㅋ, ㅌ, ㅍ, ㅎ'을 활용에 속하도록 할 것을 주장했으며, 송기용은 편의나 필요에 맞추어서 사용할 것을 주장했고, 이민응은 모두 참고를 위해 남겨두자고 주장했으며, 지석영은 쓸 필요가 없으니 그대로 두자고 주장했다. 위원들은 논의를 통해 첫소리에 쓰는 모든 글자를 마침소리에 쓰기로 의결했다.

여섯째, 자모(字母)의 칠음(七音)과 청탁(淸濁)의 구별을 어떻게 할 것인지에 대해 논의하고 의결한 것.

이에 대해 위원들은 거의 일치된 의견을 갖고 있었다. 위원들은 논의를 통해 말소리를 청음(淸音), 격음(激音), 탁음(濁音)의 세 가지로 나누기로 의결했다.

일곱째, 사성표(四聲票)를 쓰느냐 마느냐 및 국어음(國語音)의 고저법(高低法)에 대해 논의하고 의결한 것.

이에 대해 위원들은 의견을 달리했으나 여기서는 생략하기로 한다. 위원들은 논의를 통해 사성표는 사용하지 않기로 하고, 고저(高低)는 장단(長短)으로 나누되 단음(短音)은 그냥 그대로 두고, 장음(長音)은 점을 하나 찍어서 장음이라는 것을 나타내기로 의결하였다.

여덟째, 자모의 소리를 읽는 것을 통일하는 것에 대해 논의하고 의결한 것.

이에 대해 위원들은 의견을 달리했으나 여기서는 생략하기로 한다. 위원들은 논의를 통해 자모의 소리를 '이응', '기윽', '니은', '디읃', '리을', '미음', '비읍', '시읏', '지읒', '히읗', '키읔', '티읕', '피읖', '치읓', '아', '야', '어', '여', '오', '요', '우', '유', '으', '이', '으'로 읽기로 의결하였다.

아홉째, 자순(字順: 낱낱의 글자를 늘어놓은 차례)과 행순(行順: 낱낱의 글자를 가지고 말소리를 만들어 늘어놓은 차례)을 통일하는 것에 대해 논의하고 의결한 것.

이에 대해 위원들은 의견을 달리했으나 여기서는 생략하기로 한다. 위원들은 논의를 통해 낱낱의 글자를 늘어놓은 차례를 첫소리는 'ㅇ', 'ㄱ', 'ㄴ', 'ㄷ', 'ㄹ', 'ㅁ', 'ㅂ', 'ㅅ', 'ㅈ', 'ㅎ', 'ㅋ', 'ㅌ', 'ㅍ', 'ㅊ'으로 하고, 가운뎃소리는 'ㅏ', 'ㅑ', 'ㅓ', 'ㅕ', 'ㅗ', 'ㅛ', 'ㅜ', 'ㅠ', 'ㅡ', 'ㅣ', 'ㆍ'로 하기로 의결했다. 그리고 낱낱의 말소리를 만들어 늘어놓은 차례는 가운뎃소리를 벼리로 삼아 첫소리의 차례대로 늘어놓아서 '아', '야', '어', '여', '오', '요', '우', '유', '으', '이', '으'로 적도록 하고, 이를 바탕으로 '가', '갸', '거', '겨', '고', '교', '구', '규', '그', '기', 'ᄀᆞ'와 같이 적도록 하기로 의결하였다.

열째, 국문을 적는 철자법에 대해 논의하고 의결한 것.

이에 대해 위원들은 다른 생각을 갖고 있지 않았다. 위원들은 논의를 통해 국문을 적는 철자법은 훈민정음의 「예의(例義)」를 그대로 따르기로 의결했다.

국문연구소에 소속된 여덟 명의 위원이 회의를 통해 위와 같은 제안을 만들어서 학부에 제출했으나, 이듬해에 일본이 조선을 병탄함으로써 이를 실행할 기회를 얻지 못했다. 그러나 1933년 조선어학회에서 『한글맞춤법통일안』을 만들 때 영향을 미쳤다는 점에서 위 제안은 뜻이 깊다.

한국말 규범문법의 역사

20세기를 전후로 학자들이 펴낸 한국말 문법서들은 규범문법(規範文法/prescriptive grammar/normative grammar)의 성격을 띠는 학교문법(school grammar)이라고 말할 수 있다. 이봉운의 『국문정리』(1897)와 이규대의 『국문정리』(1897)를 거쳐서 최광옥의 『대한문전』(1908), 유길준의 『조선문전』(1909), 김희상의 『초등국어사전』(1909), 주시경의 『국어문법』(1910), 김두봉의 『조선말본』(1916), 안확의 『조선문법』(1917), 이규영의 『현금조선문전(現今朝鮮文典)』(1920), 이규방의 『신찬조선어법(新撰朝鮮語法)』(1922) 따위가 간행되었다. 이 문법서들은 모두 사람들이 한국말을 바르게 배우도록 국어와 국문을 정리하는 일에 초점을 두었다.

1920년대로 접어들자 한국말을 연구하는 이들이 크게 늘어났다. 1921년 12월에 최두선, 임경재, 권덕규, 장지영, 이승규, 이규방,

신명균 등이 '조선어연구회'(1931년 11월 조선어학회로 이름이 바뀜)를 만들어서 한국말 연구와 강연에 힘을 기울였다. 1927년 2월에 권덕규, 이병기, 최현배, 정열모, 신명균 등이 뜻을 모아서 학회지 《한글》을 창간하여 한국말 연구를 뒷받침하는 기틀을 만들었다. 이들을 중심으로 맞춤법 통일안을 마련하는 일과 조선어 사전을 만드는 일이 논의되고 추진되었다.

그런데 이들과 뜻을 달리하는 박승빈, 이긍종, 백남규, 신남철, 문시혁, 정규창 등이 1931년에 '조선어학연구회'를 만들어서, 조선어연구회가 추진하는 맞춤법 통일안을 조직적으로 반대하기 시작했다. 그들은 1933년 10월에 『한글맞춤법통일안』이 나오자 비난을 멈추지 않았고, 1935년 2월에 학회지 《정음(正音)》을 창간하여 『한글맞춤법통일안』을 하나하나 매섭게 비판했다. 이때부터 한국말을 연구하는 이들을 '한글파'와 '정음파'로 나누어 부르는 일이 생겨났다.

1933년 10월에 『한글맞춤법통일안』이 나오자, 사람들은 한국말을 바르게 배우고 쓰는 길잡이를 갖게 되었다. 1930년 12월에 조선어연구회는 맞춤법 통일안을 마련할 것을 결의하고, 이 일을 맡을 위원을 뽑았다. 위원들은 회의를 거듭한 끝에 1932년 12월 원안(原案)을 만들었다. 이때 위원으로 일한 이는 열두 명으로 권덕규, 김윤경, 박현식, 신명균, 이극로, 이병기, 이윤재, 이희승, 장지영, 정열모, 정인섭, 최현배였다. 그 뒤에 김선기, 이갑, 이만규, 이상춘, 이세정, 이탁이 참여하여 열여덟 명이 되었다.

이들은 1932년 12월 25일부터 1933년 1월 4일까지 개성에서 제1회 독회(讀會)를 열고, 원안을 심의한 것을 수정위원에게 넘겨서 수정안을 만들도록 했다. 이때 수정위원으로 함께한 이는 열 명으로 권덕규, 김선기, 김윤경, 신명균, 이극로, 이윤재, 이희승, 장지영, 정인섭, 최현배였다. 수정위원들은 1933년 7월 25일부터 8월 3일까지 서울에서 제2회 독회를 열고, 수정안을 검토한 것을 정리위원에게 넘겨서 최종안을 만들도록 했다. 이때 정리위원으로 참여한 이는 아홉 명으로 권덕규, 김선기, 김윤경, 신명균, 이극로, 이윤재, 이희승, 정인섭, 최현배였다. 정리위원들이 회의를 거쳐서 최종안을 만들자, 1933년 당시의 한글날인 10월 29일에 맞추어 『한글맞춤법통일안』을 공표했다.

『한글맞춤법통일안』은 총론 3항, 각론 7장 63항, 부록 2항으로 되어 있다. 총론은 기본 강령을 밝힌 것으로, "첫째, 표준말은 소리대로 적되, 어법에 맞도록 한다. 둘째, 표준말은 대체로 현재 중류 사회에서 쓰는 서울말로 한다. 셋째, 문장의 각 단어는 띄어 쓰되 토는 그 윗말에 붙여 쓴다."라고 되어 있다. 각론은 크게 7장으로 나누었는데, 제1장 자모(字母), 제2장 성음(聲音), 제3장 문법(文法), 제4장 한자어(漢字語), 제5장 약어(略語), 제6장 외래어 표기, 제7장 띄어쓰기로 되어 있고, 부록은 '부록 1 표준어', '부록 2 문장부호'로 되어 있다. 이로써 사람들이 한국말을 배우고 쓸 때 가질 수 있는 바탕 잣대가 하나의 큰 틀로 온전히 차려지게 되었다.

1930년대에 조선어학회의 《한글》과 조선어학연구회의 《정음》이 학문적 다툼을 벌이면서, 한국말 문법에 대한 연구는 깊이와 넓이를 더해갔다. 국어의 자리를 잃어버린 조선말은 주인 없는 말처럼 되었기에 누구든 한마디 보탤 수 있는 상황에 놓여 있었다. 장지연,

김윤경, 강매, 홍기문, 정열모, 박승빈, 이극로, 신명균, 최현배, 이병기, 박상준과 같은 이들이 한국말 문법에 대해 저마다 나름의 주장을 펼치면서 자유롭게 재주를 겨루었다.

19세기 말에 시작된 한국말 문법 연구를 집대성한 사람은 최현배였다. 그는 서양말 문법과 일본말 문법을 폭넓게 살펴본 바탕 위에서 최광옥, 유길준, 주시경, 김두봉과 같은 이들이 만든 한국말 문법을 참고하여 1937년에 『우리말본』을 세상에 내놓았다. 그는 한국말 문법을 소리갈(음성학)과 씨갈(품사론)과 월갈(문장론)로 나누고, 각 부문에서 볼 수 있는 갖가지 것을 하나하나 꼼꼼하게 차려내는 작업을 했다. 그는 자신이 만든 한국말 문법 체계에 엄청난 자부심을 갖고 있었던 까닭으로, 머리말에서 "이 체계로 말미암아 비로소 조선말의 말광[사전(辭典)]을 조직적으로 꾸밀 수가 있게 되었으며, 이 체계를 배움으로 말미암아, 비로소 외국사람이라도 능히 조선말의 조직과 운용의 이치를 깨치어서, 조선말과 조선글을 법에 맞도록 쓰게 되었다고, 감히 말할 수 있다고 스스로 믿는다."라고 힘주어 말했다. 1937년에 나온 『우리말본』 초간본은 쪽수가 무려 1,283쪽에 이르는 방대한 책이다.

최현배가 저술한 『우리말본』은 앞서 이루어진 한국말 문법서를 집대성한 점에서 높이 살 만하다. 그러나 『우리말본』 역시 이전의 한국말 문법서들에서 보던 문제점을 그대로 갖고 있다는 점에서 아쉬움이 크다. 그는 서양말과 한국말이 어떤 점에서 같고 다른지 깊고 넓게 살피지 못했다. 이 때문에 『우리말본』은 한자로 된 문법 용어를 고유어로 바꾸어서 명사를 이름씨로, 동사를 움직씨로, 형용사를 그림씨로, 주어를 임자말로, 목적어를 부림말로 고쳐 부르는 데 머문 듯한 인상을 준다.

1933년의 『한글맞춤법통일안』과 1937년의 『우리말본』에서 보듯이, 한국말 문법은 어느덧 나름의 체계를 완성하게 되었다. 그러나 학교에서 일본말을 국어로 가르치는 상황에서 한국말 문법은 학자들의 연구 거리에 지나지 않았다. 게다가 1942년 10월에 조선어학회사건이 일어나서 33명의 학자가 줄줄이 검거되어 재판을 받게 되자, 한국말 연구는 하지 말아야 하는 일처럼 되고 말았다. 그런 상황에서 1945년 8월 15일에 갑자기 광복을 맞게 되자, 한국말 문법을 가르치고 배우는 일이 매우 중요한 일이 되었다.

이때부터 여러 가지 한국말 문법책이 나오기 시작했는데, 학자에 따라 품사 체계와 문법 용어가 달라서 계통을 세울 수가 없었다. 그러자 1949년 7월에 문교부는 292개의 문법 용어를 제정하고, 9월부터 문법책에 대한 검인정 제도를 실시했다. 문법책을 쓸 때 문법 용어는 한국어로 된 것과 한자어로 된 것을 인정해주되, 어느 하나를 일관성 있게 쓰도록 했다. 그리하여 최현배, 장하일, 정인승, 이희승, 이인모 등이 나름의 잣대를 가지고 쓴 한국말 문법책이 함께하게 되었다. 잣대를 달리하는 문법책이 뒤섞여서 빚어내는 교육의 혼란을 줄여보고자, 1963년 7월에 문교부가 나서서 학교문법의 품사 체계와 문법 용어를 하나로 통일했다. 이로부터 나라에서 정한 규범 문법이 학교 교육을 통해 한국말을 배우고 쓰는 일을 이끌어가게 되었다.

1963년 7월에 『학교문법통일안』이 마련되면서 중등 문법은

1966년과 1967년에 16종의 교과서가 검인정을 받았고, 고등 문법은 1968년에 13종의 교과서가 검인정을 받았다. 그런데 학교에 따라 가르치고 배우는 문법 교과서가 다르다 보니 학생들이 시험을 준비하는 데 어려움이 많았다. 결국 1979년부터 중등 문법 교과서는 없어지고, 5종의 고등 문법 교과서만 남았다. 결이 다른 문법 교과서에서 빚어지는 어려움을 해결하고자, 문교부는 1985년에 제1종의 단일 교과서인 고교용 『문법』을 개발해서 보급했다.

한국말 학교문법의 문제 1: 문법 용어

한국사람은 어릴 때부터 오랫동안 한국말의 차림새를 하나하나 스스로 차려가기 때문에 한국말 문법을 알지 못해도 문제가 되지 않는다. 그러나 외국사람이 한국말을 갑자기 공부하는 경우에는 한국말 문법이 길잡이 노릇을 하게 된다. 한국말 문법이 잘 차려지면 그들은 한국말을 좀 더 쉽고 빠르게 배울 수 있다. 이런 까닭으로 한국말을 배우고자 하는 외국사람에게 한국말 문법은 매우 중요하다. 그런데 그들이 배우는 한국말 문법책을 들여다보면, 한국사람조차 알기 어려운 방식으로 되어 있다.

오늘날 학교에서 가르치는 한국말 문법은 한국말을 제대로 풀어내지 못하는 문제점을 갖고 있다. 문법책에 나오는 것을 조금만 깊게 묻고 따지면 풀어낼 수 없는 것이 여기저기서 튀어나온다. 이런 까닭으로 국어 교사들조차 한국말 문법을 가르치는 일을 꺼리게 된다. 그들에게 "이것은 크기가 크기는 크다."와 같은 문장이나 "그는 골프를 치다가 벼락을 맞았다."와 같은 문장을 품사와 성분으로 나누어서 풀어보라고 하면 그냥 얼버무리고 만다. 학교에서 가르치는 한국말 문법의 문제점 가운데 몇 가지만 살펴보면 다음과 같다.

학교에서 가르치는 한국말 문법은 한국말을 풀어낼 때 말이라는 말을 쓰지 않는다. 그들은 말을 대신하여 언(言), 어(語), 사(詞), 사(辭)를 쓴다. 그들은 언(言), 어(語), 사(詞), 사(辭)에 바탕을 둔 언어(言語), 체언(體言), 용언(用言), 품사(品詞), 명사(名詞), 동사(動詞), 형용사(形容詞), 조사(助詞), 주어(主語), 목적어(目的語), 서술어(敍述語), 어근(語根), 어간(語幹), 어미(語尾), 사전(辭典)과 같은 문법 용어로써 한국말 문법을 풀어낸다. 사람들은 한국말 문법을 배울 때, 이처럼 어렵고 복잡한 용어에 가로막혀 문법 배우는 일을 힘들어한다.

학교에서 가르치는 한국말 문법은 한국말을 풀어내는 문법 용어와 영국말을 풀어내는 문법 용어가 서로 헷갈리게 되어 있다.

첫째로 한국말에서 형용사라고 부르는 것은 서술어로 구실하는 것으로서 문장에서 성분을 나타내는 말이고, 영국말에서 adjective라고 부르는 것은 주로 수식어로 구실하는 것으로서 문장에서 품사를 가리키는 말이어서, 성격이 크게 다르다. 한국말에서 형용사는 '아름답다/아름답고/아름다우니/아름다우나/아름다워도/아름다워서/아름다우니까'와 같은 것을 가리키고, 영국말에서 형용사는 'beautiful girl'에서 'beautiful'과 같은 것을 가리킨다. 그런데 한국사람은 '아름답다'와 'beautiful'을 모두 형용사라고 부르기 때문에, 형용사가 무엇을 뜻하는 말인지 또렷하게 알아보기 어려워서 이리저리 헷갈리게 된다.

둘째로 한국말에서 동사라고 부르는 것은 주어에서 볼 수 있는 어떤 일을 풀어내는 말이다. "그는 빵을 먹었다."에서 '먹었다'는 그가 스스로 '빵을 먹는 일'을 하게 된 것을 풀어내고, "그는 벼락을 맞았다."에서 '맞았다'는 그가 '벼락을 맞는 일'을 당하게 된 것을 풀어낸다. '스스로 빵을 먹는 일'과 '당해서 벼락을 맞는 일'은 크게 다른 것이지만, 주어에서 볼 수 있는 어떤 일이라는 점에서는 같다. 주어에게 '빵을 먹는 일'이 일어나면 "그는 빵을 먹었다."라고 말하고, 주어에게 '벼락을 맞는 일'이 일어나면 "그는 벼락을 맞았다."라고 말한다.

그런데 영국말에서 'verb'라고 부르는 것은 주어를 풀어내는 말이다. verb가 주어를 풀어내는 것은 크게 두 가지가 있는데, 하나는 verb가 주어를 어떤 운동으로 풀어내는 것이고, 다른 하나는 verb가 주어를 어떤 상태로 풀어내는 것이다. verb가 주어를 운동으로 풀어내는 것에는 주어가 저만 홀로 운동하는 'intransitive verb(자동사)'가 있고, 주어가 다른 것을 끌어들여서 운동하는 'transitive verb(타동사)'가 있다. 그리고 verb가 주어를 어떤 상태로 풀어내는 것은 'linking verb(계사)'라고 부르는데 be, seem 따위가 있다. 이처럼 verb는 운동과 상태를 아우르는 것이기 때문에 verb를 운동을 뜻하는 동사로 번역한 것은 매우 이상한 일이다.

한국말 "그는 빵을 먹었다."를 영국말로 옮기면, 그가 스스로 빵을 먹는 운동을 하기 때문에 타동사 eat를 가지고서 능동태를 만들어 "He ate bread."라고 말하고, "그는 벼락을 맞았다."를 영국말로 옮기면, 그가 스스로 어떤 운동도 하지 않았기 때문에 be를 가지고서 수동태를 만들어 "He was struck by lightning."이라고 말한다.

한국말에서 동사는 주어에서 볼 수 있는 어떤 일을 나타내므로 "그는 빵을 먹었다."와 "그는 벼락을 맞았다."가 같은 차림새를 가질 수 있다. 그러나 영국말에서 주어가 스스로 운동을 하는 경우에는 능동태로서 "He ate bread."가 되고, 주어가 스스로 운동하지 않는 경우에는 수동태로서 "He was struck by lightning."이 되어 문장의 차림새가 완전히 달라진다. 그런데 한국사람은 그것을 모두 동사라고 부르기 때문에, 동사가 무엇을 뜻하는 말인지 또렷하게 알아보기 어려워서 이리저리 헷갈린다.

셋째로 한국말에서 '주어'라고 부르는 것은 저와 다른 것이 함께하는 일의 임자를 나타내는 말이고, 영국말에서 'subject'라고 부르는 것은 저만 따로 하는 행동의 주체를 나타내는 말이어서, 성격이 크게 다르다.

이를테면 한국말에서는 '저'와 '다른 것'이 언제나 함께 어울려 있는 까닭으로 '저'를 함께 어울려 있는 '다른 것'에 맞추어서 "나는 너에게 할 말이 없다.", "나는 당신에게 할 말이 없습니다.", "저는 당신에게 드릴 말이 없습니다.", "저는 당신에게 드릴 말씀이 없습니다."와 같이 여러 가지로 말하게 된다. 그러나 영국말에서는 '저'만 따로 하는 'I'를 바탕으로 언제나 "I have nothing to say to you."라고 말한다. 그런데 한국사람은 그것을 모두 '주어'라고 부르기 때문에, '주어'가 무엇을 뜻하는 말인지 또렷하게 알아보기 어려워서 이리저리 헷갈린다.

넷째로 한국말에서 목적어는 어떤 일에서 주어가 곧바로 마주하여 함께하는 대상을 가리키는 말이다. 이를테면 '그'라는 주어가

'빵'이라는 대상을 곧바로 마주하여 함께하고 있으면, "그는 빵을 먹었다."라고 말한다. 마찬가지로 '그'라는 주어가 '벼락'이라는 대상을 곧바로 마주하여 함께하고 있으면, "그는 벼락을 맞았다."라고 말한다. 그런데 그가 빵을 먹는 일과 그가 벼락을 맞는 일은 일의 성격이 서로 정반대이다. 그가 빵을 먹는 일은 '그'에서 비롯한 일이고, 그가 벼락을 맞는 일은 '벼락'에서 비롯한 일이다. 그런데도 사람들이 빵과 벼락에 모두 '을'을 붙여서 "그는 빵을 먹었다.", "그는 벼락을 맞았다."라고 말하는 것은 '빵'과 '벼락'이 주어가 곧바로 마주하여 함께하는 대상을 가리키기 때문이다.

그런데 영국말에서 'object'는 주어가 어떤 운동을 할 때, 운동의 대상이 되는 어떤 것을 가리키는 말이다. 이를테면 "He ate bread."에서 목적어인 bread는 he가 먹는 운동을 할 때, 운동의 대상이 되는 것이다. 이때 주어는 먹는 운동을 통해 운동의 대상을 변형시켜 나간다. 이때 주어가 운동의 대상을 변형시키는 운동을 '타동사(transitive verb)'라고 부르고, 그런 운동의 대상이 되는 것을 '목적어(object)'라고 부른다.

한국말에서 주어와 목적어는 어떤 일에서 이쪽과 저쪽으로서 함께하는 관계이고, 영국말에서 주어와 목적어는 일방적으로 행동하는 주어와 그러한 운동의 대상인 목적어가 만나서 주어가 목적어를 변형시켜 나가는 관계이다. 그런데 한국사람은 그것을 모두 목적어라고 부르기 때문에, 목적어가 무엇을 뜻하는 말인지 또렷하게 알아볼 수 없어서 이리저리 헷갈리게 된다.

한국말 학교문법의 문제 2: 한국말 나름의 특성

학교에서 가르치는 한국말 문법은 한국말 나름의 특성을 풀어내지 못하고 있다. 몇 가지를 들어서 살펴보면 다음과 같다.

첫째로 한국말은 마디말(어절/segment)을 바탕으로 포기말(문장/sentence)을 차려가는 말이다. 이를테면 사람들은 세 개의 마디말, 곧 〈나+는〉과 〈빵+을〉과 〈먹+었+다〉를 가지고 "나는 빵을 먹었다."라는 포기말을 차려낸다.

〈나+는〉과 〈빵+을〉과 〈먹+었+다〉와 같은 마디말은 기틀을 나타내는 말과 구실을 나타내는 말이 어우러져 있어서 무엇이 어떤 구실을 하는지가 또렷이 나타난다. 사람들은 마디말만 가지고도 말의 뜻을 또렷하게 드러낼 수 있다. 이를테면 사람들은 하나의 마디말만으로도 '길동아', '창수야', '와라', '가라', '먹는다', '놓았다', '이겼다', '졌다'와 같은 것을 말할 수 있다. 그런데 학교에서는 한국말이 낱낱의 품사인 '나', '너', '오', '가', 'ㄴ', '다'와 같은 것을 가지고서 포기말을 차려가는 것처럼 가르친다. 영국말이 낱낱의 품사인 'I', 'you', 'come', 'go', 'to', 'the', 'school'과 같은 것을 가지고 포기말을 차려가는 것을 좇아서, 한국말도 그렇게 되는 것으로 보려고 한다. 이런 까닭으로 학교에서는 명사, 대명사, 동사, 형용사, 부사와 같은 품사만 애써 가르치다가, 마디말을 슬쩍 건드리고는 매듭말(구절/phrase)이나 포기말로 넘어가 버린다.

둘째로 한국말은 세상에서 볼 수 있는 모든 것을 쪽으로서 함께 어울리는 것으로 바라본다. 이런 까닭으로 한국말에서 동사는 주어의 쪽과 다른 쪽이 이쪽과 저쪽으로서 함께 어울려 빚어내는 어떤 일을 담아내는 말이다. 이 때문에 동사를 스스로 어떤 일을 일으키는 능동사, 남에게 어떤 일을 당하는 피동사, 남에게 어떤 일을 시키는 사동사 따위로 나눈다. 그런데 학교에서는 한국말에서 동사가 이쪽과 저쪽이 함께 어울려서 빚어내는 어떤 일이라는 것을 가르치지 않는다. 한국말이 그렇게 차려져 있다는 것을 알지 못하기 때문이다.

셋째로 한국말은 안과 밖의 대응 논리를 바탕으로 무엇을 어떤 것으로 녀겨서 알아본다. 무엇을 어떤 것으로 녀기는 것은 세 가지 형식, 곧 "이것은/저것은/그것은 어떤 것이다."와 "이것은/저것은/그것은 어떤 것이 아니다."와 "이것은/저것은 그것이 이것으로/저것으로 바뀐 것이다."로 되어 있다.

한국사람이 무엇을 어떤 것으로 녀겨서 "이것은 어떤 것이다."와 "이것은 어떤 것이 아니다."와 "이것은 그것이 이것으로 바뀐 것이다."라고 말하는 것은 밖에 있는 '이것-사물'과 안에 있는 '어떤 것-생각하는 것'이 대응이 되느냐, 대응이 되지 않느냐에 따른 것이다. 밖에 있는 '이것'이 안에 있는 '어떤 것-생각하는 것'과 대응이 되면 "이것이 어떤 것이다."라고 말하고, 대응이 되지 않으면 "이것이 어떤 것이 '아니다=안+이+다'." 또는 "이것은 그것이 이것으로 '바뀐 것이다'=〈밖+우+이+ㄴ〉-〈것+이+다〉."라고 말한다.

이런 경우에 "이것은 어떤 것이 '아니다=안+이+다'."라고 말하는 것은 '안'에 있는 '어떤 것-그렇게 생각하는 어떤 것'이 '밖'에 있는 '이것'과 서로 대응하지 않는 것을 말하고, "그것이 이것으로 '바뀐 것이다=〈밖+우+이+ㄴ〉-〈것+이+다〉."라고 말하는 것은 '밖'에 있던 '어떤 것-그렇게 생각하는 어떤 것'이 '이것'으로 바뀌어서, '밖'

에 있는 '이것'과 '안'에 있는 '어떤 것-그렇게 생각하는 어떤 것'이 서로 대응하지 않는 것을 말한다. 그런데 사람들은 한국말의 바탕에 안과 밖의 대응 논리가 깔려 있다는 것을 알지 못한다. 그들은 '임'과 '아님'과 '바뀜'의 논리를 이야기할 때면 언제나 서양말의 논리를 어떻게 끌어들인 것인지만 생각한다.

넷째로 한국말은 겉과 속의 대응 논리를 바탕으로 이것의 참과 거짓을 알아본다. 이것을 참과 거짓으로 알아보는 것은 세 가지 형식, 곧 "이것은 참한 것이다.", "이것은 거짓된 것이다.", "이것은 속인 것이다."로 되어 있다.

한국사람이 어떤 것에서 볼 수 있는 '겉'과 '속'을 잣대로 삼아서 '겉'으로 드러나 있는 것이 '속'에도 차 있을 때, "이것은 참한 것이다."라고 말하고, '겉'으로 드러나 있는 것과 '속'에 차 있는 것이 서로 다를 때, "이것은 속인 것이다." 또는 "이것은 거짓된 것이다."라고 말한다. 이런 경우에 '속이다'는 '속'에 들어 있는 것이 '겉'으로 드러나 있는 것과 같지 않다는 것을 가리키는 말로, 누군가 '속'을 '겉'과 다르게 만들어서 '속'이 '겉'과 같지 않게 되었다는 것을 뜻하는 말이다. 그리고 '거짓이다'는 '겉'으로 드러나 있는 것이 '속'에 들어 있는 것과 같지 않다는 것을 가리키는 말로, 누군가 '겉'을 '속'과 다르게 '겉'에다가 어떤 '짓'을 함으로써, '겉'이 '속'과 같지 않게 되었다는 것을 뜻하는 말이다.

사람들은 한국말의 바탕에 겉과 속의 대응 논리가 깔려 있다는 것을 알지 못한 상태에서 일본사람이 영국말 'true'와 'false'를 '진(眞)'과 '위(僞)'로 번역한 것을 곧장 따라서 쓰다가, 1980년대부터

'진(眞)'을 '참'으로, '위(僞)'를 '거짓'으로 번역해서 쓰기 시작했다. 그런데 영국말에서 'true'와 'false'는 '맞는 말'과 '틀린 말'을 가리키는 말이지, '참한 말'과 '거짓된 말'을 가리키는 말이 아니다. 이를테면 "하나에 둘을 더하면 셋이다."는 '맞는 말'이지 '참한 말'이 아니고, "하나에 둘을 더하면 다섯이다."는 '틀린 말'이지 '거짓된 말'이 아니다. 논리학에 나오는 'true'와 'false'는 '맞음(이쪽과 저쪽이 서로 같아서 맞는 상태)'과 '틀림(이쪽과 저쪽이 서로 같지 않아서 틀린 상태)'을 뜻하는 말이다. 그런데 사람들은 '맞음'과 '틀림', '참'과 '거짓'이 어떻게 같고 다른지 알지 못하기 때문에 '맞음'과 '틀림'으로 말해야 할 것을 '참'과 '거짓'으로 말하고 있다.

다섯째로 한국말은 무엇이 어떻게 존재하는 것을 '~것'이라는 말에 담아낸다. 한국사람이 무엇이 어떻게 존재하는 것을 마주하는 것은 '이것', '저것', '그것', '붉은 것', '고소한 것', '가는 것', '먹는 것' 따위로 말하는 '~것'이다.

한국말에서 무엇이 존재하는 것을 알아보는 것은 내가 마주하고 있는 '이것'에서 비롯한다. 나는 "이것은 책이다."라고 녀기는 것을 통해 '이것'을 '책'으로 알아가고, 알아보고, 알아차리는 일을 한다. "이것은 책이다."라는 말에서 '이것'은 어떤 '것'으로 드러나 있는 현상을 가리키는 말이고, '책'은 어떤 '것'으로 드러나 있는 현상을 근거로 삼아서, 어떠한 '것'이라고 판단을 내리는 말이다. 이때 '어떠한 것'에서 '어떠한'은 '것'이라는 '존재'가 이미 현상으로 드러나 있음을 가리키는 말이고, '것'은 존재 그 자체를 가리키는 말이다.

한국말에서 '이것'으로 드러나 있는 존재를 어떠한 '것'으로 알아보는 일은 "이것은 어떠한 것이다."로 이루어진다. 이를테면 "이것은 책이다."와 같은 것이다. 이런 경우에 사람들은 '이것'을 '책인 것'으로 알아보는 판단을 내리고 난 뒤에야, "여기에 책이 있다." 또는 "여기에 책이 없다."와 같은 판단을 내리게 된다. 이런 까닭으로 한국말에서 '있음'과 '없음'은 '존재' 그 자체를 가리키는 말이 아니라, 이미 존재하고 있는 어떠한 '것'의 '있음'과 '없음'을 가리키는 말이다. 반면에 서양말에서 'be'는 어떠한 '것'으로 판단하기 이전의 어떤 '것'을 가리키는 말이다. 이를테면 "There is a book."에서 'is'는 'a book'이라고 판단할 수 있는 근거로서 자리하고 있는 '어떤 것-존재'를 가리키는 말이다. 이렇게 볼 때, 한국말의 '있음'과 서양의 'be'는 바탕이 전혀 다른 말이라는 것을 알 수 있다. 그런데 사람들은 한국말에서 존재하는 것을 가리키는 말이 '~것'이라는 것을 알지 못한다. 그들은 존재하는 것에 대해 이야기할 때면 언제나 서양말에서 말하는 존재를 어떻게 끌어들일 것인지만 생각한다.

한국사람이 갈고닦으며 배우고 쓰는 한국말에는 사람들이 오랫동안 함께 생각을 나누면서 일구어온 철학, 과학, 미학, 윤리학, 교육학, 정치학 따위가 깃들어 있다. 한국말의 차림새를 살펴서 뉘, 누리, 것, 일, 나, 너, 우리, 남, 함께, 따로, 같이, 어울림, 아름, 다움, 아름다움과 같은 것이 무엇을 뜻하는 말인지 알 수 있어야, 한국사람이 일구어온 철학, 과학, 미학, 윤리학, 교육학, 정치학 따위가 어떤 것인지 말할 수 있다. 그런데 학교에서는 이런 것에 대해 전혀 가르치지 않는다. 한국말에 깃들어 있는 철학, 과학, 미학, 윤리학, 교육학, 정치학 따위가 무엇인지 알지 못하기 때문이다.

제 2부

한국말 말차림법

01 말을 어떻게 차릴 것인가
02 한국말 말차림법
    1 말
    2 포기말
    3 마디말
    4 매듭말
    5 다발말
    6 써말
    7 앞써말
    8 곁써말
    9 낱말
03 한국말 차림새 풀어내기
    1 마디말 차림새 풀어내기
    2 매듭말 차림새 풀어내기
    3 포기말 차림새 풀어내기
    4 써말 차림새 풀어내기

01

말을 어떻게 차릴 것인가

　　오늘날 사람들은 기계를 부릴 수 있는 말을 만들어서, 기계가 사람의 말을 알아들을 수 있게 함으로써, 사람이 기계와 더불어 말을 하고, 기계와 함께 일을 하는 세상에서 살아가고 있다.

　　사람들이 기계를 부릴 수 있는 말을 만들어 쓰게 되자, 말이 두 가지로 늘어났다. 하나는 사람들이 오랫동안 함께 만들어 써온 '자연언어(natural language)'이고, 다른 하나는 사람들이 기계를 부리기 위해서 만든 '인공언어(artificial language)'이다. 두 개의 말을 함께 쓰자, 옛날과는 크게 다른 방식으로 살아가게 되었다. 사람들이 말을 대하는 태도에도 큰 변화가 일어났다.

　　인공언어가 여러 가지 일에서 큰 힘을 발휘하자, 사람들은 말이 가진 힘에 새삼 놀랐다. 사람들은 말로써 해내는 일에 끝이 없음을 보았고, 말을 잘 다루는 이가 뛰어난 이라는 것을 깊이 깨닫게 되었다.

　　사람들은 인공언어와 자연언어를 하나로 아우르는 일을 하면서, 기존 문법의 한계를 깨닫는 일이 많다. 이는 사람들이 인공지능을 바둑에 도입하여 기계가 바둑을 두게 되자, 기존의 정석(定石)이 가진 한계를 깨닫는 것과 같다. 2016년에 알파고(AlphaGo)가 나온 뒤로 중국의 절예(绝艺/Fine Art), 일본의 딥젠고(DeepZenGo), 한국의 돌바람 따위가 바둑 경기에 투입되면서, 사람들은 기존의 정석을 뛰어넘은 인공지능의 경기 운영방식에 크게 주목하게 되었다.

　이와 비슷하게 사람들이 인공지능을 번역에 도입하여 기계가 번역을 하게 되자, 사람들은 번역에서 기존 문법 지식이 가진 한계를 깨닫게 되었다. 2023년에 나온 번역기 딥엘(DeepL)에 한국말 문서를 영국말 문서로 번역하도록 시키면, 눈 깜짝할 사이에 매우 멋지게 번역하는 것을 볼 수 있다. 통상적인 내용을 다룰 경우, 딥엘은 웬만한 전문가보다 낫다고 볼 수 있다. 기존의 한국말 문법을 배우지도 않은 딥엘이 한국말을 영국말로 멋지게 번역한다는 것은 딥엘이 한국말의 차림새를 제대로 헤아린다는 것을 말한다. 이로써 사람들은 기존 문법에서 벗어나 자연언어를 새로운 눈으로 바라보게 된다.

　이제까지 한국사람이 배워온 한국말 문법은 일본사람이 서양말 문법에 일본말을 욱여넣는 방식으로 만든 일본말 문법을 어설프게 따라서 만든 것이다. 이러니 한국말 문법은 처음부터 한국말을 제대로 담아낼 수 있는 것이 아니었다. 한국말 문법에서 볼 수 있는 이상한 점들을 고친다고 하더라도 제대로 된 문법이 되지 못한다. 오늘날 사람들이 인공언어와 자연언어를 하나로 아우르고 어울러서 새로운 판을 만들어가는 상황에서, 사람들이 기존의 한국말 문법을 그대로 배우도록 하는 것은 그들을 어리석게 만드는 일과 같다.

우리는 한국말을 배우고 쓰는 사람들의 머릿속에 차려져 있는 말의 차림새를 제대로 담을 수 있는 '말차림법(language system)'을 만들 때가 되었다. 우리는 한국말에서 볼 수 있는 '씨말 나눔새 차림(morphological class)', '마디말 모양새 차림(topological features)', '포기말 펼침새 차림(syntactic parameters)', '포기말 쓰임새 차림(semantic pragmatics)', '낱말 쓰임 발자취(etymological trace)' 따위를 깊고 넓게 묻고 따져서, 한국말의 차림새를 바르게 차림으로써 누구나 쉽게 알아볼 수 있는 한국말 말차림법을 만들어내야 한다.

02

한국말 말차림법

내가 한국말 말차림법을 만들면서 바탕에 깔고 있었던 생각은 다음과 같다.

첫째, 한국말을 배우고 쓰는 열두 살짜리 어린이의 머릿속에 차려져 있는 한국말을 그대로 좇아가는 방식으로 한국말 말차림법을 만들고자 했다. '문법(文法/grammar): 사람들이 어떤 말의 꼴과 뜻을 배우기 위해 규칙을 정리하는 법'을 만드는 것이 아니라, '말차림법(language system): 사람들이 어떤 말의 꼴과 뜻을 배우고 쓰면서 머릿속에 스스로 차려가는 법'을 만들고자 했다.

둘째, 한국사람이 늘 쓰는 말을 가지고 한국말의 차림새를 풀어내는 '문법 용어(grammatical term)'를 만들어서, 누구나 쉽게 알아볼 수 있게 하고자 했다. 이를테면 '언(言)', '어(語)', '언어(言語)', '문(文)', '사(詞)' 따위를 모두 '말'로 바꾸고, '형태소(形態素)'를 '씨말'로, '어절(語節)'을 '마디말'로, '구절(句節)'을 '매듭말'로, '문장(文章)'을 '포기말'로, '단락(段落)'을 '다발말'로 바꿈으로써 어린이도 문법 용어의 뜻을 쉽게 알아보도록 하고자 했다.

셋째, 나는 '교착어(膠着語/agglutinative language)'에 속하는 한국말과 '굴절어(屈折語/inflectional language)'에 속하는 영국말은 말의 차림새가 크게 다르다고 보았다. 나는 사람들이 영국말 문법이나 서양말 문법에 기대어서 한국말의 차림새를 풀어온 것을 크게 어설프다고 보았다. 따라서 한국말의 차림새를 온전하게 풀어내려면, 그에 걸맞은 새로운 차림판을 갖추어야 한다고 보았다.

넷째, 나는 한국말 문법을 만드는 일은 한국말의 짜임새, 엮임새, 쓰임새, 발자취, 바탕치 따위를 깊고 넓게 묻고 따지는 일에서 비롯해야 한다고 보았다. 서양사람이 서양말을 바탕으로 만들어놓은 갖가지 개념과 이론은 깊이 참고할 수 있는 것이지, 그냥 따라 할 수 있는 것이 아니라고 보았다. 나는 한국말의 차림새를 풀어내는 새로운 개념과 이론을 만들어서 한국말 말차림법을 만들었다.

나는 한국말의 차림새를 풀어내기 위해서 다음과 같은 문법 용어를 쓰게 되었다.

1 말

　말은 무리를 이루어서 살아가는 사람들이 '무엇을 어떤 것으로 녀긴 것'을 함께 뜻으로 사무치는 것을 말한다. 나는 이제까지 문법을 다루는 사람들이 언(言), 어(語), 언어(言語), 문(文), 사(詞), 사(辭), 랭귀지(language: 영국말), 랑그(langue: 프랑스말), 스프라흐(Sprache: 독일말) 따위로 말해온 것을 모두 '말' 또는 '~말'로 바꾸어서 불렀다. 사람들은 소리에 담아서 주고받는 입말을 바탕으로 삼아서, 그림에 담아서 주고받는 글말, 몸짓에 담아서 주고받는 수어(手語), 점으로 찍어서 주고받는 점자(點字) 따위를 만들어 써왔다.

　한국말에서 말은 함께 더불어 살아가는 사람들이 '무엇을 어떤 것으로 녀긴 것'을 소리로 주고받으면서 뜻으로 사무치는 것을 말한다. 한국사람은 말로 말해지는 모든 것이 '무엇을 어떤 것으로 녀긴 것'이라는 점을 또렷이 하기 위해, 말을 하면서 '말이야'나 '말이지'를 거듭하여 말하는 일이 많다. 이를테면 어떤 이들은 "나는 어제 교통사고를 당해서 죽을 뻔하다가 살아났다."를 〈내가 말이야/말이지〉, 〈어제 말이야/말이지〉, 〈교통사고를 당해서 말이야/말이지〉, 〈죽을 뻔하다가 말이야/말이지〉, 〈살아났단 말이야/말이지〉라고 말한다.

　한국사람은 무엇이든 말에 담아서 '~ 말'이라고 일컬을 수 있다. 이러니 사람들은 '되는 말'과 '되지 않는 말'에서부터 '있는 말', '없는 말', '하는 말', '듣는 말', '지껄이는 말', '씨불이는 말', '떠드는 말'과 '뱉는 말'과 '좋은 말', '싫은 말', '값진 말', '값싼 말', '바른 말', '맞는 말', '틀린 말', '옳은 말', '그른 말', '달콤한 말', '짓궂은 말',

'솔깃한 말', '거북한 말', '믿을 말', '못 믿을 말', '고운 말', '미운 말'과 같은 온갖 것을 말에 담아서 말한다. 사람들이 말이라는 말을 늘 입에 붙이고 살기 때문에 만나기만 하면 곧바로 말이라는 말이 튀어나온다.

2 포기말

포기말은 학교문법에서 '문장(文章/sentense)'이라고 일컫는 것을 말한다. 나는 이제까지 문법을 다루는 사람들이 문장(文章: 한국말과 일본말), 구자(句子: 중국말), 센텐스(sentence: 영국말), 프라스(phrase: 프랑스말), 사츠(Satz: 독일말) 따위로 불러온 것을 '포기말'로 바꾸어서 불렀다.

포기말은 사람들이 말로써 생각한 것을 밖으로 드러내는 기본 단위이다. 포기말은 "앗!"처럼 하나의 마디말로 된 것에서부터 "그는 어제 학교에서 돌아오다가 친구네 집에 들러서~ 새벽이 되어서야 잠자리에 들었다."처럼 수십 개의 마디말로 이어진 것까지 있다. 사람들은 포기말을 가지고 갖가지로 생각을 펼쳐서 온갖 이야기를 주고받으며 함께 어울려 살아간다.

나는 사람들이 배추나 상추와 같은 것을 한 포기, 두 포기, 세 포기 따위로 셈할 때 쓰는 '포기'라는 말을 따다가, 문장을 가리키는 '포기말'을 만들어 썼다.

3 마디말

　　마디말은 학교문법에서 '어절(語節/word segment)'이라고 일컫는 것을 말한다. 한국말은 포기말(문장)을 구성하는 기본 단위가 마디말로 되어 있다. 이를테면 "나는 학교에 간다."라는 포기말은 세 개의 마디말, 〈나는〉+〈학교에〉+〈간다〉로 되어 있고, "그는 집에서 놀 것이다."라는 포기말은 네 개의 마디말, 〈나는〉+〈집에서〉+〈놀〉+〈것이다〉로 되어 있다. 이런 까닭으로 한국말을 묻고 따지는 일에서 가장 중요한 것은 마디말을 분석하는 일이다. 나는 문법을 다루는 사람들이 이제까지 어절(語節/word segment)이나 문장성분(文章成分/sentence component) 따위로 불러온 것을 '마디말'로 바꾸어서 불렀다.

　　나는 손이나 나무 따위에서 볼 수 있는 '마디'라는 말을 따다가, 어절을 가리키는 '마디말'을 만들어 썼다.

4 매듭말

　　매듭말은 학교문법에서 '구절(句節/phrase)'이라고 일컫는 것을 말한다. 두 개 이상의 마디말이 붙어서 하나의 뭉치를 만들어 포기말을 이루는 조각으로 구실한다. 이를테면 "9월이 되면 사과가 빨갛게 익을 것이다."에서 〈9월이〉+〈되면〉은 두 개의 마디말이 붙어서 무엇이 일어나는 때를 나타내는 매듭말이고, 〈빨갛게〉+〈익을〉+〈것이다〉는 세 개의 마디말이 붙어서 무엇이 어떻게 되는 것을 나타내는 매듭말이다.

한국말에서 어떤 것이 다른 것을 매겨주거나 꾸며주는 말은 모두 매듭말로 되어 있다. 이를테면 "나는 여행을 떠날 것이다."에서 〈여행을+떠날+것이다〉는 '여행을 떠날'이 '것이다'를 매겨주는 매듭말이고, "나는 매우 신나게 놀았다."에서 〈매우+신나게+놀았다〉는 '매우 신나게'가 '놀았다'를 꾸며주는 매듭말이다. 그런데 "나는 여행을 떠날 것이다."에서 〈여행을+떠날+것이다〉처럼 앞으로 있을 일을 예상하거나 짐작하는 경우에 반드시 매듭말을 써야 하기 때문에, 한국말에서 매듭말은 포기말을 이루는 기본 요건 가운데 하나이다.

나는 사람들이 끈을 묶거나 그물을 엮을 때 볼 수 있는 '매듭'이라는 말을 따다가, 구절을 가리키는 '매듭말'을 만들어 썼다.

5 다발말

다발말은 학교문법에서 '단락(段落/paragraph)'이라고 일컫는 것을 말한다. 다발말은 포기말들이 모여서 하나의 이야기 조각을 이루는 것을 말한다. 이런 조각이 모여서 하나의 전체적인 이야기를 만든다.

사람들이 짧고 간단한 이야기를 할 경우에는 다발말로 나누지 않아도 된다. 그러나 길고 복잡한 이야기를 할 경우에는 다발말로 나누어서 알아보기 쉽게 만들 필요가 있다. 특히 사람들이 무엇에 대해 깊고 넓게 묻고 따지는 글을 쓸 경우에는 이를 다발말로 나누어서, 말하고자 하는 바가 어떤 차림으로 어떻게 흘러가는지 잘 알아볼 수 있도록 만들어야 한다.

나는 사람들이 배추나 상추와 같은 것의 여러 포기를 포개어 묶어서 하나의 다발을 만드는 것에서 볼 수 있는 '다발'이라는 말을 따다가, 단락을 가리키는 '다발말'을 만들어 썼다.

6 씨말

씨말은 학교문법에서 '형태소(形態素/morpheme)' 또는 '품사(品詞/word class)'라고 일컫는 것을 말한다. 한국말에서 마디말은 씨말로 이루어져 있다. 이를테면 "그는 빵을 먹었다."에 있는 세 개의 마디말, 곧 〈그는〉과 〈빵을〉과 〈먹었다〉는 모두 씨말로 이루어져 있다. 〈그+는〉에서 '그'와 '는', 〈빵+을〉에서 '빵'과 '을', 〈먹+었+다〉에서 '먹'과 '었'과 '다'가 그것이다. 사람들은 '그', '는', '빵', '을', '먹', '었', '다'와 같은 씨말을 갖고 있어야, 여러 가지로 마디말을 만들어서 포기말, 다발말, 이야기 따위를 만들어 쓰는 일로 나아갈 수 있다.

나는 '씨앗', '씨알', '꽃씨', '말씨', "말이 씨가 되다."에서 볼 수 있는 '씨'와 '말'을 가지고 형태소 또는 품사를 가리키는 '씨말'을 만들어 썼다.

7 앞씨말

나는 마디말을 이루는 씨말(morpheme) 가운데 마디말의 기틀을 나타내는 씨말을 '앞씨말(basis morpheme)'이라고 불렀다. 이를테면 "그는 빵을 먹었다."에 나오는 세 개의 마디말, 곧 〈그+는〉과 〈빵+을〉과 〈먹+었+다〉에서 마디말의 기틀을 나타내는 '그', '빵', '먹'은 '앞씨말'이다. 나는 '앞(까닭을 뜻하는 옛말)', '씨앗[씨의 앗(앞)]', '느닷[느낌을 일으키는 늗(늦)의 앗(앞)]'에서 볼 수 있는 '앞'과 '씨'를 가지고서 '앞씨말'을 만들어 썼다.

한국말에서 마디말의 기틀을 나타내는 앞씨말은 세 가지가 있다. 첫째는 사람들이 무엇이 가진 몸통을 가리키는 앞씨말이고, 둘째는 사람들이 무엇에서 볼 수 있는 일됨이나 꼴됨 따위를 가리키는 앞씨말이고, 셋째는 사람들이 무엇에서 볼 수 있는 일됨이나 꼴됨 따위를 풀어내는 앞씨말이다. 나는 무엇이 가진 몸통을 가리키는 앞씨말을 '몸통것 앞씨말', 무엇에서 볼 수 있는 일됨이나 꼴됨 따위를 가리키는 앞씨말을 '풀이것 앞씨말', 무엇에서 볼 수 있는 일됨이나 꼴됨 따위를 풀어내는 앞씨말을 '풀이지 앞씨말'로 불렀다. 이를테면 "〈창수는〉-〈성실함에서〉-〈뛰어나다〉"에서 '창수'는 몸통것 앞씨말이고, '성실함'은 풀이것 앞씨말이고, '뛰어나~'는 풀이지 앞씨말이다.

8 곁씨말

나는 마디말을 이루는 씨말 가운데 마디말의 구실을 나타내는 씨말을 '곁씨말(role morpheme)'이라고 불렀다. 이를테면 "그는 빵을 먹었다."에 나오는 세 개의 마디말, 곧 〈그+는〉과 〈빵+을〉과 〈먹+었+다〉에서 마디말의 구실을 나타내는 '는', '을', '었', '다'는 '곁씨말'이다. 나는 조선시대에 사람들이 '곁', '곳'을 바탕으로 토씨를 '입곳'이나 '맞곳'으로 불러온 것을 바탕으로 '곁씨말'을 만들어 썼다.

한국말에서 마디말의 구실을 나타내는 곁씨말은 두 가지가 있다. 하나는 무엇이 가진 몸통을 가리키는 몸통것 앞씨말에 붙여 쓰는 '몸통것 곁씨말(substantive role morpheme)'이고, 다른 하나는 무엇을 어떤 것으로 풀어주는 풀이지 앞씨말에 붙여 쓰는 '풀이지 곁씨말(predicate role morpheme)'이다. 이를테면 "그는 학교까지 뛰어서 갔다."에 나오는 네 개의 마디말, 곧 〈그+는〉과 〈학교+까지〉와 〈뛰+어서〉와 〈가+ㅆ다〉에서 '는'과 '까지'는 몸통것 앞씨말에 붙여 쓰는 몸통것 곁씨말이고, '어서'와 'ㅆ다'는 풀이지 앞씨말에 붙여 쓰는 풀이지 곁씨말이다. 기존의 학교문법에서는 몸통것 곁씨말을 '조사'라고 부르고, 풀이지 곁씨말을 '어미'라고 부른다.

오늘날 학교문법에서는 씨말을 크게 두 가지, 곧 체언과 용언으로 나누어서 풀이한다. 그들은 "아이가 어른스럽다."에 나오는 두 개의 마디말, 곧 〈아이+가〉와 〈어른스럽+다〉에서 몸통것 앞씨말인 '아이'를 체언이라고 부르고, 풀이 마디말인 '어른스럽다'를 용언이라고 부른다. 그런데 그들이 몸통것 앞씨말인 체언과 풀이 마디말인

용언으로 씨말을 풀이하는 것은 실제에서 크게 벗어난 일이다. 몸통것 앞씨말인 '아이'에 상대가 되는 것은 풀이 앞씨말 '어른스럽'이고, 곧이 마디말인 '아이+가'에 상대가 되는 것은 풀이 마디말 '어른스럽+다'이다. 이렇게 되니 그들은 여러 가지 개념을 끌어들여서 실제와 맞추어보려고 애를 쓴다.

그들은 몸통것 앞씨말에 붙어 있는 곁씨말 '~가'를 조사라고 부르고, 풀이지 앞씨말인 '어른스럽~'을 어간이라고 부른다. 그리고 몸통것 앞씨말인 체언이나 풀이지 앞씨말인 어간에서 실질적인 뜻을 갖는 '아이'의 '아'와 '어른스럽다'의 '어른'을 어근이라고 부르고, '아이'의 '~이'와 '어른스럽다'의 '~스럽'을 접사라고 부르고, '어른스럽다'의 '~다'를 어미라고 부른다. 그들이 말하는 체언, 용언, 어근, 조사, 어간, 접사, 어미 따위를 따라다니다 보면 씨말이 무엇을 뜻하는 말인지조차 알 수 없게 된다.

나는 말[언(言)/어(語)/언어(言語)/~], 마디말(어절), 매듭말(구절), 다발말(단락), 포기말(문장), 씨말(형태소), 앞씨말, 몸통것 앞씨말(어근), 풀이지 앞씨말(어간), 곁씨말, 몸통것 곁씨말(조사), 풀이지 곁씨말(어미)과 같은 것을 가지고 한국말의 차림새를 풀었다.

9 낱말

나는 사람들이 말을 할 때, 말소리를 끊어서 말하는 낱낱의 것을 '낱말(품사/word class)'이라고 불렀다. 사람들은 낱낱의 낱말을 가지고 갖가지로 포기말을 만들어, 말하고자 하는 온갖 것을 길고 짧은 이야기로 펼쳐낸다.

한국사람은 "나는학교에간다."를 말할 때, 말소리를 〈나는〉과 〈학교에〉와 〈간다〉로 끊어서 "〈나는〉-〈학교에〉-〈간다〉"라고 말한다. 이런 까닭으로 한국말에서 "〈나는〉-〈학교에〉-〈간다〉"는 세 개의 낱말로 되어 있다. 이때 세 개의 낱말(품사/word class)은 세 개의 마디말(어절/word segment)을 말하는 까닭으로 낱말이 마디말이고, 마디말이 낱말인 관계에 놓여 있다.

한국사람이 "나는학교에간다."를 "〈나는〉-〈학교에〉-〈간다〉"로 말하는 것은 〈나+는〉과 〈학교+에〉와 〈가+ㄴ다〉가 저마다 나름의 기틀과 구실을 갖추고 있는 낱낱의 낱말로 쓰이기 때문이다. 그런데 한국에서 문법을 다루는 학자들은 낱낱의 낱말로 쓰이는 〈나는〉과 〈학교에〉와 〈간다〉를 낱말이라고 부르지 않고, '나'와 '는'과 '학교'와 '에'와 '가다'와 'ㄴ'과 '다'와 같은 것을 낱말이라고 부른다. 국립국어원에서 펴낸 『표준국어대사전』에는 '나'와 '는'과 '학교'와 '에'와 '가다'와 'ㄴ'과 '다'와 같은 것이 낱말로 실려 있다. 어떤 것은 말소리가 끊어지는 것을 바탕으로 낱말을 나누고, 어떤 것은 말뜻이 끊어지는 것을 바탕으로 낱말을 나누기 때문이다. 이러니 사람들은 말소리로 끊어지지 않는 '나'와 '는', '학교'와 '에', '가'와 'ㄴ'과 '다'를 왜 낱말로 불러야 하는지 까닭을 알아보기 어렵다.

한국에서 문법을 다루는 학자들이 낱말을 나눌 때, 말소리가 끊어지는 것이 아니라 말뜻이 끊어지는 것을 바탕으로 삼게 된 것은 서양사람이 서양말을 가지고 만든 낱말 개념에 한국말을 욱여넣으

려고 하면서 생겨난 것이다. 서양말에서는 말소리가 끊어지는 것과 말뜻이 끊어지는 것이 같이 일어나기 때문에, 말소리가 끊어지는 것으로 낱말을 나누면 말뜻이 끊어지는 것으로 낱말을 나눈 것처럼 보이게 된다. 그런데 한국 학자들은 이것을 깊이 살피지 않은 상태에서 서양말 낱말과 한국말 낱말을 같은 것처럼 다루었다.

영국사람은 사람들이 말을 할 때 말소리를 끊어서 말하는 낱낱의 것을 '낱말(품사/word class)'이라고 부른다. 이를테면 영국사람은 "Igotoschool."을 말할 때, 말소리를 〈I〉와 〈go〉와 〈to〉와 〈school〉을 끊어서 "〈I〉-〈go〉-〈to〉-〈school〉"이라고 말한다. 따라서 영국말에서 "〈I〉-〈go〉-〈to〉-〈school〉"은 네 개의 낱말로 되어 있다. 이 때 네 개의 낱말(품사/word class)은 네 개의 단어(word)로 되어 있는 까닭으로, 낱말이 단어이고 단어가 낱말인 관계에 있다.

영국말에서는 사람들이 말소리를 끊어서 말하는 낱말이 모두 단어로 되어 있는 까닭으로, 영국말에서는 낱말과 단어가 같은 뜻으로 쓰인다. 이를테면 영국말 "〈I〉-〈go〉-〈to〉-〈school〉"에서 〈I(대명사)〉와 〈go(동사)〉와 〈to(전치사)〉와 〈school(명사)〉은 모두 낱말이면서 단어이다. 이러니 낱말을 아는 일은 곧 단어를 아는 일이다. 그런데 한국말에서는 사람들이 말소리를 끊어서 말하는 낱말이 모두 마디말로 되어 있다. 이 때문에 한국말에서 하나의 낱말은 두 갈래의 씨말, 곧 앞씨말과 곁씨말로 나뉠 수 있다. 거의 모든 낱말이 '앞씨말+곁씨말'의 짜임새를 갖는다. 이러니 낱말을 아는 일과 씨말을 아는 일이 같지 않다. 낱말을 알아도 씨말을 모르는 경우가 생겨난다.

한국사람이 흔히 '낱말'이라고 부르는 것은 사전에 실려 있는 낱말을 가리킨다. 사람들은 낱말을 실어놓은 것을 사전이라고 생각한다. 그런데 한국말 사전에는 성격이 다른 네 가지 말이 함께 실려 있다. 1) 마디말이 실려 있는 것도 있고, 2) 앞씨말이 실려 있는 것도 있고, 3) 곁씨말이 실려 있는 것도 있고, 4) 자음이나 모음이 실려 있는 것도 있다. 이 때문에 사람들이 어느 하나를 짚어서 "이런 것이 낱말이다."라고 말할 수 없게 되어 있다. 이 점에서 한국말 사전과 영국말 사전은 크게 다르다. 한국사람은 한국말 사전과 영국말 사전에 실려 있는 낱말이 어떤 점에서 같고 다른지 알아보는 것이 매우 어렵다.

한국말 사전에는 다음과 같은 네 가지 것이 실려 있다.

첫째로 한국말 사전에는 '붉다', '크다', '넓다', '오다', '가다', '먹다'와 같은 풀이말(서술어)의 경우에는 앞씨말과 곁씨말로 이루어진 마디말이 실려 있다.

둘째로 한국말 사전에는 '하늘', '땅', '풀', '나무', '나비', '사람'과 같은 이름말(명사)의 경우에는 마디말을 이루는 씨말 가운데서 앞씨말이 실려 있다.

셋째로 한국말 사전에는 '~이', '~는', '~을', '~에서', '~라도'처럼 무엇이 가진 구실을 나타내는 말은 마디말을 이루는 씨말 가운데서 곁씨말이 실려 있다.

넷째로 한국말 사전에는 사람들이 말을 글로 적을 때 쓰는 글자꼴을 나타내는 'ㄱ', 'ㄴ', 'ㄷ', 'ㄹ', 'ㅁ', 'ㅏ', 'ㅓ', 'ㅗ', 'ㅜ'와 같은 것이 실려 있다.

한국말 사전에 실려 있는 낱말은 한국사람이 나날이 주고받는 말에서 볼 수 있는 수백만 개가 넘는 마디말 가운데, 사람들이 사전에 싣기 위해서 특별히 가려 뽑은 대표적인 마디말이나 씨말을 말한다. 이를테면 사전을 만드는 이들은 "먹지/먹다/먹고/먹으니/먹으면/먹으나/먹어서/먹지만/먹더라도/먹는/먹은/먹던/먹을/먹는다/먹었다"와 같은 갖가지 풀이말에서 '먹다'를 가려 뽑은 뒤 사전에 〈먹다〉만 실어놓았다. 이 때문에 사람들은 한국말 사전에 실려 있는 대표적인 낱말을 특별히 '표제어(사전 따위에 제목으로 올려놓고 뜻풀이를 달아놓은 말)'라고 부른다.

    한국사람이 한국말의 차림새를 또렷이 알아보려면 한국말에서 포기말, 마디말, 매듭말, 다발말, 씨말, 앞씨말, 곁씨말, 낱말, 단어, 표제어 따위가 무엇을 뜻하는 말인지 제대로 알아볼 수 있어야 한다. 이 책의 말미에 붙여놓은 '덧붙임 2. 한국말 말차림법 도표'를 보면 포기말, 마디말, 매듭말, 다발말, 씨말, 앞씨말, 곁씨말이 서로 어떤 관계에 놓여 있는지 잘 드러나 있다.

03

한국말 차림새 풀어내기

　사람들이 한국말의 차림새를 풀어내는 일은 한국말을 이루고 있는 네 가지 바탕인 마디말, 매듭말, 포기말, 씨말의 차림새를 좇아서 이루어진다. 사람들은 1) 마디말의 차림새, 2) 매듭말의 차림새, 3) 포기말의 차림새, 4) 씨말의 차림새를 풀어내는 일을 좇아서 한국말의 차림새를 또렷하게 풀어낼 수 있다.

　사람들이 한국말의 차림새를 풀어내는 일은 마디말을 풀어내는 것에서 비롯한다. 사람들이 마디말의 차림새를 풀어내게 되면, 마디말을 엮어서 만든 매듭말이나 포기말의 차림새를 풀어내는 일로 나아갈 수 있고, 또한 낱낱의 마디말을 이루고 있는 앞씨말과 곁씨말의 차림새를 풀어내는 일로 나아갈 수 있다.

1 마디말 차림새 풀어내기

1 마디말

한국말에서 사람들이 무엇에 대한 생각을 담아내는 포기말은 모두 마디말로 되어 있다. 이를테면 "나는 빵을 먹었다."는 세 개의 마디말 〈나는〉과 〈빵을〉과 〈먹었다〉로 이루어져 있고, "아버님께서 주무신다."는 두 개의 마디말 〈아버님께서〉와 〈주무신다〉로 이루어져 있다.

한국말은 포기말이 마디말로 되어 있는 까닭으로 사람들은 마디말로 끊어서 "〈나는〉, 〈빵을〉, 〈먹었다〉"와 같이 말한다. 그리고 어떤 경우에 사람들은 마디말을 하나하나 짚어가면서 "〈나는〉 말이야, 〈빵을〉 말이야, 〈맛있게〉 말이야, 〈먹었단〉 말이야."라고 말하거나 "〈나는〉 말이지, 〈빵을〉 말이지, 〈맛있게〉 말이지, 〈먹었단〉 말이지."라고 말한다. 그들은 '말이야'나 '말이지'를 써서 포기말이 마디말에 바탕을 두고 있음을 또렷하게 드러내려고 한다.

한국말에서 "나는 갓 구운 빵을 맛있게 먹었다."라는 포기말은 여섯 개의 마디말, 곧 〈나는〉과 〈갓〉과 〈구운〉과 〈빵을〉과 〈맛있게〉와 〈먹었다〉로 이루어져 있고, "나는 빵을 먹었다."라는 포기말은 세 개의 마디말, 곧 〈나는〉과 〈빵을〉과 〈먹었다〉로 이루어져 있고, "빵을 먹어라."라는 포기말은 두 개의 마디말, 곧 〈빵을〉과 〈먹어라〉로 되어 있고, "먹어라."라는 포기말은 하나의 마디말, 곧 〈먹어라〉로 되어 있다.

사람들은 한국말에서 마디말을 만들어 쓰는 일이 어떤 것인지 깨달아가면서 머릿속에 한국말의 차림새를 차려나간다.

한국사람은 사람들이 마디말을 하나하나 차례로 쌓아서 말을 만드는 것으로 보았다. 이를 잘 보여주는 것이 '말씀'과 '말씀하다'라는 말이다. '말씀'과 '말씀하다'의 옛말은 '말쏨'과 '말쏨하다'인데, 사람들이 함께 배우고 쓰는 '말'과 사람이 무엇을 위로 쌓아 올리는 '쏘다'에 바탕을 두고 있다. '말쏨=말+쏨'은 '말을 위로 쌓아 올려서 말이 되게 하는 것'을 뜻하는 말이고, '말쏨하다'는 '말을 위로 쌓아 올려서 말이 되게 하는 일을 바깥에 소리로 드러내어 남과 함께하는 것'을 뜻하는 말이다. 이때 사람들이 말을 위로 쌓아 올려서 말이 되게 하는 것은 낱낱의 마디말을 쌓아서 하나의 포기말을 이루게 하는 것을 말한다. 사람들은 말이 되게 말을 하려면 말을 아무렇게나 늘어놓는 방식으로 해서는 안 되고, 말을 위로 차례로 쌓아 올리는 방식으로 해야 한다고 보았다. 사람들이 말을 늘어놓는 것은 여기저기로 아무렇게나 할 수 있는 일이지만, 말을 차례로 쌓아 올리는 것은 위로 곧게 쌓아가는 하나의 방향으로 이루어진다. 이런 까닭으로 그들은 말을 위로 곧게 하나의 방향으로 쌓아 올려서 말이 되게 하는 '말씀'과 '말씀하다'를 높여서 불렀다.

마디말은 성질이 다른 두 개의 씨말로 이루어져 있다. 하나는 마디말의 기틀을 나타내는 앞씨말이고, 다른 하나는 마디말의 구실을 나타내는 곁씨말이다. 사람들은 기틀을 나타내는 앞씨말에 구실을 나타내는 곁씨말을 이어 붙여서 낱낱의 마디말을 만든다. 사람들은 낱낱의 마디말을 이리저리 엮어내고 묶어내는 방식으로 갖가지로 포기말을 만들어서, 온갖 생각을 끝없이 펼쳐낸다.

"나는 빵을 먹었다."에 있는 세 개의 마디말, 곧 〈나는〉과 〈빵을〉과 〈먹었다〉는 모두 앞씨말과 곁씨말로 이루어져 있다. 〈나는=나+는〉에서 '나'는 마디말의 기틀을 나타내는 앞씨말이고, '는'은 마디말의 구실을 나타내는 곁씨말이다. 〈빵을=빵+을〉에서 '빵'은 마디말의 기틀을 나타내는 앞씨말이고, '을'은 마디말의 구실을 나타내는 곁씨말이다. 〈먹었다=먹+었+다〉에서 '먹'은 마디말의 기틀을 나타내는 앞씨말이고, '었+다'는 마디말의 구실을 나타내는 곁씨말이다.

한국말에서 꾸밈말, 호응말, 놀람말의 경우에는 사람들이 앞씨말만 가지고 마디말로 쓰는 경우가 있다. 이를테면 "무척 바쁘다."에서 '무척'은 앞씨말로만 된 마디말이고, "글쎄, 잘 모르겠네요."에서 '글쎄'는 앞씨말로만 된 호응말이며, "어머! 웬일이야"에서 '어머'는 앞씨말로만 된 놀람말이다. 그런데 "그는 무척이나 바쁘다."에서 '무척+이나'는 앞씨말 '무척'과 곁씨말 '이나'로 된 마디말이고, "글쎄요, 잘 모르겠네요."에서 '글쎄+요'는 앞씨말 '글쎄'와 곁씨말 '요'로 된 마디말이고, "어머나! 웬일이야"에서 '어머나'는 앞씨말 '어머'와 곁씨말 '나'로 된 마디말이다. 이처럼 '무척', '글쎄', '어머'와 같이 앞씨말만으로 하나의 마디말을 이룰 수 있는 경우에도 '~이나', '~요', '~나'와 같은 곁씨말을 붙여서 쓸 수 있다.

2 마디말의 갈래

한국말에서 포기말에 쓰는 마디말은 모두 여덟 가지이다. 1) 곧이말(곧이 마디말), 2) 맞이말(맞이 마디말), 3) 풀이말(풀이 마디말), 4) 꾸밈말(꾸밈 마디말), 5) 묶음말(묶음 마디말), 6) 놀람말(놀람 마디말), 7) 호응말(호응 마디말), 8) 부름말(부름 마디말)이 그것이다.

1) 곧이말

곧이말은 '곧이 마디말'을 줄인 것으로서, 학교문법에서 주어(主語), 임자말이라고 일컫는 것을 말한다. 곧이말은 말하는 사람이 말하려고 하는 바로 그것을 가리키는 마디말이다. 이를테면 한국말에서 "그는 빵을 먹었다."라는 말은 〈누군가 "그는 빵을 먹었다."라고 말했다〉에서 '누군가'와 '말했다'를 빼고, "그는 빵을 먹었다."만 남긴 것이다. "그는 빵을 먹었다."에서 '그는'은 말하는 사람이 말하려고 하는 바로 그것을 가리키는 마디말이다. "그는 빵을 먹었다."는 '그는'이 무엇을 어찌하는 것을 '빵을 먹었다'라는 것으로 풀어낸 말이다.

나는 말하는 사람이 말하려고 하는 바로 그것은 "곧 ~이다."라는 말의 차림새에서 '곧'을 가져다가, '곧이말'이라는 말을 만들어 썼다. '곧이말'에서 '곧이'는 '곧바로', '곧장', '곧이곧대로', '그것은 곧'에서 볼 수 있는 '곧'으로, 말하는 사람이 말하려고 하는 '바로 그것'을 가리키는 말이라고 할 수 있다.

한국말에서 곧이말은 영국말에서 subject가 가리키는 뜻과 비슷하다. 영국말에서 subject는 말하는 사람이 말하려고 하는 것을 'sub=밑바닥'에 'ject=던져놓은 것'을 뜻하는 말이다. 말하는 사람은 'sub=밑바닥'에 'ject=던져놓은 것'을 어떠한 것이나 어찌하는 것으로 풀어서 어떤 말을 하게 된다. subject는 말하는 사람이 말하려고 하는 '바로 그것'을 가리키는 말이라고 할 수 있다.

한국말에서 곧이말은 크게 네 가지가 있다. 1) 으뜸 곧이말, 2) 딸림 곧이말, 3) 얼임 곧이말, 4) 같이 곧이말이 그것이다.

① 으뜸 곧이말

으뜸 곧이말은 '으뜸 곧이 마디말'을 줄인 것으로서, 말하는 사람이 말하려고 하는 바로 그것을 가리키는 말이다. 무엇을 말하는 사람은 말하려고 하는 바로 그것이 머릿속에 자리해 있어야 어떤 말을 하게 된다. 이런 까닭으로 모든 포기말에는 반드시 말하는 사람이 말하려고 하는 바로 그것인 으뜸 곧이말이 자리해 있다. 이를테면 "그는 빵을 먹었다."에서 '그는'은 말하는 사람이 말하려고 하는 바로 그것을 가리키는 것으로서 으뜸 곧이말이다.

그런데 말하는 사람은 경우에 따라 말하려고 하는 으뜸 곧이말을 밖으로 드러내지 않을 수도 있다. 으뜸 곧이말을 밖으로 드러내지 않더라도 말하려고 하는 바로 그것이 무엇인지 또렷이 알아볼 수 있는 경우에는 굳이 그것을 드러낼 필요가 없다. 이를테면 "많이 놀았다.", "집에 가라."와 같은 것은 으뜸 곧이말이 밖으로 드러나지 않은 포기말이다.

② 딸림 곧이말

딸림 곧이말은 '딸림 곧이 마디말'을 줄인 것으로서, 으뜸 곧이말에 따라오는 곧이말을 가리키는 말이다. 곧이말 가운데 어떤 것은 으뜸 곧이말에 딸림 곧이말이 반드시 따라야 하는 것이 있다. 이를테면 "파래는 빛깔이 파랗다."라는 포기말에서 으뜸 곧이말인 '파래는'은 '빛깔이'라는 딸림 곧이말이 뒤따라야 '파랗다'라는 그것의 꼴이 어떠하다는 것을 풀어낼 수 있다. 마찬가지로 "그는 경찰이 되었다."라는 포기말에서 으뜸 곧이말인 '그는'은 '경찰이'라는 딸림 곧이말이 뒤따라야 그가 되는 일이 어떠하다는 것을 풀어낼 수 있다.

"파래는 빛깔이 파랗다."의 경우에 말하는 사람은 딸림 곧이말인 '빛깔이'를 드러내지 않고 그냥 "파래는 파랗다."라고 말할 수 있다. 딸림 곧이말인 '빛깔이'를 굳이 드러내지 않더라도, '파랗다'를 통해서 그것이 빛깔에 속한다는 것을 알아볼 수 있기 때문이다. 그러나 "그는 경찰이 되었다."의 경우에는 말하는 사람이 딸림 곧이말인 '경찰이'를 드러내지 않고, 그냥 "그는 되었다."라고 하면 아예 말이 되지 않는다. 이런 경우는 반드시 딸림 곧이말이 드러나야 한다.

한국말에서 으뜸 곧이말과 딸림 곧이말은 전체와 부분의 관계로 되어 있다. 이를테면 "파래는 빛깔이 파랗다.", "파래는 줄기가 가늘다.", "파래는 맛이 좋다."에서 '파래는'은 어떤 것의 전체를 가리키고, '빛깔이', '줄기가', '맛이'는 어떤 것에서 볼 수 있는 여러 가지 가운데 어느 하나를 가리킨다. 한국말은 전체와 부분의 관계에 있는 것을 으뜸 곧이말과 딸림 곧이말로 차려서 말한다.

③ 얼임 곧이말

얼임 곧이말은 '얼임 곧이 마디말'을 줄인 것으로서, 으뜸 곧이말과 얼려 있는 곧이말을 가리키는 말이다. 곧이말 가운데 어떤 것은 으뜸 곧이말에 얼임 곧이말이 뒤따라야 하는 것이 있다. 이를테면 "나는 헛것이 보인다."라는 포기말에서 으뜸 곧이말인 '나는'은

'헛것이'라는 얼임 곧이말이 뒤따라야 '보인다'라는 일을 풀어낼 수 있다. 마찬가지로 "나는 밥이 잘 먹힌다."라는 포기말에서 으뜸 곧이말인 '나는'은 '밥이'라는 얼임 곧이말이 뒤따라야 '먹힌다'라는 일을 풀어낼 수 있다.

한국말에서 얼임 곧이말은 으뜸 곧이말과 따로 하는 어떤 것이 으뜸 곧이말과 함께 얼이게 됨으로써 곧이말로서 구실하게 되는 것을 말한다. 이를테면 "나는 헛것이 보인다."에서 얼임 곧이말인 '헛것이'는 으뜸 곧이말인 '나는'과 따로 하는 어떤 것이지만, 으뜸 곧이말 '나는'과 함께 얼이게 됨으로써 '헛것이'라는 곧이말로서 구실하게 된다. '보인다'라는 풀이말 때문에 이런 일이 생겨난다.

으뜸 곧이말과 얼임 곧이말은 으뜸 곧이말의 쪽이 얼임 곧이말의 쪽으로 끌려가는 관계에 놓여 있다('쪽'에 관해서는 1부 88~89쪽 참조). 이를테면 "나는 헛것이 보인다."에서 '나는'의 쪽은 보이는 일을 통해서 '헛것이'의 쪽으로 끌려가는 상태에 놓여 있고, "나는 밥이 잘 먹힌다."에서 '나는'의 쪽은 먹히는 일을 통해서 '밥이'의 쪽으로 끌려가는 상태에 놓여 있고, "나는 그가 마음에 든다."에서 '나는'의 쪽은 마음에 드는 일을 통해서 '그가'의 쪽으로 끌려가는 상태에 놓여 있다. 한국말은 곧이말의 쪽이 어떤 것에 끌려가는 상태에 놓이는 것을 으뜸 곧이말과 얼임 곧이말로 차려서 말한다.

④ 같이 곧이말

같이 곧이말은 '같이 곧이 마디말'을 줄인 것으로서, 으뜸 곧이말과 같이하는 곧이말을 가리키는 말이다. 으뜸 곧이말 가운데 어떤 것은 이쪽과 저쪽으로서 같이 함께하는 것이 있다. 이를테면 "나는 그녀와 결혼한다."라는 포기말에서 으뜸 곧이말인 '나는'은 '그녀와'라는 같이 곧이말과 함께 '결혼한다'라는 일을 풀어낸다. 마찬가지로 "그녀와 나는 결혼한다."라는 포기말에서 으뜸 곧이말인 '나는'은 '그녀와'라는 같이 곧이말과 함께 '결혼한다'라는 일을 풀어낸다. 그리고 같이 함께하는 것이 더욱 깊어지면 사람들은 "나랑 그랑 결혼한다.", "나하고 그녀하고 결혼한다."라고 말한다. 이쪽과 저쪽이 같이 함께해서 하나가 되면 "우리는 결혼한다."라고 말한다. 한국사람은 이쪽과 저쪽이 함께해서 하나가 되는 일을 좋아하는 까닭으로 같이 곧이말을 쓰는 일이 많게 되었다.

2) 맞이말

맞이말은 '맞이 마디말'을 줄인 것으로서, 곧이말에 어떤 일이 있게 될 때, 곧이말이 마주하는 다른 마디말을 가리키는 말이다. 이를테면 "그는 학교에/학교로/학교를/학교까지 간다."라고 말할 때, '그는'은 어떤 일이 있게 되는 곧이말이고, '학교에', '학교로', '학교를', '학교까지'는 곧이말 '그는'에서 '가는 일'이 있게 될 때, 마주하는 다른 마디말이다.

한국말에서는 곧이말의 쪽과 맞이말의 쪽이 어떤 일에서 이쪽과 저쪽으로서 언제나 늘 함께하는 관계에 있는 까닭으로, 한국말에서 볼 수 있는 곧이말과 맞이말의 관계는 영국말이나 중국말에서 볼 수 있는 주어(主語/subject)와 목적어(目的語/object)의 관계로는 풀어낼 수 없는 점들이 있다.

영국말에서 "He goes to school."이라는 문장은 subject인 'He'를 verb인 'go'로 풀어내는 데 초점을 둔다. 이때 subject와 verb는 주체와 행동으로서 하나를 이루고 있다. 이 때문에 subject인 'He'가 3인칭 단수인 것을 좇아서 verb인 'go'가 'goes'로 꼴을 달리한다. "He goes to school."에서 'to school'은 주체인 'He'가 하는 행동인 'go'를 꾸며주는 구실을 하는 데 그친다. 이래서 영국말은 'to school'과 같은 것을 '부사구(adverbial phrase)'로 다룬다.

한국말에서 "그는 학교에/학교로/학교를/학교까지 갔다."라고 말할 때, '학교에', '학교로', '학교를', '학교까지'는 '그가 가는 일'을 그냥 꾸며주는 말이 아니라, 그에게 '가는 일'이 일어나게 된 바탕과 까닭과 보람을 나타내는 말이다. 그가 학교라는 것을 마주하고 있기 때문에 그에게 '가는 일'이 일어나게 된다. "그는 학교에/학교로/학교를 갔다."에서 '학교에'는 '가는 일'이 일어나는 보람을 말하고, '학교로'는 '가는 일'이 일어나는 방향을 말하고, '학교를'은 '가는 일'이 갖는 보람을 말한다.

한국말에서 곧이말이 마주하는 맞이말은 곧이말이 맞이말을 어떻게 마주하느냐에 따라서 갈래가 여럿으로 나뉜다. 그런데 학자마다 맞이말의 갈래를 나누는 것이 조금씩 다른 것을 볼 수 있다. 곧이말과 맞이말이 함께하는 것을 바라보는 시각이 저마다 다를 수 있기 때문이다. 이 때문에 문법책을 보면 학자들에 따라 맞이말의 갈래가 늘어나기도 하고, 줄어들기도 한다.

나는 한국말에서 볼 수 있는 맞이말을 열다섯 갈래로 나누어서 풀이했다. 1) 바로 맞이말, 2) 끼침 맞이말, 3) 가암 맞이말, 4) 비롯 맞이말, 5) 자격 맞이말, 6) 밑감 맞이말, 7) 시간 맞이말, 8) 장소 맞이말, 9) 방향 맞이말, 10) 보람 맞이말, 11) 도구 맞이말, 12) 수단 맞이말, 13) 까닭 맞이말, 14) 견줌 마디말, 15) 같이 맞이말이 그것이다.

① 바로 맞이말

바로 맞이말은 '바로 맞이 마디말'을 줄인 것으로서, 곧이말에 어떤 일이 있게 될 때, 곧이말이 바로 마주하고 있는 맞이말을 말한다. 사람들은 어떤 앞씨말에 '을', '를'과 같은 것을 붙여서 그것이 바로 맞이말이라는 것을 나타낸다.

이를테면 "그는 빵을 먹었다."에서 '빵을'은 그에게 먹는 일이 있게 될 때, 그가 바로 마주하는 어떤 것을 가리키는 말이다. 마찬가지로 "그는 벼락을 맞았다."에서 '벼락을'은 그에게 맞는 일이 있게 될 때, 그가 바로 마주하는 어떤 것을 가리키는 말이다.

바로 맞이말은 크게 두 가지가 있다. 하나는 일이 곧이말의 쪽에서 비롯하여 바로 맞이말의 쪽으로 흘러가는 경우이다. 이를테면 "그는 빵을 먹었다."는 '먹는 일'이 곧이말의 쪽인 '그는'에서 비롯하여 바로 맞이말의 쪽인 '빵을'로 흘러가는 것을 풀어낸다. 다른 하나는 일이 바로 맞이말의 쪽에서 비롯하여 곧이말의 쪽으로 흘러가는 경우이다. 이를테면 "그는 벼락을 맞았다."는 '맞는 일'이 바로 맞이말의 쪽인 '벼락을'에서 비롯하여 곧이말의 쪽인 '그는'으로 흘러가는 것을 풀어낸다. "그는 빵을 먹었다."와 "그는 벼락을 맞았다."는 모두 '을'이 붙어 있는 바로 맞이말이 들어간 포기말이지만, 어떤 일이 비롯해서 흘러가는 것은 서로 정반대 쪽으로 되어 있다.

"그는 빵을 먹었다."에서 '빵을'은 '그는'에서 비롯한 '먹는 일'의 목적이 되는 것이고, '먹었다'는 '그는'이 목적을 다루는 일이다. 사람들은 이런 것을 바탕으로 영국말 문법에서 빌려온 목적어와 타동사를 가지고서, '빵을'을 목적어라고 부르고, '먹었다'를 타동사라고 불러왔다. 매우 그럴듯한 일이다. 그런데 "그는 벼락을 맞았다."에서 '맞는 일'은 '그는'에서 비롯한 일이 아니라 '벼락을'에서 비롯한 일이다. '벼락을'에서 비롯한 일이 '그는'에게 미쳐서, '그는'이 뜻하지 않게 '맞는 일'을 당하는 처지에 놓여 있다. 따라서 "그는 벼락을 맞았다."에서 '벼락을'은 '맞는 일'의 목적이 되지 못하고, '맞았다'는 '그는'이 목적을 이루는 일이 되지 못한다. 따라서 '벼락을'을 목적어라고 부르고, '맞았다'를 타동사로 부르는 것은 말이 되지 않는다. 이러니 한국말에서 어떤 말에 '을/를'이 붙어 있다고 해서 그것을 목적어라고 부른다면 크게 잘못될 수 있다.

② 끼침 맞이말

끼침 맞이말은 '끼침 맞이 마디말'을 줄인 것으로서, 곧이말에 어떤 일이 있게 될 때, 곧이말이 일에서 끼치고자 하는 어떤 것을 나타내는 맞이말을 말한다. 사람들은 어떤 앞씨말에 '에게', '에'와 같은 것을 붙여서 그것이 끼침 맞이말이라는 것을 나타낸다.

이를테면 "그는 동생에게 편지를 보냈다."에서 '동생에게'는 끼침 맞이말이다. '동생에게'는 그가 편지를 보내는 일을 하게 될 때, 끼치고자 하는 어떤 것을 가리키는 말이다. 마찬가지로 "그는 꽃밭에 물을 주었다."에서 '꽃밭에'는 끼침 맞이말이다. '꽃밭에'는 그가 물을 주는 일을 하게 될 때, 끼치고자 하는 어떤 것을 가리키는 말이다.

③ 가암 맞이말

가암 맞이말은 '가암 맞이 마디말'을 줄인 것으로서, 곧이말에 어떤 일이 있게 될 때, 일에 쓰이는 가암을 나타내는 맞이말을 말한다. 가암은 사람들이 '옷감', '땔감', '물감', '일감', '장난감', '신랑감', '신붓감', '장군감' 따위로 말하는 '~감'을 말한다. '~감의 옛말은 '~가암'이었는데, 말소리가 줄어서 '~감'이 되었다. 사람들은 어떤 앞씨말에 '로', '으로'와 같은 것을 붙여서 그것이 가암 맞이말이라는 것을 나타낸다.

이를테면 "그는 밀가루로 빵을 만들었다."에서 '밀가루로'는 가암 맞이말이다. '밀가루로'는 그가 빵을 만드는 일에서 가암으로 쓰는 어떤 것을 가리키는 말이다. 마찬가지로 "그는 콩으로 메주를 쑤었다."에서 '콩으로'는 가암 맞이말이다. '콩으로'는 그가 메주를 쑤는 일에서 가암으로 쓰는 어떤 것을 가리키는 말이다.

④ 비롯 맞이말

비롯 맞이말은 '비롯 맞이 마디말'을 줄인 것으로서, 곧이말에 어떤 일이 있게 될 때, 일이 비롯하는 어떤 것을 나타내는 맞이말을 말한다. 사람들은 어떤 앞씨말에 '에', '에서'와 같은 것을 붙여서 그것이 비롯 맞이말이라는 것을 나타낸다.

이를테면 "그는 몸에 땀이 났다."에서 '몸에'는 비롯 맞이말이다. '몸에'는 그에게 땀이 나는 일이 있게 될 때, 일이 비롯하는 어떤 것을 가리키는 말이다. 마찬가지로 "그는 머리에서 생각이 떠올랐다."에서 '머리에서'는 비롯 맞이말이다. '머리에서'는 그에게 생각이 떠오르는 일이 있게 될 때, 일이 비롯하는 어떤 것을 가리키는 말이다.

⑤ 자격 맞이말

자격 맞이말은 '자격 맞이 마디말'을 줄인 것으로서, 곧이말에 어떤 일이 있게 될 때, 곧이말이 가진 자격을 나타내는 맞이말을 말한다. 사람들은 어떤 앞씨말에 '로서'와 같은 것을 붙여서 그것이 자격 맞이말이라는 것을 나타낸다.

이를테면 "그는 형으로서 동생을 보살펴야 했다."에서 '형으로서'는 자격 맞이말이다. '형으로서'는 그에게 동생을 보살피는 일이 있게 될 때, 그가 가진 자격을 가리키는 말이다. 마찬가지로 "그는 모범 납세자로서 국세청장의 표창을 받았다."에서 '모범 납세자로서'는 자격 맞이말이다. '모범 납세자로서'는 그에게 국세청장의 표창을 받는 일이 있게 될 때, 그가 가진 자격을 가리키는 말이다.

⑥ 밑감 맞이말

밑감 맞이말은 '밑감 맞이 마디말'을 줄인 것으로서, 곧이말에 어떤 일이 있게 될 때, 일의 밑바탕이 되는 어떤 것을 나타내는 맞이말을 말한다. 밑감은 어떤 일이 일어날 수 있게 만드는 밑바탕이 되는 '~감'을 말한다. 사람들은 어떤 앚씨말에 '에', '에도' 따위를 붙여서 그것이 밑감 맞이말이라는 것을 나타낸다.

이를테면 "그는 강물에 빠졌다."에서 '강물에'는 밑감 맞이말이다. '강물에'는 그에게 빠지는 일이 일어날 수 있도록 만드는 밑바탕이 되는 '~감'을 말한다. '강물'이라는 밑바탕이 그에게 '~감'으로 주어져 있었기 때문에 강물에 빠지는 일이 일어날 수 있다. '강물'이 '밑감'으로 주어져 있지 않으면, 강물에 빠지는 일은 일어나지 않는다.

⑦ 시간 맞이말

시간 맞이말은 '시간 맞이 마디말'을 줄인 것으로서, 곧이말에 어떤 일이 있게 될 때, 일이 일어난 시간을 나타내는 맞이말을 말한다. 사람들은 어떤 앚씨말에 '에', '에야', '에도' 따위를 붙여서 그것이 시간 맞이말이라는 것을 나타낸다.

이를테면 "그는 12시에 집에 왔다."에서 '12시에'는 시간 맞이말이다. '12시에'는 그가 집에 온 시간을 가리킨다. 모든 일은 언제나 어떤 시간에 일어나게 된다. 사람들은 일을 말할 때, 시간을 드러낼 필요가 있을 경우에만 시간을 밝힌다.

⑧ 장소 맞이말

장소 맞이말은 '장소 맞이 마디말'을 줄인 것으로서, 곧이말에 어떤 일이 있게 될 때, 일이 일어난 장소를 나타내는 맞이말을 말한다. 사람들은 어떤 앚씨말에 '에', '에서' 따위를 붙여서 그것이 장소 맞이말이라는 것을 나타낸다.

이를테면 "그는 오늘 집에 있다."에서 '집에'는 장소 맞이말이다. '집에'는 그에게 있는 일이 있게 될 때, 있는 일이 일어나는 장소를 가리킨다. 모든 일은 언제나 어떤 장소에서 일어나게 된다. 사람들은 일을 말할 때, 장소를 드러낼 필요가 있을 경우에만 장소를 밝힌다.

⑨ 방향 맞이말

방향 맞이말은 '방향 맞이 마디말'을 줄인 것으로서, 곧 이말에 어떤 일이 있게 될 때, 일이 가리키는 방향을 나타내는 맞이말을 말한다. 사람들은 어떤 앞씨말에 '로', '으로' 따위를 붙여서 그것이 방향 맞이말이라는 것을 나타낸다.

이를테면 "그는 동쪽으로 걸어갔다."에서 '동쪽으로'는 방향 맞이말이다. '동쪽으로'는 그에게 걸어가는 일이 있게 될 때, 걸어가는 일이 이루어지는 방향을 가리킨다. 모든 일은 언제나 어떤 방향으로 일어나게 된다. 사람들은 일을 말할 때, 방향을 드러낼 필요가 있을 경우에만 방향을 밝힌다.

⑩ 보람 맞이말

보람 맞이말은 '보람 맞이 마디말'을 줄인 것으로서, 곧 이말에 어떤 일이 있게 될 때, 일의 보람을 나타내는 맞이말을 말한다. 사람들은 어떤 앞씨말에 '에', '에게' 따위를 붙여서 그것이 보람 맞이말이라는 것을 나타낸다.

이를테면 "그는 학교에 갔다."에서 '학교에'는 보람 맞이말이다. '학교에'는 그에게 가는 일이 있게 될 때, 일의 보람을 가리킨다. 그는 '학교에'를 보람으로 삼았기 때문에 그곳에 가는 일을 하게 된다. 그가 학교에 가는 일을 이루어서 학교에 이르면, 그는 일한 보람이 있게 되고, 일에서 보람을 느끼게 된다.

⑪ 도구 맞이말

도구 맞이말은 '도구 맞이 마디말'을 줄인 것으로서, 곧이말에 어떤 일이 있게 될 때, 일에 쓰이는 도구를 나타내는 맞이말을 말한다. 사람들은 어떤 앞씨말에 '로', '으로' 따위를 붙여서 그것이 도구 맞이말이라는 것을 나타낸다.

이를테면 "그는 칼로 당근을 썰었다."에서 '칼로'는 도구 맞이말이다. '칼로'는 그에게 당근을 써는 일이 있게 될 때, 일에 쓰이는 도구를 가리킨다. 마찬가지로 "그는 톱으로 나무를 잘랐다."에서 '톱으로'는 도구 맞이말이다. '톱으로'는 그에게 나무를 자르는 일이 있게 될 때, 일에 쓰이는 도구를 가리킨다.

⑫ 수단 맞이말

수단 맞이말은 '수단 맞이 마디말'을 줄인 것으로서, 곧이말에 어떤 일이 있게 될 때, 일에 쓰는 수단을 나타내는 맞이말을 말한다. 사람들은 어떤 앞씨말에 '로', '으로', '로써' 따위를 붙여서 그것이 수단 맞이말이라는 것을 나타낸다.

이를테면 "그는 거짓말로 친구를 속였다."에서 '거짓말로'는 수단 맞이말이다. '거짓말로'는 그에게 친구를 속이는 일이 있게 될 때, 그가 일에 쓰는 수단을 가리킨다. 마찬가지로 "그는 친절로써 손님의 마음을 끌었다."에서 '친절로써'는 수단 맞이말이다. '친절로써'는 그에게 손님의 마음을 끄는 일이 있게 될 때, 그가 쓰는 수단을 가리킨다.

⑬ 까닭 맞이말

까닭 맞이말은 '까닭 맞이 마디말'을 줄인 것으로서, 곧 이말에 어떤 일이 있게 될 때, 일이 있게 된 까닭을 나타내는 맞이말을 말한다. 사람들은 어떤 앞씨말에 '로', '으로' 따위를 붙여서 그것이 까닭 맞이말이라는 것을 나타낸다.

이를테면 "그는 교통사고로 병원에 실려 갔다."에서 '교통사고로'는 까닭 맞이말이다. '교통사고로'는 그에게 병원에 실려 가는 일이 있게 될 때, 일이 있게 된 까닭을 가리킨다. 마찬가지로 "그는 신기술 개발로 장려금을 받았다."에서 '신기술 개발로'는 까닭 맞이말이다. '신기술 개발로'는 그에게 장려금을 받는 일이 있게 될 때, 일이 있게 된 까닭을 가리킨다.

⑭ 견줌 맞이말

견줌 맞이말은 '견줌 맞이 마디말'을 줄인 것으로서, 곧 이 마디말이 무엇을 끌어다가 서로 견주는 것을 나타내는 맞이말을 말한다. 사람들은 어떤 앞씨말에 '보다', '보다도' 따위를 붙여서 그것이 견줌 맞이말이라는 것을 나타낸다.

이를테면 "나는 그보다 덩치가 크다."에서 '그보다'는 '나'에게 견주는 '그'라는 잣대를 가리키는 말이다. "나는 그보다 덩치가 크다."는 '나'를 '그'에 견주어서 내가 그보다 몸집이 더 크다는 것을 드러낸다. 마찬가지로 "나는 사과보다 딸기를 좋아한다."에서 '사과보다'는 '딸기'에 견주는 '사과'라는 잣대를 가리키는 말이다. "나는 사과보다 딸기를 좋아한다."는 '딸기'를 '사과'에 견주어서 내가 사과보다 딸기를 더 좋아하는 것을 드러낸다.

⑮ 같이 맞이말

같이 맞이말은 '같이 맞이 마디말'을 줄인 것으로서, 맞이말과 맞이말이 함께 묶여서 같이하는 맞이말을 말한다. 사람들은 어떤 맞이말 앞씨말에 '와/과', '랑', '하고' 따위를 붙여서 그것이 같이 맞이말이라는 것을 나타낸다.

이를테면 "나는 망치와 톱으로 개집을 지었다."에서 '망치와'와 '톱으로'는 함께 묶여서 같이하는 맞이말이다. 또한 "나는 집에서 사과랑 배랑 먹었다."에서 '사과랑'과 '배랑'은 함께 묶여서 같이하는 맞이말이다. 또한 "나는 사과하고 배하고 먹었다."에서 '사과하고'와 '배하고'는 함께 묶여서 같이하는 맞이말이다.

3) 풀이말

한국말에서 풀이말은 포기말에서 볼 수 있는 '풀이 마디말'을 줄인 것으로서, 말하고자 하는 무엇인 곧이말을 어떤 것으로 풀어 주는 마디말을 가리키는 말이다. 이를테면 "그것은 빛깔이 붉다."라고 말할 때, '붉다'는 곧이말인 '그것은'이 가진 빛깔을 어떠한 꼴로 풀어주는 풀이말이다. 마찬가지로 "그는 빵을 먹었다."라고 말할 때, '먹었다'는 곧이말인 '그는'이 '빵을' 어찌하는 일을 풀어주는 풀이말이다. 마찬가지로 "그것은 책이다."라고 말할 때, '책이다'는 곧이말인 '그것은'이 어떤 것이라는 것을 풀어주는 마디말이다.

한국말에서 풀이말의 갈래는 크게 두 가지로 나눌 수 있다. 하나는 풀이말이 곧이말을 풀어주는 방식을 좇아서 풀이말의 갈래를 나누는 것이고, 다른 하나는 풀이말이 포기말에서 맡아서 하는 구실을 좇아서 풀이말의 갈래를 나누는 것이다.

① 풀이말이 곧이말을 푸는 방식에 따른 갈래

한국말에서 풀이말은 곧이말을 풀어주는 방식에 따라 크게 다섯 가지로 나눌 수 있다. 1) 곧이말을 어찌어찌하는 일로써 풀어주는 일됨 풀이말, 2) 곧이말을 어떠어떠한 꼴로써 풀어주는 꼴됨 풀이말, 3) 곧이말을 어떤 것으로서 풀어주는 이됨 풀이말, 4) 곧이말을 어디에 있는 것으로 풀어주는 있음 풀이말, 5) 곧이말을 무엇이 되는 것으로 풀어주는 됨이 풀이말이 그것이다.

㉠ 일됨 풀이말

일됨 풀이말은 '일됨 풀이 마디말'을 줄인 것으로서, 곧이말에서 볼 수 있는 어떤 일을 어찌어찌하는 것으로 풀어주는 마디말을 말한다. 이를테면 "그는 소리가 들렸다.", "그는 빵을 먹었다.", "그는 벼락을 맞았다.", "그는 아기에게 우유를 먹였다."에서, 곧이말인 '그는'에서 볼 수 있는 일을 풀어주는 '들렸다', '먹었다', '맞았다', '먹였다'는 모두 일됨 풀이말이다.

ⓒ 꼴됨 풀이말

꼴됨 풀이말은 '꼴됨 풀이 마디말'을 줄인 것으로서, 곧이말에서 볼 수 있는 어떤 꼴을 어떠어떠한 것으로 풀어주는 마디말을 말한다. 이를테면 "그것은 빛깔이 붉다.", "그것은 부피가 작다.", "그것은 모양이 아름답다."에서, 곧이말인 '그것은'에서 볼 수 있는 빛깔, 부피, 모양을 풀어주는 '붉다', '작다', '아름답다'는 모두 꼴됨 풀이말이다.

ⓒ 이됨 풀이말

이됨 풀이말은 '이됨 풀이 마디말'을 줄인 것으로서, 곧이말이 어떤 것임을 풀어주는 마디말을 말한다. 이를테면 "그것은 책이다.", "그것은 날아가는 것이다.", "그것은 내가 뜻한 바이다."에서, 곧이말인 '그것은'이 어떤 것임을 풀어주는 '책이다', '것이다', '바이다'는 모두 이됨 풀이말이다.

ⓔ 있음 풀이말

있음 풀이말은 '있음 풀이 마디말'을 줄인 것으로서, 곧이말이 어디에 자리해 있는 것을 풀어주는 마디말을 말한다. 이를테면 "그는 집에 있다.", "그는 회사에서 부장으로 있다."에서, 곧이말인 '그는'이 '집에 있거나', '부장으로 있는' 것을 풀어주는 '있다'는 있음 풀이말이다.

ⓒ 됨이 풀이말

됨이 풀이말은 '됨이 풀이 마디말'을 줄인 것으로서, 곧이말이 어떤 것이 되는 것을 풀어주는 마디말을 말한다. 이를테면 "그는 힘이 강해지게 되었다.", "그는 군인이 되었다."에서, 곧이말인 '그는'이 '힘이 강해지게 되거나' '군인이 되는' 것을 풀어주는 '되었다'는 됨이 풀이말이다.

② 풀이말이 포기말에서 맡은 구실에 따른 갈래

한국말에서 풀이말은 포기말에서 맡아서 하는 구실에 따라 크게 네 가지로 나눌 수 있다. 1) 어떤 말을 마치는 구실을 맡은 마침 풀이말, 2) 어떤 말을 매기는 구실을 맡은 매김 풀이말, 3) 어떤 말을 이어주는 구실을 맡은 이음 풀이말, 4) 어떤 말을 엮어주는 구실을 맡은 엮음 풀이말이 그것이다.

㉠ 마침 풀이말

마침 풀이말은 '마침 풀이 마디말'을 줄인 것으로서, 어떤 말이 하나의 포기말로서 끝마침에 이르도록 풀어주는 마디말을 말한다. 이를테면 "그는 빵을 먹었다.", "그는 빵을 먹을 것이다.", "너는 빵을 먹어라.", "너는 빵을 먹었니?", "너는 빵을 먹느냐?"에서 '먹었다', '것이다', '먹어라'. '먹었니', '먹느냐'는 어떤 말이 하나의 포기말로서 끝마침에 이르도록 풀어주는 마침 풀이말이다.

ⓒ 매김 풀이말

　매김 풀이말은 '매김 풀이 마디말'을 줄인 것으로서, 어떤 말을 속으로 매겨서 풀어주는 마디말을 말한다. 이를테면 "씩씩한 그는 무슨 일이든 앞장을 섰다."에서 '씩씩한'은 곧이말에 있는 '그'를 매겨서 풀어주는 매김 풀이말이다. 그리고 "그는 맛있는 빵을 먹었다."에서 '맛있는'은 맞이말에 있는 '빵'을 매겨서 풀어주는 매김 풀이말이다. 그리고 "그는 학교로 돌아갈 것이다."에서 '돌아갈'은 풀이말인 '것이다'에 있는 '것'을 매겨서 풀어주는 매김 풀이말이다.

　매김 풀이말에는 어떤 말에 '의'를 붙여서 무엇이 어떤 것에 속한다는 것을 나타내는 특별한 매김 풀이말이 있다. 이를테면 "그의 자동차는 엔진의 효율이 매우 좋은 최고의 것이다."라고 말할 때, '그의', '엔진의', '최고의'는 모두 어떤 것에 속한다는 것을 나타내는 매김 풀이말이다. '그의 자동차는'에서 '그의'는 '자동차'에 속한다는 것을 나타내는 매김 풀이말이고, '엔진의 효율이'에서 '엔진의'는 '효율'에 속한다는 것을 나타내는 매김 풀이말이고, '최고의 것이다'에서 '최고의'는 '것'에 속한다는 것을 나타내는 매김 풀이말이다.

　매김 풀이말은 한국말이 지니고 있는 매우 중요한 특성 가운데 하나이다. 한국말에서 사람들이 앞으로 있게 될 일을 선언하거나 예측하거나 짐작하는 것은 매김 풀이말로써 이루어진다. 이를테면 "나는 내일 반드시 집으로 돌아갈 것이다."라고 나에게 있게 될 일을 다짐하는 일은 '돌아갈'이라는 매김 풀이말로써 이루어지고, "그는 내일 집으로 돌아올 수 있다."라고 그에게 있게 될 일을 예측하는 일은 '돌아올'이라는 매김 풀이말로써 이루어지며, "그는 아마 내일 집에 머물 것이다."라고 그에게 있게 될 일을 짐작하는 일은 '머물'이라는 매김 풀이말로써 이루어진다.

ⓒ 이음 풀이말

이음 풀이말은 '이음 풀이 마디말'을 줄인 것으로서, 어떠한 것이나 어찌하는 것을 뒤로 이어서 풀어주는 마디말을 말한다. 이를테면 "그는 아들을 집에 있게 했다."에서 '있게'는 뒤에 나오는 '했다'로 이어져서 곧이말인 '그는'을 '있게 하는 일'로써 이어서 풀어주는 이음 풀이말이다. 마찬가지로 "그는 그 책을 읽어 보았다."에서 '읽어'는 뒤에 나오는 '보았다'로 이어져서 곧이말인 '그는'을 '읽어 보는 일'로써 풀어주는 이음 풀이말이다.

한국말은 일의 흐름을 나타내는 이음 풀이말이 크게 발달했다. 이를테면 "나는 토마토를 따다가 갈아서 마셔 버리고 말았다."에서 '따다가'와 '갈아서'와 '마셔'와 '버리고'는 이음 풀이말이고 '말았다'는 마침 풀이말이다. 사람들은 네 개의 이음 풀이말을 가지고서 '내가 토마토를 손으로 따는 일'과 '내가 토마토를 기계로 가는 일'과 '내가 토마토즙을 입으로 마시는 일'과 '내가 어떤 일을 벌이게 된 것'을 하나로 이어서 '내가 일을 마치는 일'로 마무리를 짓는다.

마찬가지로 "나는 팔을 들면서 틀면서 당기면서 젖혔다."에서 '들면서'와 '틀면서'와 '당기면서'는 이음 풀이말이고 '젖혔다'는 마침 풀이말이다. 사람들은 세 개의 이음 풀이말을 가지고서, '내가 팔을 드는 일'과 '내가 팔을 트는 일'과 '내가 팔을 당기는 일'을 하나로 이어서 '내가 팔을 젖히는 일'로 마무리를 짓는다. 한국사람은 이음 풀이말을 촘촘하게 차려서 일의 흐름을 매우 알뜰하고 살뜰하게 느끼고, 알고, 바라고, 이룰 수 있다.

㉣ 엮음 풀이말

엮음 풀이말은 '엮음 풀이 마디말'을 줄인 것으로서, 어떠한 것이나 어찌하는 것을 뒤로 엮이게 해서 풀어주는 마디말을 말한다. 이를테면 "그는 밥을 먹고, 학교로 갔다."에서 '먹고'는 뒤에 나오는 '학교로 갔다'와 함께 엮여서 곧이말인 '그는'을 어찌하고 어찌하는 것으로 풀어주는 엮음 풀이말이다. 마찬가지로 "그는 밥을 먹어서, 배가 부르다."에서 '먹어서'는 뒤에 나오는 '배가 부르다'와 함께 엮여서 곧이말인 '그는'을 어찌해서 어찌하는 것으로 풀어주는 엮음 풀이말이다.

한국말은 일의 흐름을 나타내는 엮음 풀이말이 크게 발달했다. 이를테면 '먹지'를 엮음 풀이말로 만들어서 "그는 밥을 먹고/먹고서/먹고서는/먹다가/먹다 말고 학교로 갔다."라고 말할 수 있고, '듣지'를 엮음 풀이말로 만들어서 "그는 노래를 듣고/듣고서/듣고서는/듣다가/듣다 말고/들으며/들으면서 학교로 갔다."라고 말할 수 있다. 한국사람은 엮음 풀이말을 알뜰하게 차려서 일의 흐름을 매우 매끄럽고 촘촘하게 엮어갈 수 있다.

4) 꾸밈말

꾸밈말은 '꾸밈 마디말'을 줄인 것으로서, 무엇을 어떠하다고 꾸며주는 마디말을 말한다. 이를테면 "그것은 빛깔이 매우 붉다."에서 '매우'는 꼴됨 풀이말인 '붉다'를 꾸며주는 꾸밈말이다. 또한 "그는 일을 신나게 해치웠다."에서 '신나게'는 일됨 풀이말인 '해치웠다'를 꾸며주는 꾸밈말이다. 또한 "그는 춤을 나비처럼 추었다."에서 '나비처럼'은 일됨 풀이말인 '추었다'를 꾸며주는 꾸밈말이다. 사람들은 꾸밈말을 가지고 어떤 것의 뜻을 더욱 알차게 만드는 일을 한다.

한국말에 꾸밈말은 크게 세 가지가 있다. 홑꾸밈말과 덧꾸밈말과 겹꾸밈말이 그것이다.

첫째로 홑꾸밈말은 사람들이 어떤 마디말에 꾸며주는 말을 하나만 붙여서 만든 꾸밈말을 말한다. 이를테면 '매우 아름답다', '무척 크다', '빨리 먹는다', '나비처럼 춤춘다'에서 '매우', '무척', '빨리', '나비처럼'은 홑꾸밈말이다.

둘째로 덧꾸밈말은 사람들이 어떤 꾸밈말에 뜻을 세게 또는 짙게 만드는 꾸밈말을 덧붙여서 만든 꾸밈말을 말한다. 이를테면 '매우 빨리 먹는다', '무척 크게 보인다', '아주 멀리 갔다'에서 '매우', '무척', '아주'는 덧꾸밈말이다. 이때 '매우', '무척', '아주'는 혼자 쓰이지 못하고 다른 것에 덧붙어서 쓰인다.

셋째로 겹꾸밈말은 사람들이 어떤 마디말에 꾸며주는 말을 하나보다 많게 붙여서 만든 꾸밈말을 말한다. 이를테면 '작고 아담하게', '즐겁고 신나게', '나비처럼 가볍게'에서 '작고'와 '아담하게', '즐겁고'와 '신나게', '나비처럼'과 '가볍게'는 꾸미는 말이 겹으로 되어 있는 겹꾸밈말이다.

5) 묶음말

묶음말은 '묶음 마디말'을 줄인 것으로서, 포기말과 포기말을 묶어서 뜻이 서로 잘 이어지게 만드는 마디말을 말한다. 이를테면 "그는 밥을 먹었다. 그리고 그는 회사에 출근했다."에서 '그리고'는 앞과 뒤의 포기말을 묶어서 뜻이 서로 잘 이어지게 만드는 묶음말이다. 마찬가지로 "그는 근육이 잘 발달했다. 왜냐하면 날마다 근력운동을 하기 때문이다."에서 '왜냐하면'은 앞과 뒤의 포기말을 묶어서 뜻이 서로 잘 이어지게 만드는 묶음말이다.

6) 놀람말

놀람말은 '놀람 마디말'을 줄인 것으로서, 사람이 무엇을 마주해서 놀라게 되었을 때, 그러한 느낌을 나타내는 마디말을 말한다. 이를테면 한국말에서 '앗!', '아이고!', '와!', '굉장하구나!', '멋지네!', '최고야!'와 같은 것은 사람들이 무엇을 마주해서 놀라는 일이 있게 되었을 때, 그러한 느낌을 담아내는 놀람말이다.

7) 호응말

호응말은 '호응 마디말'을 줄인 것으로서, 사람들이 남이 하는 말을 듣고서, 그것에 대한 호응을 나타내는 마디말을 말한다. 이를테면 '예', '아니', '좋아', '싫어', '그래', '글쎄', '어떨지', '보자고'와 같은 것은 사람들이 남이 하는 말을 듣고서, 그것에 대한 호응을 나타내는 호응 마디말이다.

8) 부름말

부름말은 '부름 마디말'을 줄인 것으로서, 사람들이 무엇을 불러서 마주하게 하는 것을 나타내는 마디말을 말한다. 이를테면 '길동아', '부장님', '여보시오', '이보게', '어이', '여기요'와 같은 것은 사람들이 무엇을 불러서 마주하게 하는 부름말이다.

위와 같은 여덟 가지 마디말을 모두 살펴보면 한국말은 마디말로 이루어져 있다는 것을 또렷이 알 수 있다. 사람들은 마디말과 마디말을 잇는 방식으로 매듭말과 포기말로 나아가는 것과 함께, 낱낱의 마디말을 쪼개는 방식으로 앞씨말과 곁씨말로 나아가게 된다. 이런 까닭으로 사람들이 한국말을 배우고 쓰는 일은 마디말을 배우고 쓰는 일이라고 말할 수 있고, 사람들이 한국말의 차림새를 차리는 일은 마디말을 차리는 일이라고 말할 수 있다.

2 매듭말 차림새 풀어내기

한국말에서 매듭말은 마디말과 마디말이 붙어서 하나의 뭉치를 이루는 것을 말한다. 이를테면 "집에 급히 돌아온 나는 갓 구운 빵을 신나게 먹었다."라는 포기말은 세 개의 매듭말, 곧 〈집에+급히+돌아온+나는〉과 〈갓+구운+빵을〉과 〈신나게+먹었다〉로 되어 있다. 이때 〈집에+급히+돌아온+나는〉은 네 개의 마디말이 붙어서 하나의 뭉치를 이루고 있는 매듭말로서 '나는'의 뜻을 풀어주고, 〈갓+

구운+빵을〉은 세 개의 마디말이 붙어서 하나의 뭉치를 이루고 있는 매듭말로서 '빵을'의 뜻을 풀어주고, 〈신나게+먹었다〉는 두 개의 마디말이 붙어서 하나의 뭉치를 이루고 있는 매듭말로서 '먹었다'의 뜻을 풀어준다. 사람들은 마디말들이 하나의 뭉치를 이루는 매듭말을 가지고서 말하고자 하는 어떤 것의 뜻을 알뜰하게 풀어나간다.

한국말에서 예정, 예측, 예상, 짐작 따위를 담아내는 말은 매듭말로 이루어진다. 이를테면 "나는 오늘 12시에 점심을 먹을 것이다."(예정), "그는 오늘 12시에 점심을 먹을 것이다."(예측), "그는 오늘 12시에 점심을 먹을 수 있을 것이다."(예상), "그는 오늘 12시에 점심을 먹었을 것이다."(짐작)와 같이 말하는 경우에, 사람들은 〈먹을 것이다〉, 〈먹을 수 있을 것이다〉, 〈먹었을 것이다〉와 같은 매듭말을 쓴다. 어떤 일이 아직 일어나지 않았거나 이미 일어났더라도 그것에 대해 잘 알지 못하는 경우에는 '~것이다'와 같은 매듭말을 쓴다.

한국말은 마침 풀이말을 매김 풀이말로 바꾸어서 매듭말로 만들어 쓸 수 있다. 이를테면 "나는 집에서 혼자 빵을 먹었다."라는 마침 풀이말을 "집에서 혼자 빵을 먹은 나는"이라는 매김 풀이말로 바꾸어서 〈집에서 혼자 빵을 먹은 나는〉과 같은 매듭말을 만들어 쓸 수 있다. 마찬가지로 "몸이 허약한 나는 운동을 하고 싶어도 뜻대로 할 수 없었다."라는 마침 풀이말을 "운동을 하고 싶어도 뜻대로 할 수 없었던 몸이 허약한 나는"이라는 매김 풀이말로 바꾸어서 〈운동을 하고 싶어도 뜻대로 할 수 없었던 몸이 허약한 나는〉과 같은 매듭말을 만들어 쓸 수 있다.

한국말은 마침 풀이말을 매듭말로 만드는 일이 매우 쉽기 때문에, 무엇을 어떤 것으로 풀어내는 일을 매우 깔끔하게 할 수 있다.

3 포기말 차림새 풀어내기

1 포기말

한국말에서 포기말(문장/文章/sentence)은 사람들이 말로 생각을 펼칠 때, 뜻을 온전히 담아낼 수 있는 가장 작은 단위를 말한다. 이를테면 "네.", "그래.", "글쎄.", "알았어요.", "이제 가거라.", "우리는 즐거웠다.", "그는 학교로 갔지.", "나는 밥을 맛있게 먹었다.", "내일은 비가 올 것이다.", "나는 부산에서 일을 보고, 저녁에 제주도로 갈 것이다."와 같이 말하는 것들은 사람들이 말로 생각을 펼치는 가장 작은 단위로서 낱낱의 포기말이다.

한국말에서 포기말은 모두 마디말로 되어 있다. 이를테면 사람들이 말로 생각을 펼칠 때, "그래."라는 말은 '그래'라는 하나의 마디말로 되어 있고, "나는 좋아."라는 말은 '나는'과 '좋아'라는 두 개의 마디말로 되어 있고, "내가 빵을 먹었다."라는 말은 '내가'와 '빵을'과 '먹었다'라는 세 개의 마디말로 되어 있고, "아침에 늦게 일어난 나는 밥도 먹지 않은 채로 급히 서둘러 집을 나섰지만 예약한 비행기를 타지 못했다."라는 말은 열여섯 개의 마디말로 되어 있다.

사람들은 말로 생각을 펼칠 때, 뜻을 온전히 담아낼 수 있다고 녀기면, 말을 줄여서 포기말을 만들려고 한다. 이를테면 누군가가

"너는 내일 우리 집에 올 수 있니?"라고 물었을 때, 뜻을 또렷이 담아내려면 "그래, 나는 내일 너희 집에 갈 수 있어."라고 하거나 "아니, 나는 내일 너희 집에 갈 수 없어."라고 해야 할 것이다. 그런데 이런 경우에 사람들은 말을 줄여서 "그래." 또는 "아니."로 답하는 일이 많다. 말하는 까닭과 흐름을 알고 있으니 "그래." 또는 "아니."라고 말해도 뜻을 온전히 담아낼 수 있다고 녀기기 때문이다.

1) 무엇을 어떤 것으로 풀어내는 포기말의 갈래

한국말에서 사람들이 무엇을 어떤 것으로 풀어내는 포기말은 크게 다섯 가지이다.

첫째로 사람들이 무엇에서 볼 수 있는 일됨을 풀어내는 포기말이다. 이를테면 "〈나는(으뜸 곧이말)〉-〈귀가(딸림 곧이말)〉-〈들린다(마침 풀이말)〉", "〈나는(으뜸 곧이말)〉-〈밥이(얼임 곧이말)〉-〈먹힌다(마침 풀이말)〉", "〈나는(으뜸 곧이말)〉-〈밥을(바로 맞이말)〉-〈먹는다(마침 풀이말)〉", "〈나는(으뜸 곧이말)〉-〈아기에게(끼침 맞이말)〉-〈우유를(바로 맞이말)〉-〈먹였다(마침 풀이말)〉"와 같은 것을 말한다.

둘째로 사람들이 무엇에서 볼 수 있는 꼴됨을 풀어내는 포기말이다. 이를테면 "〈이것은(으뜸 곧이말)〉-〈빛깔이(딸림 곧이말)〉-〈붉다(마침 풀이말)〉", "〈이것은(으뜸 곧이말)〉-〈무게가(딸림 곧이말)〉-〈가볍다(마침 풀이말)〉", "〈서울은(으뜸 곧이말)〉-〈남대문이(딸림 곧이말)〉-〈옷값이(딸림 곧이말)〉-〈싸다(마침 풀이말)〉"와 같은 것을 말한다.

셋째로 사람들이 무엇에서 볼 수 있는 이됨을 풀어내는 포기말이다. 이를테면 "〈이것은(으뜸 곧이말)〉-〈사슴이다(마침 풀이말)〉", "〈사슴은(으뜸 곧이말)〉-〈포유동물이다(마침 풀이말)〉"와 같은 것을 말한다.

넷째로 사람들이 무엇에서 볼 수 있는 있음을 풀어내는 포기말이다. 이를테면 "〈그것은(으뜸 곧이말)〉-〈여기에(장소 맞이말)〉-〈있다(마침 풀이말)〉", "〈그는(으뜸 곧이말)〉-〈부산에(장소 맞이말)〉-〈있다(마침 풀이말)〉"와 같은 것을 말한다.

다섯째로 사람들이 무엇에서 볼 수 있는 됨이를 풀어내는 포기말이다. 이를테면 "〈그는(으뜸 곧이말)〉-〈장사꾼이(딸림 곧이말)〉-〈되었다(마침 풀이말)〉", "〈그는(으뜸 곧이말)〉-〈변호사가(딸림 곧이말)〉-〈되었다(마침 풀이말)〉"와 같은 것을 말한다.

2) 마디말을 쌓아 올리는 포기말의 갈래

한국사람은 마디말을 쌓아 올려서 갖가지로 포기말을 만든다. 그들은 이런 포기말을 잇고, 엮고, 묶는 방식을 통해 온갖 생각을 끝없이 펼쳐나갈 수 있다.

사람들이 마디말을 쌓아 올려서 포기말을 만드는 것은 크게 세 가지가 있다. 홑포기말로 만드는 것과 덧포기말로 만드는 것과 겹포기말로 만드는 것이다.

첫째로 홑포기말은 사람들이 하나의 곧이말을 하나의 어떤 것으로 풀어내는 것을 말한다. 이를테면 "〈그는〉-〈곰탕을〉-〈먹었다〉", "〈그는〉-〈구수한〉-〈곰탕을〉-〈맛있게〉-〈먹었다〉"와 같은 포기말을 말한다. "〈그는〉-〈곰탕을〉-〈먹었다〉", "〈그는〉-〈구수한〉-〈곰탕을〉-〈맛있게〉-〈먹었다〉"는 하나의 곧이말인 〈그는〉을 하나의 일인 '곰탕을 먹는 일'로 풀어내고 있다.

둘째로 덧포기말은 사람들이 하나의 곧이말을 하나 이상의 어떤 것으로 풀어내는 것을 말한다. 이를테면 "〈그는〉-〈맥주도〉-〈마시고〉, 〈치킨도〉-〈먹었다〉", "〈그는〉-〈시원한〉-〈맥주도〉-〈신나게〉-〈마시고〉, 〈매콤한〉-〈치킨도〉-〈맛있게〉-〈먹었다〉"와 같은 포기말을 말한다. "〈그는〉-〈맥주도〉-〈마시고〉, 〈치킨도〉-〈먹었다〉", "〈그는〉-〈시원한〉-〈맥주도〉-〈신나게〉-〈마시고〉, 〈매콤한〉-〈치킨도〉-〈맛있게〉-〈먹었다〉"는 하나의 곧이말인 〈그는〉을 두 가지 일인 '맥주를 마시는 일'과 '치킨을 먹는 일'로 풀어내고 있다.

셋째로 겹포기말은 사람들이 하나보다 많은 곧이말을 저마다 따로 하는 어떤 것으로 풀어내는 것을 말한다. 이를테면 "〈그는〉-〈그림을〉-〈그리고〉, 〈나는〉-〈만화를〉-〈보았다〉", "〈그는〉-〈신나게〉-〈그림을〉-〈그리고〉, 〈나는〉-〈재미난〉-〈만화를〉-〈보았다〉"와 같은 포기말을 말한다. "〈그는〉-〈그림을〉-〈그리고〉, 〈나는〉-〈만화를〉-〈보았다〉", "〈그는〉-〈신나게〉-〈그림을〉-〈그리고〉, 〈나는〉-〈재미난〉-〈만화를〉-〈보았다〉"는 두 개의 곧이말인 〈그는〉과 〈나는〉이 저마다 따로 해서, 〈그는〉을 '그림을 그리는 일'로, 〈나는〉을 '만화를 보는 일'로 풀어내고 있다.

사람들이 마디말로 포기말을 만들어서 갖가지로 생각을 펼치게 되자 실상, 상상, 공상, 환상, 망상 따위를 어우르고 아울러서 온갖 이야기를 주고받을 수 있게 되었다. 그런데 사람들이 생각을 입으로 소리 내서 이야기를 주고받는 것은 시간과 장소를 벗어날 수 없지만, 생각을 글자로 적어서 이야기를 주고받는 것은 시간과 장소를 벗어날 수 있다. 사람들이 생각을 글로 주고받게 되자, 온갖 것을 이야기에 담아서 어느 누구와도 함께할 수 있는 이야기 시대로 들어서게 되었다.

2 포기말과 마침법

포기말은 낱낱으로 나뉜 생각의 단위이기 때문에, 어떤 말이 하나의 포기말이 되려면, 말을 시작하는 일에서 말을 마무리하는 일까지 온전하게 하나로 차려져야 한다. 이를테면 어떤 말이 '나는'이라는 곧이말로 시작되면 '나는'이라는 것이 어떠하거나 어찌하는 과정을 거쳐서 마지막에 '~지.', '~다.', '~오.', '~구나!', '~냐?'와 같은 것으로 끝맺음을 해야 하나의 포기말이 될 수 있다.

한국말에서 포기말은 끝맺음하는 마디말로써 말을 마무리한다. 이런 까닭으로 한국말에는 말을 끝맺음할 수 있는 마디말이 따로 있다. 사람들은 이런 마디말을 들으면 말이 끝맺음되는 것을 알 수 있다. 이를테면 '~아(길동+아)', '~야(창수+야)', '~라(먹어+라)', '~지(먹+지)', '~다(먹+는다)', '~오(먹+으시오)', '~구나(먹+는구나)', '~냐(먹+느냐)'와 같은 것은 말을 끝맺음하는 마디말이다.

한국사람이 흔히 "말은 끝까지 들어봐야 알 수 있다."라고 말하는 것은 포기말이 언제나 끝맺음하는 마디말로 마무리되기 때문이다. 이를테면 사람들은 '그가 회사에서 일을 끝내고 곧바로 버스를 타고 집으로 돌아오는 일'을 가지고 "그는 회사에서 일을 끝내자 곧바로 버스를 타고 집으로 돌아왔다/돌아왔느냐/돌아왔을 것이다/돌아오지 않았다/돌아오지 않았을 것이다/돌아오지 못했을 것이다."와 같이 다르게 말할 수 있다. 사람들은 말을 끝맺음하는 마디말을 듣고 나서야 무엇을 향하고 있는지 또렷이 알아볼 수 있다. 사람들은 끝맺음하는 마디말을 듣기 전에는 말이 어디로 흘러갈지 따라가면서 지켜보아야 한다.

한국사람은 포기말을 끝맺는 마침 풀이말을 여러 가지로 달리해서 뜻을 매우 알뜰하고 살뜰하게 만든다. 이를테면 사람들은 "아침으로 빵과 우유를 먹지.", "아침으로 빵과 우유를 먹는다.", "아침으로 빵과 우유를 먹어라.", "아침으로 빵과 우유를 먹게나.", "아침으로 빵과 우유를 먹으렴.", "아침으로 빵과 우유를 먹는구나.", "아침으로 빵과 우유를 먹겠지.", "아침으로 빵과 우유를 먹게 될 테지.", "아침으로 빵과 우유를 먹을 것이다."와 같이 말할 수 있다. 사람들은 '먹지', '먹는다', '먹었다', '먹어라', '먹게나', '먹으렴', '먹는구나', '먹겠지', '먹을 테지', '먹을 것이다', '먹니?', '먹었니?', '먹을 거니?', '먹는다고?', '먹었다고?'와 같은 마침 풀이말을 써서, 뜻하는 바를 촘촘하게 담아내고자 한다.

한국말에서 포기말은 세 갈래의 마디말을 골자로 삼고 있다. 곧 이말 쪽과 맞이말 쪽과 풀이말 쪽이 그것이다. 사람들은 곧이말 쪽과 맞이말 쪽과 풀이말 쪽을 가지고 포기말을 만들 때, 뼈대로 쓰는 몇 가지 바탕 얼개를 차려낸다. 사람들은 바탕 얼개에 갖가지로 살을 붙여서 수많은 포기말을 만들어낸다.

한국말에서 사람들이 포기말을 만들 때, 뼈대로 쓰는 바탕 얼개는 모두 다섯 가지이다.

1) 일됨을 풀어내는 바탕 얼개

사람들이 무엇에서 볼 수 있는 일됨을 풀어낼 때 뼈대로 쓰는 바탕 얼개이다. 이런 바탕 얼개는 크게 세 가지가 있다.

먼저 사람들이 무엇에서 볼 수 있는 일됨을 으뜸 곧이말과 딸림 곧이말이 함께하는 어떤 일로서 풀어내는 경우에 뼈대로 쓰는 포기말의 바탕 얼개는 "〈~은(으뜸 곧이말)〉-〈~이(딸림 곧이말)〉-〈~ㄴ다(마침 풀이말)〉"로 되어 있다. 사람들은 이러한 바탕 얼개를 써서 "〈나는〉-〈귀가〉-〈들린다〉", "〈나는〉-〈눈이〉-〈보인다〉", "〈나는〉-〈마음이〉-〈놓인다〉"와 같이 말한다.

다음으로 사람들이 무엇에서 볼 수 있는 일됨을 으뜸 곧이말과 얼임 곧이말이 함께하는 어떤 일로서 풀어내는 경우에 뼈대로 쓰는 포기말의 바탕 얼개는 "〈~은(으뜸 곧이말)〉-〈~이(얼임 곧이말)〉-〈~ㄴ다(마침 풀이말)〉"로 되어 있다. 사람들은 이러한 바탕 얼개를 써서 "〈나는〉-〈글자가〉-〈보인다〉", "〈나는〉-〈소리가〉-〈들린다〉", "〈나는〉-〈밥이〉-〈먹힌다〉"와 같이 말한다.

끝으로 사람들이 무엇에서 볼 수 있는 일됨을 곧이말과 맞이말이 함께하는 어떤 일로서 풀어내는 경우에 뼈대로 쓰는 포기말의 바탕 얼개는 "〈~은(으뜸 곧이말)〉-〈~을(를)/~로(~으로)/~에/~에서/~(여러 가지 맞이말)〉-〈~ㄴ다(마침 풀이말)〉"로 되어 있다. 사람들은 이러한 바탕 얼개를 써서 "〈나는〉-〈밥을〉-〈먹는다〉", "〈그는〉-〈벼락을〉-〈맞았다〉", "〈나는〉-〈밀가루로〉-〈빵을〉-〈만들었다〉", "〈나는〉-〈톱으로〉-〈나무를〉-〈잘랐다〉", "〈고래는〉-〈바다에〉-〈산다〉", "〈그는〉-〈부산에서〉-〈왔다〉"와 같이 말한다.

한국사람이 무엇에서 볼 수 있는 일됨을 어떤 일로 풀어내는 경우에 뼈대로 쓰는 바탕 얼개는 안과 밖의 논리에 바탕을 두고 있다. 이를테면 사람들이 "〈그는〉-〈빵을〉-〈먹는다〉"라고 말할 때, 〈그는(으뜸 곧이말)〉은 일이 벌어지는 무엇이라는 몸통것을 가리키고, 〈빵을(바로 맞이말)〉은 무엇이라는 몸통것이 일에서 곧바로 함께하는 다른 어떤 것을 가리키고, 〈먹는다(마침 풀이말)〉는 무엇이라는 몸통것이 다른 어떤 것과 바로 함께해서 어떤 일이 벌어지는 것을 사람들이 말로써 갈래를 지어놓은 '먹는다'라는 말과 같게 녀기는 것을 가리킨다.

사람들은 마음의 밖에 자리하고 있는 '그는'이라는 몸통것과 '빵을'이라는 다른 것이 바로 함께해서 벌어지는 일과, 마음의 안에 자리하고 있는 '먹는다'라는 말의 갈래를 같다고 녀기는 경우에 "〈그는〉-〈빵을〉-〈먹는다〉"라고 말한다. 한국말에서 "〈~는〉-〈~을〉-〈~ㄴ다〉"는 마음의 밖에서 벌어지고 있는 어떤 일과 마음의 안에 자리하고 있는 어떤 말이 바르게 만나서, 제대로 뜻을 담아내고 있다는 것을 나타내는 말이다.

한국사람은 무엇에서 벌어지는 일됨을 어떤 일로 풀어내는 것을 그렇지 않다고 말할 때는 본래의 포기말에서 일을 나타내는 마디말을 '~지 아니한다'로 바꾸어서 말한다. 이를테면 사람들은 "〈나는〉-〈귀가〉-〈들린다〉"에서 일을 나타내는 마디말 '들린다'를 '들리지 아니한다'로 바꾸어서 "〈나는〉-〈귀가〉-〈들리지〉-〈아니한다〉"로 고쳐서 말하고, "〈나는〉-〈밥이〉-〈먹힌다〉"에서 일을 나타내는 마디말 '먹힌다'를 '먹히지 아니한다'로 바꾸어서 "〈나는〉-〈밥이〉-〈먹히지〉-〈아니한다〉"로 고쳐서 말하고, "〈그는〉-〈밥을〉-〈먹는다〉"에서 일을 나타내는 마디말 '먹는다'를 '먹지 아니한다'로 바꾸어서 "〈그는〉-〈밥을〉-〈먹지〉-〈아니한다〉"로 고쳐서 말한다.

한국사람이 무엇에서 볼 수 있는 일됨을 어떤 것으로 풀어내는 것을 그렇지 않다고 말하는 경우에 뼈대로 쓰는 바탕 얼개도 안과 밖의 논리에 바탕을 두고 있다. 이를테면 사람들이 "〈그는〉-〈빵을〉-〈먹지〉-〈아니한다〉"라고 말할 때, 〈그는(으뜸 곧이말)〉은 일이 벌어지는 무엇이라는 몸통것을 가리키고, 〈빵을(바로 맞이말)〉은 무엇이라는 몸통것이 일에서 바로 함께하는 다른 어떤 것을 가리키고, 〈먹지(이음 풀이말)〉는 무엇이라는 몸통것이 다른 어떤 것과 바로 함께해서 어떤 일이 벌어지는 것을 사람들이 말로써 갈래를 지어놓은 '먹지'로 녀기는 것을 가리키고, 〈아니한다〉는 마음의 밖에서 〈그는〉과 〈빵을〉이 바로 함께해서 벌어지는 어떤 일과 마음의 안에 말로써 갈래를 지어놓은 〈먹지〉가 만날 수 없어서, 〈먹지〉가 마음의 안에만 머물러 있는 것을 가리킨다.

사람들은 마음의 밖에서 '그는'과 '빵을'이 함께해서 벌어지는 일과 마음의 안에서 어떤 일을 뜻하는 '먹지'라는 말의 갈래를 같다고 녀길 수 없는 경우에 "〈그는〉-〈빵을〉 -〈먹지〉-〈아니한다〉"라고 말한다. 한국말에서 "〈~는〉-〈~을〉-〈~지〉-〈아니한다〉"는 마음의 밖에서 벌어지고 있는 어떤 일과 마음의 안에서 어떤 일을 가리키는 말이 바르게 만날 수 없어서, 어떤 말이 마음의 안에만 머물러 있는 것을 나타내는 말이다.

2) 꼴됨을 풀어내는 바탕 얼개

사람들이 무엇에서 볼 수 있는 꼴됨을 풀어낼 때 뼈대로 쓰는 바탕 얼개이다.

사람들이 무엇에서 볼 수 있는 꼴됨을 어떤 것으로 풀어내는 경우에 뼈대로 쓰는 바탕 얼개는 "〈~은(으뜸 곧이말)〉-〈~이(딸림 곧이말)〉-〈~하다(마침 풀이말)〉"로 되어 있다. 사람들은 이런 바탕 얼개를 써서 "〈이것은〉-〈빛깔이〉-〈붉다〉", "〈이것은〉-〈크기가〉-〈작다〉"와 같이 말한다.

한국사람이 무엇에서 볼 수 있는 꼴됨을 어떤 것으로 풀어내는 경우에 뼈대로 쓰는 바탕 얼개는 안과 밖의 논리에 바탕을 두고 있다. 이를테면 사람들이 "〈이것은〉-〈빛깔이〉-〈붉다〉"라고 말할 때, 〈이것은(으뜸 곧이말)〉은 무엇이라는 몸통것을 가리키고, 〈빛깔이(딸림 곧이말)〉는 무엇이라는 몸통것이 밖으로 드러나 있을 때 보게 되는 꼴됨 가운데서 빛깔이라는 하나의 꼴됨을 가리키고, 〈붉다(마침 풀이말)〉는 무엇이라는 몸통것이 빛깔이라는 하나의 꼴됨으로 드러나 있는 것을 사람들이 말로써 갈래를 지어놓은 '붉다'라는 말과 같게 녀기는 것을 가리킨다.

사람들은 마음의 밖에 자리하고 있는 '이것'이라는 몸통것이 보여주는 빛깔의 꼴됨과, 마음의 안에 자리하고 있는 '붉다'라는 말의 갈래를 같다고 녀기는 경우에 "〈이것은〉-〈빛깔이〉-〈붉다〉"라고 말한다. 한국말에서 "〈~은〉-〈~이〉-〈~하다〉"는 마음의 밖에 자리하고 있는 어떤 것과 마음의 안에 자리하고 있는 어떤 말이 서로 바르게 만나서, 제대로 뜻을 담아내고 있음을 나타내는 말이다.

사람들이 무엇에서 볼 수 있는 꼴을 어떤 것으로 풀어내는 것을 그렇지 않다고 말하는 경우에 뼈대로 쓰는 바탕 얼개는 "〈~은(으뜸 곧이말)〉-〈~이(딸림 곧이말)〉-〈~지(이음 풀이말)〉-〈아니하다(마침 풀이말)〉"로 되어 있다. 사람들은 이런 바탕 얼개를 써서 "〈이것은〉-〈빛깔이〉-〈붉지〉-〈아니하다〉", "〈이것은〉-〈크기가〉-〈작지〉-〈아니하다〉"와 같이 말한다.

한국사람이 무엇에서 볼 수 있는 꼴을 어떤 것으로 풀어내는 것을 그렇지 않다고 말하는 경우에 뼈대로 쓰는 바탕 얼개도 안과 밖의 논리에 바탕을 두고 있다. 이를테면 사람들이 "〈이것은〉-〈빛깔이〉-〈붉지〉-〈아니하다〉"라고 말할 때, 〈이것은(으뜸 곧이말)〉은 무엇이라는 몸통것을 가리키고, 〈빛깔이(딸림 곧이말)〉는 무엇이라는 몸통것이 밖으로 드러나 있을 때 보게 되는 꼴됨 가운데 빛깔이라는 하나의 꼴됨을 가리키고, 〈붉지(마침 풀이말)〉는 무엇이라는 몸통것이 빛깔이라는 하나의 꼴됨으로 드러나 있는 것을 사람들이 말로써 갈래를 지어놓은 '붉지'를 가리키고, 〈아니하다(마침 풀이말)〉는 '붉지'라는 말이 마음의 밖에 있는 '이것의 빛깔'과 만나지 못하고, 마음의 안에만 머물러 있는 것을 가리킨다.

사람들은 마음의 밖에 자리하고 있는 '이것'이 보여주는 빛깔과 마음의 안에 자리하고 있는 '붉지'라는 말의 갈래를 같다고 녀길 수 없는 경우에 "〈이것은〉-〈빛깔이〉-〈붉지〉-〈아니하다〉"라고 말한다. 한국말에서 "〈~은〉-〈~이〉-〈~지〉-〈아니하다〉"는 마음의 밖에 자리하고 있는 어떤 것과 마음의 안에 자리하고 있는 어떤 말이 바르게 만날 수 없어서, 어떤 말이 마음의 안에만 머물러 있는 것을 나타내는 말이다.

3) 이됨을 풀어내는 바탕 얼개

사람들이 무엇에서 볼 수 있는 이됨을 풀어낼 때 뼈대로 쓰는 바탕 얼개이다.

사람들이 무엇에서 볼 수 있는 이됨을 어떤 것으로 풀어내는 경우에 뼈대로 쓰는 바탕 얼개는 "〈~은(으뜸 곧이말)〉-〈~이다(마침 풀이말)〉"로 되어 있다. 사람들은 이런 바탕 얼개를 써서 "〈이것은〉-〈사슴이다〉", "〈사슴은〉-〈포유동물이다〉"와 같이 말한다.

한국사람이 무엇에서 볼 수 있는 이됨을 어떤 것으로 풀어내는 경우에 뼈대로 쓰는 바탕 얼개는 안과 밖의 논리에 바탕을 두고 있다. 이를테면 사람들이 "〈이것은〉-〈사슴이다〉"라고 말할 때, 〈이것은(으뜸 곧이말)〉은 마음의 밖에 드러나 있는 무엇이라는 몸통것을 가리키고, 〈사슴이다(마침 풀이말)〉는 마음의 밖에 드러나 있는 무엇이라는 몸통것을 사람들이 마음의 안에 말로써 갈래를 지어놓은 '사슴이다'라는 말과 같게 녀기는 것을 가리킨다.

사람들은 마음의 밖에 자리하고 있는 '이것'이라는 몸통것과 마음의 안에 자리하고 있는 '사슴'이라는 말의 갈래를 같다고 녀기는 경우에 "〈이것은〉-〈사슴이다〉"라고 말한다. 한국말에서 "〈~은〉-〈~이다〉"는 마음의 밖에 자리하고 있는 어떤 것과 마음의 안에 자리하고 있는 어떤 말이 바르게 만나서, 제대로 뜻을 담아내고 있다는 것을 나타내는 말이다.

사람들이 무엇에서 볼 수 있는 이됨을 풀어내는 것을 그렇지 않다고 말하는 경우에 뼈대로 쓰는 바탕 얼개는 "〈~은(으뜸 곧이말)〉-〈~이(이음 풀이말)〉-〈아니다(마침 풀이말)〉"로 되어 있다. 사람들은 이런 바탕 얼개를 써서 "〈이것은〉-〈사슴이〉-〈아니다〉", "〈사슴은〉-〈파충류가〉-〈아니다〉"와 같이 말한다.

한국사람이 무엇에서 볼 수 있는 이됨을 어떤 것으로 풀어내는 것을 그렇지 않다고 말하는 경우에 뼈대로 쓰는 바탕 얼개도 안과 밖의 논리에 바탕을 두고 있다. 이를테면 사람들이 "〈이것은〉-〈사슴이〉-〈아니다〉"라고 말할 때, 〈이것은(으뜸 곧이말)〉은 무엇이라는 몸통것을 가리키고, 〈사슴이(이음 풀이말)〉는 마음의 밖에 드러나 있는 무엇이라는 몸통것을 사람들이 마음의 안에 말로써 갈래를 지어 놓은 '사슴'으로 녀기는 것을 가리키고, 〈아니다(마침 풀이말)〉는 마음의 밖에 있는 '이것'과 마음의 안에 있는 '사슴'이라는 말이 만날 수 없어서 '사슴'이 마음의 안에만 머물러 있는 것을 가리킨다.

사람들은 마음의 밖에 자리하고 있는 '이것'이라는 몸통것과 마음의 안에 자리하고 있는 '사슴'이라는 말의 갈래를 같다고 녀길 수 없는 경우에 "〈이것은〉-〈사슴이〉-〈아니다〉"라고 말한다. 한국말에서 "〈~은〉-〈~이〉-〈아니다〉"는 마음의 밖에 자리하고 있는 어떤 것과 마음의 안에 자리하고 있는 어떤 말이 바르게 만날 수 없어서, 어떤 말이 마음의 안에만 머물러 있음을 나타내는 말이다.

4) 있음을 풀어내는 바탕 얼개

사람들이 무엇이 어디에 있다는 것을 풀어낼 때 뼈대로 쓰는 바탕 얼개이다.

사람들이 무엇이 어디에 있다는 것을 풀어내는 경우에 뼈대로 쓰는 바탕 얼개는 "〈~은(으뜸 곧이말)〉-〈~에(장소 맞이말)〉-〈~있다(마침 풀이말)〉"와 같은 바탕 얼개를 갖고 있다. 사람들은 이런 바탕 얼개를 써서 "〈그것은〉-〈저기에〉-〈있다〉", "〈그는〉-〈부산에〉-〈있다〉"와 같이 말한다.

　　한국사람이 무엇이 어디에 있다는 것을 풀어내는 경우에 뼈대로 쓰는 바탕 얼개는 안과 밖의 논리에 바탕을 두고 있다. 이를테면 사람들이 "〈그것은〉-〈저기에〉-〈있다〉"라고 말할 때, 〈그것은(으뜸 곧이말)〉은 마음의 밖에 드러나 있는 무엇이라는 몸통것을 가리키고, 〈저기에(장소 맞이말)〉는 '그것'이라는 몸통것이 자리하고 있는 어떤 곳을 가리키고, 〈있다(마침 풀이말)〉는 '그것'이 '저기'에 자리한 것과 사람들이 마음의 안에 말로써 갈래를 지어놓은 '있다'라는 말을 같게 녀기는 것을 가리키는 말이다.

　　사람들은 마음의 밖에 '그것'이 저기에 자리한 것을 마음의 안에 자리한 '있다'라는 말의 갈래와 같다고 녀기는 경우에 "〈그것은〉-〈저기에〉-〈있다〉"라고 말한다. 한국말에서 "〈~은〉-〈~에〉-〈있다〉"는 마음의 밖에 자리하고 있는 어떤 것과 마음의 안에 자리하고 있는 어떤 말이 바르게 만나서, 제대로 뜻을 담아내고 있음을 나타내는 말이다.

　　사람들이 무엇이 어디에 자리해 있다고 풀어내는 것을 그렇지 않다고 말하는 경우에 뼈대로 쓰는 바탕 얼개는 "〈~은(으뜸 곧이말)〉-〈~에(장소 맞이말)〉-〈있지(이음 풀이말)〉-〈아니하다(마침 풀이말)〉"로 되어 있다. 사람들은 이런 바탕 얼개를 써서 "〈그것은〉-〈저기에〉

-〈있지〉-〈아니하다〉〞, 〝〈그는〉-〈부산에〉-〈있지〉-〈아니하다〉〞와 같이 말한다.

　한국사람이 무엇이 어디에 자리해 있다고 풀어내는 것을 그렇지 않다고 말하는 경우에 뼈대로 쓰는 바탕 얼개도 안과 밖의 논리에 바탕을 두고 있다. 이를테면 사람들이 〝〈그것은〉-〈저기에〉-〈있지〉-〈아니하다〉〞라고 말할 때, 〈그것은(으뜸 곧이말)〉은 마음의 밖에 드러나 있는 무엇이라는 몸통것을 가리키고, 〈저기에(장소 맞이말)〉는 '그것'이라는 몸통것이 자리하고 있는 곳을 가리키고, 〈있지(이음 풀이말)〉는 '그것'과 '저기'에 자리해 있는 것과 사람들이 마음의 안에 말로써 갈래를 지어놓은 '있지'라는 말을 같게 녀기는 것을 가리키고, 〈아니하다(마침 풀이말)〉는 마음의 밖에 '그것'이 '저기'에 자리한 것과 마음의 안에 자리한 '있지'라는 말의 갈래가 같다고 녀겨질 수 없는 것을 가리킨다. 한국말에서 〝〈~은〉-〈~에〉-〈있지〉-〈아니하다〉〞는 마음의 밖에 자리하고 있는 어떤 것과 마음의 안에 자리하고 있는 어떤 말이 바르게 만날 수 없어서, 어떤 말이 마음의 안에만 머물러 있음을 나타내는 말이다.

5) 됨이를 풀어내는 바탕 얼개

　사람들이 무엇이 어떤 것이 되는 것을 풀어낼 때 뼈대로 쓰는 바탕 얼개이다.

　사람들이 무엇이 어떤 것이 되는 것을 풀어내는 경우에 뼈대로 쓰는 바탕 얼개는 〝〈~은(으뜸 곧이말)〉-〈~이(딸림 곧이말)-〈된다(마침 풀이말)〉〞로 되어 있다. 사람들은 이런 바탕 얼개를 써서 〝〈그는〉-

〈장사꾼이〉-〈되었다〉", "〈그는〉-〈변호사가〉-〈되었다〉"와 같이 말한다.

한국사람이 무엇이 어떤 것이 되는 것을 풀어내는 경우에 뼈대로 쓰는 바탕 얼개는 안과 밖의 논리에 바탕을 두고 있다. 이를테면 사람들이 "〈그는〉-〈장사꾼이〉-〈되었다〉"라고 말할 때, 〈그는(으뜸 곧이말)〉은 마음의 밖에 드러나 있는 무엇이라는 몸통것을 가리키고, 〈장사꾼이(딸림 곧이말)〉는 '그'라는 몸통것이 하는 어떤 일을 사람들이 마음의 안에 말로써 갈래를 지어놓은 '장사꾼'이라는 말과 같게 녀기는 것을 가리키고, 〈되었다(마침 풀이말)〉는 '그'라는 몸통것이 하는 어떤 일을 사람들이 마음의 안에 말로써 갈래를 지어놓은 '장사꾼'과 같게 녀기는 일이 이루어지게 된 것을 가리킨다.

사람들은 마음의 밖에 자리하고 있는 '그'가 하는 일을 '장사꾼'이라는 말로 녀기는 일이 이루어졌다고 녀기는 경우에 "〈그는〉-〈장사꾼이〉-〈되었다〉"라고 말한다. 한국말에서 "〈~는〉-〈~이〉-〈된다〉"는 마음의 밖에 자리하고 있는 어떤 것과 마음의 안에 자리하고 있는 어떤 말이 바르게 만나서, 제대로 뜻을 담아내고 있음을 나타내는 말이다.

사람들이 무엇이 어떤 것이 되는 것을 풀어내는 것을 그렇지 않다고 말하는 경우에 뼈대로 쓰는 바탕 얼개는 "〈~은(으뜸 곧이말)〉-〈~이(딸림 곧이말)〉-〈되지(이음 풀이말)〉-〈아니한다(마침 풀이말)〉"로 되어 있다. 사람들은 이런 바탕 얼개를 써서 "〈그는〉-〈장사꾼이〉-〈되지〉-〈아니했다〉", "〈그는〉-〈변호사가〉-〈되지〉-〈아니했다〉"와 같이 말한다.

한국사람이 무엇이 어떤 것이 되는 것을 풀어내는 것을 그렇지 않다고 말하는 경우에 뼈대로 쓰는 바탕 얼개도 안과 밖의 논리에 바탕을 두고 있다. 이를테면 사람들이 "〈그는〉-〈장사꾼이〉-〈되지〉-〈아니했다〉"라고 말할 때, 〈그는(으뜸 곧이말)〉은 마음의 밖에 드러나 있는 무엇이라는 몸통것을 가리키고, 〈장사꾼이(딸림 곧이말)〉는 '그'라는 몸통것이 하는 어떤 일이 사람들이 마음의 안에 말로써 갈래를 지어놓은 '장사꾼'이라는 말임을 가리키고, 〈되지(이음 풀이말)〉는 '그'라는 몸통것이 하는 어떤 일을 사람들이 마음의 안에 말로써 갈래를 지어놓은 '장사꾼'과 같게 녀기는 것을 가리키고, 〈아니했다(마침 풀이말)〉는 '되지'라는 말이 마음의 안에 머물러 있어서, 밖에 있는 '그'가 '장사꾼'이라는 말과 만나지 못하는 것을 가리킨다.

위에서 보듯이 한국말에서 포기말을 만드는 데 뼈대로 쓰는 바탕 얼개는 모두 마음의 밖에 있는 어떤 것과 마음의 안에 있는 어떤 말이 대응하는 것에 바탕을 두고 있다. 사람들은 마음의 밖에 있는 어떤 것과 마음의 안에 있는 어떤 말이 제대로 만나면 무엇을 어떤 것으로 녀기는 일을 있는 그대로 말하고, 마음의 밖에 있는 어떤 것과 마음의 안에 있는 어떤 말이 제대로 만나지 못하면 무엇을 어떤 것으로 녀기는 일을 그렇지 아니하다고 말한다.

4 씨말 차림새 풀어내기

1 씨말

한국말에서 사람들이 무엇에 대한 어떤 생각을 담아내는 모든 말은 모두 씨말로 되어 있다. 이를테면 "나는 작은 꽃을 보았다."는 '나', '는', '작', '은', '꽃', '을', '보', '았', '다'와 같은 아홉 개의 씨말로 이루어져 있다.

한국사람은 씨말을 가지고서 포기말에 쓰이는 마디말을 만든다. 이를테면 사람들은 '나', '는', '작', '은', '꽃', '을', '보', '았', '다'와 같은 씨말을 가지고 포기말에 쓰이는 〈나+는〉, 〈작+은〉, 〈꽃+을〉, 〈보+았+다〉와 같은 마디말을 만든다. 이때 '나'와 '작'과 '꽃'과 '보'는 마디말의 기틀을 나타내는 앞씨말이고, '는'과 '은'과 '을'과 '았'과 '다'는 마디말의 구실을 나타내는 곁씨말이다.

한국사람은 포기말을 만들 때, 필요에 따라 마디말과 마디말을 이어 붙여서 매듭말을 만든다. 이를테면 사람들은 마디말 〈작+은〉과 〈꽃+을〉을 이어 붙여서 '〈작+은〉-〈꽃+을〉'이라는 매듭말을 만들어 쓴다. 매듭말 '〈작+은〉-〈꽃+을〉'에서 〈작+은〉은 풀이말(풀이 마디말)이고, 〈꽃+을〉은 맞이말(맞이 마디말)이다.

한국사람은 으뜸 곤이말 〈나+는〉과 매김 풀이말 〈작+은〉과 바로 맞이말 〈꽃+을〉과 마침 풀이말 〈보+았+다〉를 차례로 이어 붙여서 "〈나+는〉-〈작+은〉-〈꽃+을〉-〈보+았+다〉"라는 하나의 포기말을 만들어 쓴다.

씨말은 모두 사람이 만들어 쓰는 것이다. 씨말은 누군가가 만든 것을 사람들이 함께 따라서 씀으로써, 씨말로 굳어진 것이다. 모든 씨말은 처음으로 만든 사람이 있고, 그것을 함께 따라 써온 사람들이 있다.

누가 씨말을 새로 만든다 하더라도, 다른 사람들이 그것의 말맛에 이끌려서 함께 써야만 씨말로 자리할 수 있다. 이런 까닭으로 씨말은 누가 만들었느냐 하는 것보다 얼마나 많은 사람이 함께 써왔느냐 하는 것이 더 중요하다. 씨말이 말로서 구실하는 것은 그것을 함께하는 사람들에게 달려 있다. 이러니 사람들이 오래도록 써온 씨말의 경우에는 거의 모두가 만든 사람을 알 수 없다.

사람들이 쓰는 씨말 가운데 어떤 것은 겨레가 스스로 만들어 쓰는 것이고, 어떤 것은 남의 겨레가 만든 것을 가져다 쓰는 것이다. 이를테면 한국말에서 '하늘', '땅', '아버지', '어머니', '배우다', '가르치다'와 같은 것은 겨레가 스스로 만들어 쓰는 것이고, '천(天)', '지(地)', '부친(父親)', '모친(母親)', '학습(學習)', '교육(敎育)'과 같은 것은 남의 겨레가 만든 것을 가져다 쓰는 것이다.

사람들은 씨말이 가진 말맛에 이끌리면 그것을 쓰게 되고, 그렇지 않으면 버리게 된다. 이러니 같거나 비슷한 뜻을 가진 씨말들은 서로 경쟁하는 관계에 놓인다. 경쟁에서 이긴 씨말은 살아남고, 진 씨말은 사라진다. 이를테면 조선시대에 '뫼'와 '산(山)', 'ㄱ룸'과 '강(江)'이 서로 경쟁하는 관계에 놓여 있었는데, '산'과 '강'은 살아남고 '뫼'와 'ㄱ룸'은 사라졌다. 사람들이 '산'이나 '강'과 같은 한자 낱말이 가진 말맛에 더 크게 이끌렸기 때문이다. 사람들은 '뫼'와 'ㄱ룸'처럼 어떤 씨말이 죽어서 사라지면 그것을 '사어(死語)'라고 말한다.

사람들이 쓰는 씨말은 시간이 지나면서 말소리나 말뜻이 달라질 수 있다. 이를테면 오늘날 '물'이라는 말소리로 일컫는 것을 15세기에는 '믈'이라는 말소리로 일컬었고, 오늘날 '말씀'이라는 말소리로 일컫는 것을 15세기에는 '말쏨'이라는 말소리로 일컬었다. 그리고 오늘날 '낯짝'을 뜻하는 말로 쓰이는 '얼굴'이 15세기에는 '얼개'를 뜻하는 말로 쓰였고, 오늘날 '착하다'를 뜻하는 말로 쓰이는 '선(善)'이 15세기에는 '어질다'를 뜻하는 말로 쓰인 것을 볼 수 있다.

사람들은 씨말의 짜임새, 엮임새, 쓰임새, 발자취, 바탕치 따위를 가지고 씨말의 차림새를 풀어낼 수 있다.

2 앞씨말과 곁씨말

한국말에서 마디말은 성질을 달리하는 두 개의 씨말, 곧 앞씨말과 곁씨말로 이루어져 있다. 앞씨말은 마디말이 갖고 있는 기틀을 나타내는 씨말이고, 곁씨말은 마디말이 갖고 있는 구실을 나타내는 씨말이다. 사람들은 기틀을 나타내는 앞씨말에 구실을 나타내는 곁씨말을 붙여서 갖가지로 마디말을 만든다.

앞씨말과 곁씨말이 함께할 때, 마디말의 기틀을 나타내는 앞씨말은 그냥 그대로 있고, 마디말의 구실을 나타내는 곁씨말은 포기말에서 마디말이 맡아서 하는 구실에 따라 모양새가 여러 가지로 달라진다. 이를테면 '창수'와 '사람'이라는 앞씨말에 마디말의 구실을 나타내는 곁씨말이 붙으면, 곧이말의 경우에는 '창수+가', '사람+이'와 같은 짜임새를 갖게 되고, 맞이말의 경우에는 '창수+를', '사람+을', '창수+에게', '사람+에게', '창수+한테', '사람+한테'와 같은 짜임새를 갖게 되고, 풀이말의 경우에는 '창수+인', '사람+인', '창수+이다', '사람+이다'와 같은 짜임새를 갖게 된다.

한국말에서 앞씨말과 곁씨말이 함께하는 것은 마디말의 갈래를 좇아서 다음과 같이 여덟 가지로 이루어진다.

1) 곧이말 앞씨말+곧이말 곁씨말

곧이말에서 곧이말 앞씨말과 곧이말 곁씨말이 함께하는 것이다. "창수가 딸기를 먹었다."라고 할 때, 곧이말 '창수가'에서 '창수'는 곧이말 앞씨말이고 '가'는 곧이말 곁씨말이다. 마찬가지로 "아버님께서 부산으로 떠나셨다."라고 할 때, 곧이말 '아버님께서'에서 '아버님'은 곧이말 앞씨말이고 '께서'는 곧이말 곁씨말이다. 이때 '창수'나 '아버님'과 같은 앞씨말이 곧이말 앞씨말이 되게 하는 것은 마디말의 구실을 나타내는 곁씨말에 달려 있다.

한국말에는 어떤 마디말을 곧이말로 구실하도록 만드는 곧이말 곁씨말이 매우 많다. 곧이말이 네 가지 갈래, 곧 으뜸 곧이말, 딸림 곧이말, 얼임 곧이말, 같이 곧이말로 나뉘어 있어서 마디말을 곧이말로 만드는 곁씨말의 수가 많을 수밖에 없다. 그리고 한 갈래의 곧이말도 경우에 따라 마디말의 구실이 촘촘하게 나뉠 수 있기 때문에, 곁씨말이 여러 가지로 달라질 수 있다. 이를테면 '나'를 으뜸 곧이말로 나타내는 경우만 하더라도 '나+는/내+가/나+만/나+도/나+니까/나+라서/나+부터/나+까지/나+만큼/나+만큼+도/나+만큼+이+라+도/~'에서 볼 수 있듯이 곁씨말의 수가 무척 많음을 알 수 있다.

2) 맞이말 앚씨말+맞이말 곁씨말

맞이말에서 맞이말 앚씨말과 맞이말 곁씨말이 함께하는 것이다. "창수가 딸기를 먹었다."라고 할 때, 맞이말 '딸기를'에서 '딸기'는 맞이말 앚씨말이고 '를'은 맞이말 곁씨말이다. 마찬가지로 "아버님께서 부산으로 떠나셨다."라고 할 때 맞이말 '부산으로'에서 '부산'은 맞이말 앚씨말이고 '으로'는 맞이말 곁씨말이다. 이때 '딸기'나 '부산'과 같은 앚씨말이 맞이말 앚씨말이 되게 하는 것은 마디말의 구실을 나타내는 곁씨말에 달려 있다.

한국말에는 어떤 마디말을 맞이말로 구실하도록 만드는 맞이말 곁씨말이 매우 많다. 맞이말이 열다섯 가지 갈래, 곧 1) 바로 맞이말, 2) 끼침 맞이말, 3) 가암 맞이말, 4) 비롯 맞이말, 5) 자격 맞이말, 6) 밑감 맞이말, 7) 시간 맞이말, 8) 장소 맞이말, 9) 방향 맞이말, 10) 보람 맞이말, 11) 도구 맞이말, 12) 수단 맞이말, 13) 까닭 맞이말, 14) 견줌 맞이말, 15) 같이 맞이말로 나뉘어 있어서, 마디말을 맞이말로 만드는 곁씨말의 수가 매우 많을 수밖에 없다.

그리고 바로 맞이말과 같은 것은 경우에 따라 마디말의 구실이 촘촘하게 나뉠 수 있기 때문에, 곁씨말이 여러 가지로 달라질 수 있다. 이를테면 '빵'을 바로 맞이말로 나타내는 경우에 '빵+만/빵+도/빵+이니까/빵+이라서/빵+부터/빵+까지/빵+만큼/빵+만큼+도/빵+만큼+이+라+도/~'에서 볼 수 있듯이 곁씨말의 수가 무척 많음을 알 수 있다.

3) 풀이말 앞씨말+풀이말 곁씨말

풀이말에서 풀이말 앞씨말과 풀이말 곁씨말이 함께하는 것이다. "창수가 딸기를 먹었다."라고 할 때 풀이말 '먹었다'에서 '먹'은 풀이말 앞씨말이고 '었다'는 풀이말 곁씨말이다. 마찬가지로 "아버님께서 부산으로 떠나셨다."라고 할 때 풀이말 '떠나셨다'에서 '떠나'는 풀이말 앞씨말이고 '셨다'는 풀이말 곁씨말이다. 이때 '먹'이나 '떠나'와 같은 앞씨말이 풀이말 앞씨말이 되게 하는 것은 마디말의 구실을 나타내는 곁씨말에 달려 있다.

한국말에는 어떤 마디말을 풀이말로 구실하도록 만드는 풀이말 곁씨말이 매우 많다. 풀이말이 다섯 가지 갈래, 곧 일됨 풀이말, 꼴됨 풀이말, 이됨 풀이말, 있음 풀이말, 됨이 풀이말로 나뉘어 있어서 마디말을 풀이말로 만드는 곁씨말의 수가 많을 수밖에 없다.

그리고 한 갈래의 풀이말도 경우에 따라 마디말의 구실이 촘촘하게 나뉠 수 있기 때문에, 곁씨말이 여러 가지로 달라질 수 있다. 이를테면 '먹'을 일됨 풀이말로 나타내는 경우만 하더라도 '먹+지/먹+다/먹+으니/먹+어서/먹+으니까/먹+으므로/먹+으나/먹+느냐/먹+었다/먹+겠다/~'에서 볼 수 있듯이 곁씨말의 수가 무척 많음을 알 수 있다.

4) 꾸밈말 앞씨말+꾸밈말 곁씨말

꾸밈말에서 꾸밈말 앞씨말과 꾸밈말 곁씨말이 함께하는 것이다. "창수가 이제야 정신을 차렸다."라고 할 때, 꾸밈말 '이제야'에서 '이제'는 꾸밈말 앞씨말이고 '야'는 꾸밈말 곁씨말이다. 마찬가지로

"창수가 딸기를 신나게 먹었다."라고 할 때, 꾸밈말 '신나게'에서 '신나'는 꾸밈말 앞씨말이고 '게'는 꾸밈말 곁씨말이다. 또한 "창수는 목소리가 아기처럼 작다."라고 할 때, 꾸밈말 '아기처럼'에서 '아기'는 꾸밈말 앞씨말이고 '처럼'은 꾸밈말 곁씨말이다.

한국말에서 어떤 마디말을 꾸밈말로 구실하도록 만드는 것은 크게 두 가지가 있다. 하나는 몸통것 앞씨말에 꾸밈말 곁씨말을 붙여서 꾸밈말로 쓰도록 하는 것으로, '이제+야', '아기+처럼', '나무+같이'와 같은 것들이다. 다른 하나는 풀이지 앞씨말에 꾸밈말 곁씨말을 붙여서 꾸밈말로 쓰도록 하는 것으로, '멀+리', '크+게', '신나+게', '깨끗하+게'와 같은 것들이다('몸통것 앞씨말'과 '풀이지 앞씨말'에 대해서는 166쪽 '3 앞씨말의 갈래' 참조).

5) 묶음말 앞씨말+묶음말 곁씨말

묶음말에서 묶음말 앞씨말과 묶음말 곁씨말이 함께하는 것이다. "그는 사업으로 많은 돈을 벌었다. 그러나 그는 곧바로 사업을 그만두었다."라고 할 때, '그러나'에서 '그러'는 묶음말 앞씨말이고 '나'는 묶음말 곁씨말이다. 마찬가지로 "그는 도시에 싫증을 느꼈다. 그래서 그는 시골로 돌아갔다."라고 할 때, '그래서'에서 '그래'는 묶음말 앞씨말이고 '서'는 묶음말 곁씨말이다.

한국말에는 이쪽과 저쪽의 포기말을 하나로 묶어주는 묶음말이 매우 가지런하게 차려져 있다. "나는 빵을 먹었다. 그러니/그러므로/그래서/그래도/그러니까/~ 나는 ~을 하게 되었다."에서 볼 수 있는 '그러니/그러므로/그래서/그래도/그러니까/~'가 그것이다.

이와 함께 사람들은 '이 때문에', '이로 말미암아', '이런 까닭으로'와 같은 매듭말을 써서 이쪽과 저쪽의 포기말을 하나로 묶어준다.

6) 놀람말 앞씨말+놀람말 곁씨말

놀람말에서 놀람말 앞씨말과 놀람말 곁씨말이 함께하는 것이다. "참으로 아름답구나!"라고 할 때, 놀람말 '아름답구나!'에서 '아름답'은 놀람말 앞씨말이고 '구나'는 놀람말 곁씨말이다. 마찬가지로 "어머나! 어떻게 하지?"라고 할 때, 놀람말 '어머나!'에서 '어머'는 놀람말 앞씨말이고 '나'는 놀람말 곁씨말이다. 그런데 놀람말은 "앗!", "아차!", "야~아"처럼 느낌을 아주 짧고 세게 드러내는 경우에 앞씨말만으로 느낌을 나타내는 경우가 많다. 앞씨말과 곁씨말이 하나의 덩어리가 되어서 나눌 수 없는 관계에 놓여 있다고 볼 수 있다.

7) 호응말 앞씨말+호응말 곁씨말

호응말에서 호응말 앞씨말과 호응말 곁씨말이 함께하는 것이다. "그래 좋아."라고 할 때 호응말 '좋아'에서 '좋'은 호응말 앞씨말이고 '아'는 호응말 곁씨말이다. 마찬가지로 호응말 "그렇지만 글쎄요."라고 할 때 호응말 '글쎄요'에서 '글쎄'는 호응말 앞씨말이고 '요'는 호응말 곁씨말이다. 그런데 호응말은 "그래.", "왜?"처럼 응답을 짧게 하거나 흐릿하게 할 경우에 그냥 앞씨말만으로 뜻을 나타내는 경우가 많다. 앞씨말과 곁씨말이 하나의 덩어리가 되어서 나눌 수 없는 관계에 놓여 있다고 볼 수 있다.

8) 부름말 앞씨말+부름말 곁씨말

부름말에서 부름말 앞씨말과 부름말 곁씨말이 함께하는 것이다. "창수야, 이리 와."라고 할 때 부름말 '창수야'에서 '창수'는 부름말 앞씨말이고 '야'는 부름말 곁씨말이다. "여보게, 이리 오게."라고 할 때 부름말 '여보게'에서 '여보'는 부름말 앞씨말이고 '게'는 부름말 곁씨말이다. 그런데 사람들이 바로 눈앞에 있는 누구를 부르는 경우에 앞씨말인 '너'나 곁씨말인 '야'를 부름말로 쓰기도 한다.

3 앞씨말의 갈래

한국말에서 마디말의 기틀을 나타내는 앞씨말은 크게 세 가지가 있다. 첫째는 무엇이 가진 몸통을 가리키는 몸통것 앞씨말이고, 둘째는 무엇에서 볼 수 있는 일됨이나 꼴됨 따위를 가리키는 풀이것 앞씨말이고, 셋째는 무엇에서 볼 수 있는 일됨이나 꼴됨 따위를 풀어내는 풀이지 앞씨말이다. 이를테면 "〈창수는〉-〈성실함에〉-〈있어서〉-〈누구에게도〉-〈뒤짐이〉-〈없는〉-〈사람이다〉"에서 〈창수〉와 〈누구〉와 〈사람〉은 몸통을 가리키는 몸통것 앞씨말이고, 〈성실함〉과 〈뒤짐〉은 일됨이나 꼴됨 따위를 가리키는 풀이것 앞씨말이고, 〈있~〉과 〈없~〉과 〈이~〉는 일됨이나 꼴됨 따위를 풀어내는 풀이지 앞씨말이다.

1) 몸통것 앞씨말

몸통것 앞씨말은 무엇이 가진 몸통을 가리키는 앞씨말이다. 이를테면 사람들이 말하는 '풀', '나무', '개', '돼지', '밥', '옷', '집', '그릇', '자동차', '기차', '팔', '다리', '천당', '지옥'과 같은 것은 무엇에서 볼 수 있는 몸통을 가리키는 몸통것 앚씨말이다. 사람들은 몸통것 앚씨말을 '이름씨', '이름말', '명사' 따위로 부르기도 한다.

한국말에서 볼 수 있는 여러 가지 몸통것 앚씨말을 하나로 싸잡아서 '이름씨', '이름말', '명사' 따위로 부르는 것은 마뜩하지 않은 점이 있다. 사람들이 무엇을 이름으로 불러서 마주할 수 있어야 '이름씨', '이름말', '명사' 따위로 일컬을 수 있는데, '것', '바', '줄', '수', '듯', '쯤'과 같은 것은 사람들이 이름으로 불러서 마주하기가 마뜩잖은 것들이다. 이런 것들은 그냥 몸통것 앚씨말로 부르는 것이 마땅하다.

한국말에서 몸통것 앚씨말은 크게 여덟 가지가 있다. 1) 본디 몸통것 앚씨말, 2) 처럼 몸통것 앚씨말, 3) 누리 몸통것 앚씨말, 4) 딸림 몸통것 앚씨말, 5) 갈음 몸통것 앚씨말, 6) 빈 몸통것 앚씨말, 7) 셈 몸통것 앚씨말, 8) 자리 몸통것 앚씨말이 그것이다.

① 본디 몸통것 앚씨말(본디 몸통것)

본디 몸통것 앚씨말은 본디부터 나름의 몸통을 갖고 있는 어떤 것으로서 '하늘', '바다', '땅', '흙', '모래', '자갈', '바위', '풀', '나무', '벌', '나비', '개', '돼지', '집', '자동차', '세탁기', '컴퓨터', '낙동강', '백두산', '불국사', '석굴암', '이순신', '안중근'과 같은 것을 말한다. 사람들은 본디 몸통것을 몸소 마주하여 어떤 것으로서 겪어보는 일을 할 수 있다.

"〈염소가〉-〈들에서〉-〈풀을〉-〈뜯고〉-〈있다〉"라고 할 때, 〈염소+가〉와 〈들+에서〉와 〈풀+을〉은 본디 몸통것인 '염소'와 '들'과

'풀'이 앛씨말로서 들어가 있는 마디말이다. 이때 〈염소+가〉의 염소, 〈들+에서〉의 '들', 〈풀+을〉의 '풀'은 '본디 몸통것 앛씨말'인데, 줄여서 '본디 몸통것'이라고 할 수 있다.

② 처럼 몸통것 앛씨말(처럼 몸통것)

처럼 몸통것 앛씨말은 사람들이 본디부터 나름의 몸통을 갖고 있는 것처럼 녀기는 어떤 것으로서 '천당', '지옥', '천사', '염라대왕', '용궁', '용왕', '화성인', '외계인'과 같은 것을 말한다. 사람들은 처럼 몸통것을 몸소 마주하여 어떤 것으로서 겪어보는 일을 할 수 없다.

"〈천국에서〉-〈천사가〉-〈내려와서〉-〈하느님의〉-〈말씀을〉-〈전했다〉"라고 할 때, 〈천국+에서〉와 〈천사+가〉와 〈하느님+의〉는 처럼 몸통것인 '천국'과 '천사'와 '하느님'이 앛씨말로서 들어가 있는 마디말이다. 이때 〈천국+에서〉의 '천국', 〈천사+가〉의 '천사', 〈하느님+의〉의 '하느님'은 '처럼 몸통것 앛씨말'인데, 줄여서 '처럼 몸통것'이라고 할 수 있다.

③ 누리 몸통것 앛씨말(누리 몸통것)

누리 몸통것 앛씨말은 '본디 몸통것'이나 '처럼 몸통것'이 자리해 있는 때와 곳으로서 '오늘', '어제', '글피', '아침', '낮', '저녁', '밤', '때', '곳', '뉘', '누리'와 같은 것을 말한다. 사람들은 누리 몸통것을 몸소 마주하여 어떤 것으로서 겪어볼 수 있지만, 그것을 낱낱으로 나누어서 따로 떼어내는 일을 하지 못한다.

"〈창수는〉-〈그런〉-〈일을〉-〈할〉-〈때마다〉-〈곳곳에서〉-〈장애

물을〉-〈만났다〉"라고 할 때, 〈때+마다〉와 〈곳곳+에서〉는 누리 몸통 것인 '때'와 '곳곳'이 앛씨말로서 들어가 있는 마디말이다. 이때 〈때마다〉의 '때', 〈곳곳에서〉의 '곳곳'은 '누리 몸통것 앛씨말'인데, 줄여서 '누리 몸통것'이라고 할 수 있다.

누리 몸통것에는 다음과 같은 것들이 있다.

- ~때: 이때, 그때, 집에 갈 때에, ~
- ~적: 옛날 옛적에, 집에 갈 적에, ~
- ~제: 어제, 그제, 집에 갈 제, ~
- ~차: 제일 차 세계대전 때, 집에 가는 차에, ~
- ~나절: 아침나절에, 저녁나절에, ~
- ~즈음: 이즈음에, 집에 갈 즈음에, ~
- ~곳: 이곳, 저곳, 그곳, 놓을 곳에, ~
- ~판: 이 판에, 저 판에, 일이 어그러진 판에, ~
- ~쯤: 언제쯤, 어디쯤, 이쯤에, ~
- ~쪽: 이쪽에, 저쪽에, 앞선 쪽에, 먼저 먹는 쪽에, ~
- ~녘: 윗녘, 아랫녘, 동녘, 남녘, ~
- ~앞: 앞에, 앞으로, 앞에서, ~
- ~뒤: 뒤에, 뒤로, 뒤에서, ~
- ~옆: 옆에, 옆으로, 옆에서, ~
- ~곁: 곁에, 곁으로, 곁에서, ~

④ 딸림 몸통것 앗씨말(딸림 몸통것)

딸림 몸통것 앗씨말은 본디 몸통것 앗씨말에 딸려 있는 몸통것 앗씨말로서, 본디 몸통것 앗씨말에서 볼 수 있는 꼴됨이나 일됨 따위를 나타내는 앗씨말이다. 이를테면 〈딸기+는〉이나 〈딸기+를〉과 같은 마디말에서 본디 몸통것 앗씨말인 '딸기'의 꼴됨이나 일됨을 나타내는 빛깔, 냄새, 맛깔, 크기, 모양, 발아, 발육, 성장, 결실, 수확과 같은 것은 모두 딸림 몸통것 앗씨말이다.

딸림 몸통것 앗씨말은 본디 몸통것 앗씨말이 가진 자질을 풀어내는 말이라고 할 수 있다. "딸기는 맛깔이 새콤달콤하다.", "딸기는 빛깔이 붉다.", "딸기는 성장이 빠르다.", "딸기는 수확이 적다."와 같은 말에서 맛깔, 빛깔, 성장, 수확과 같은 딸림 몸통것 앗씨말은 본디 몸통것 앗씨말인 딸기가 가진 자질을 풀어내고 있다.

한국말에서 본디 몸통것 앗씨말의 자질을 풀어내는 딸림 몸통것 앗씨말은 네 가지가 있다.

● 첫째, 본디 몸통것 앗씨말에서 볼 수 있는 일됨을 일컫는 딸림 몸통것 앗씨말이다. '일', '놀이', '노래', '씨름', '노름', '동작', '행동', '행위', '운동' '수면', '휴식', '노동', '학습', '학업', '연구', '탐구', '사업', '경영', '경쟁', '투쟁', '전투'와 같은 것이다. 사람들은 이런 것을 오로지 딸림 몸통것 앗씨말로만 쓴다. 사람들은 이런 것을 가지고 무엇이 어찌어찌하는 것을 담아서 "그는 일에 바쁘다.", "그는 동작이 빠르다.", "그는 휴식을 가져야 한다."와 같이 말한다.

한국사람은 딸림 몸통것 앗씨말에 '~하다'를 붙여서 풀이 마디말을 만들고, '~함'과 '~하기'를 붙여서 풀이 몸통것 앞씨말을 만들어 쓴다. 이를테면 '일'에 '~하다'를 붙여서 풀이 마디말 '일하다'를 만들고, '~함'과 '~하기'를 붙여서 풀이것 앞씨말 '일함'과 '일하기'를 만들어 쓴다.

한국말에서 딸림 몸통것 앞씨말은 '일', '놀이', '노래', '씨름', '노름'과 같은 것을 벗어나면 거의 모두가 한자 낱말로 되어 있다. 한자 낱말은 몸통말과 풀이말을 구분하지 않고 두루 쓰기 때문에, '동작'이나 '행동'과 같은 낱말은 몸통말로도 쓰이고 풀이말로도 쓰인다. 한국사람이 한자의 쓰임새를 따르다 보니, '동작'이나 '행동'을 딸림 몸통것 앞씨말로 쓰게 되었다. 그런데 한국사람은 한자 낱말인 '동작'이나 '행동'을 풀이말로 쓰는 경우에 '~하다'와 같은 곁씨말을 붙여서 '동작하다', '행동하다'라고 말한다. 그리고 그들은 이런 풀이말을 바탕으로 '동작함'과 '동작하기', '행동함'과 '행동하기'와 같은 풀이것 앞씨말을 만들어 쓴다.

● 둘째, 본디 몸통것 앞씨말에서 볼 수 있는 꼴됨을 어떤 갈래로 나누어서 일컫는 딸림 몸통것 앞씨말이다. '빛/빛깔/색채(色彩)', '소리/음향(音響)', '맛/맛깔', '크기', '높이/고도(高度)', '깊이/심도(深度)', '넓이/면적(面積)', '부피/체적(體積)', '위', '아래', '바닥/기저(基底)', '처음/시초(始初)/시작(始作)', '끝', '마지막'과 같은 것이다. 사람들은 이런 것을 꼴됨을 나누는 잣대로 삼아서 무엇이 어떠하다는 것을 "이것은 빛깔이 붉다.", "저것은 부피가 작다."와 같이 말한다.

한국사람은 꼴됨 풀이말에 있는 꼴됨 풀이말 앞씨말을 가지고 딸림 몸통것 앚씨말을 만들어 쓴다. 이를테면 사람들은 꼴됨 풀이말 〈길+다〉에 있는 앚씨말 '길'에 '~이'를 붙여 딸림 몸통것 앚씨말 '길이'를 만들어서 "이것은 길이가 짧다/길다/남는다/모자란다."와 같이 말하고, 꼴됨 풀이말 〈무겁+다〉에 있는 앚씨말 '무겁'에 '~이'를 붙여 딸림 몸통것 앚씨말 '무게'를 만들어서 "이것은 무게가 가볍다/무겁다/넘는다/모자란다."와 같이 말한다.

한국말에서 본디 몸통것 앚씨말에서 볼 수 있는 꼴됨을 일컫는 딸림 몸통것 앚씨말은 두 가지가 있다. 하나는 터박이 낱말['토(土)박이 낱말'을 '터박이 낱말'로 고쳐서 불러야 뜻이 온전해진다.]에 뿌리를 둔 것으로서 '빛/빛깔', '소리', '내/냄새', '맛/맛깔', '크기', '높이', '깊이', '넓이', '부피', '위', '아래', '바닥', '처음', '끝', '마지막'과 같은 것이고, 다른 하나는 한자 낱말에 뿌리를 둔 것으로서 '색채', '음향', '고도', '심도', '면적', '체적', '기저', '시초/시작'과 같은 것이다. 그런데 딸림 몸통것 앚씨말의 경우는 한자로 된 낱말보다 터박이 바탕 낱말이 우세한 것을 볼 수 있다. 매우 특별하다고 할 수 있다.

한국말은 본디 몸통것 앚씨말에서 볼 수 있는 꼴됨을 어떤 갈래로 나누어서 "이것은 빛깔이 붉다.", "저것은 크기가 작다."와 같이 말하기 때문에 '빛깔'이나 '크기'와 같은 딸림 몸통것 앚씨말이 필요하게 된다. 이 때문에 한국말은 꼴됨의 갈래를 나타내는 딸림 몸통것 앚씨말이 잘 차려지게 되었다. 그런데 중국말은 본디 몸통것 앚씨말에서 볼 수 있는 꼴됨을 그냥 풀이말로 연결해서 "이것은 붉다(這是紅色的).", "저것은 작다(那很小)."와 같이 말하기 때문에 '빛깔'이나 '크기'와 같은 딸림 몸통것 앚씨말이 필요하지 않게 된다. 이런 까닭으로 꼴됨을 어떤 갈래로 나누어서 일컫는 딸림 몸통것 앞씨말의 경우에 터박이 바탕 낱말이 한자로 된 낱말보다 우세한 자리에 놓이게 된다.

● 셋째, 본디 몸통것 앞씨말이 하나의 임자로서 좋아하고 싫어하는 것을 담아내는 딸림 몸통것 앞씨말이다. '쾌락', '고통', '이익', '손해', '행복', '불행', '안녕', '걱정', '불안'과 같은 것이다. 사람들은 이런 것을 가지고 무엇이 하나의 임자로서 느끼는 것을 어떤 것에 담아서, "그는 쾌락에 빠져 있다.", "그는 이익을 보았다."와 같이 말한다. 그런데 한국말에서 이런 낱말은 거의 모두가 한자 낱말로 되어 있다. 한자 낱말은 몸통말과 풀이말을 구분하지 않고 두루 쓰기 때문에 '쾌락'이나 '고통'과 같은 낱말은 몸통말로도 쓰이고 풀이말로도 쓰인다. 한국사람이 한자의 쓰임새를 따르다 보니, '쾌락'이나 '고통'을 딸림 몸통것 앞씨말로 쓰게 되었다.

그런데 한국사람은 한자 낱말인 '쾌락'이나 '고통'을 풀이말로 쓰는 경우에 '~이다', '~스럽다'와 같은 겻씨말을 붙여서 '쾌락이다', '고통이다', '고통스럽다' 따위로 말한다. 그리고 그들은 이런 풀이말을 바탕으로 '쾌락임'과 '쾌락이기', '고통임', '고통이기', '고통스러움', '고통스럽기'와 같은 풀이것 앞씨말을 만들어 쓴다.

● 넷째로 본디 몸통것 앞씨말이 하나의 임자로서 갖고 있는 것을 담아내는 딸림 몸통것 앞씨말이다. '힘', '기운', '기분', '솜씨', '말씨', '재치', '재주', '꿈', '생각', '자랑', '용기', '허물', '능력', '실력',

'공로', '업적'과 같은 것이다. 사람들은 이런 것을 가지고 무엇이 하나의 임자로서 갖고 있는 어떤 것을 담아서 "그는 힘이 세다.", "그는 재주가 많다.", "그는 업적이 뛰어나다."와 같이 말한다. 그런데 이런 낱말은 터박이 바탕 낱말과 한자 낱말이 엇비슷하게 되어 있다. 조금 특이하다고 할 수 있다.

　한국말은 본디 몸통것 앚씨말이 하나의 임자로서 갖고 있는 어떤 것을 담아낼 때, 딸림 몸통것 앚씨말이 들어가는 방식으로 말을 한다. "그는 힘이 세다.", "그는 재능이 뛰어나다."와 같이 말하기 때문에 '힘'이나 '재능'과 같은 딸림 몸통것 앚씨말이 필요하게 된다. 이 때문에 한국말은 임자가 갖고 있는 어떤 것을 갈래를 나누어서 나타내는 딸림 몸통것 앚씨말을 반드시 잘 차려야 한다. 그런데 중국말은 본디 몸통것 앚씨말이 하나의 임자로 갖고 있는 어떤 것을 담아내는 것을 그냥 풀이말로 연결해서 "그는 세다(他很强).", "그는 재능이 뛰어나다(他很有才華)."와 같이 말하기 때문에, '힘'이나 '재능'과 같은 딸림 몸통것 앚씨말을 반드시 잘 차려야 하는 것은 아니다. 이런 까닭으로 임자가 갖고 있는 어떤 것을 담아낼 때, 터박이 바탕 낱말이 나름의 자리를 지키게 된다.

　사람들은 본디 몸통것에 기대어서, 딸림 몸통것을 몸소 어떤 것으로서 겪어볼 수 있다. 이를테면 사람들은 본디 몸통것인 첨성대에 기대어서 첨성대의 '크기'를 겪어볼 수 있고, 본디 몸통것인 몸에 기대어서 공차기의 '즐거움'을 겪어볼 수 있고, 본디 몸통것인 앵무새에 기대어서 앵무새의 '재주'를 겪어볼 수 있고, 본디 몸통것인 금강산에 기대어서 금강산의 '아름다움'을 겪어볼 수 있다.

"〈창수는〉-〈신발장사로〉-〈크게〉-〈이익을〉-〈얻고〉-〈많은〉-〈재미를〉-〈보았다〉"라고 할 때, 〈이익+을〉과 〈재미+를〉은 딸림 몸통것인 '이익'과 '재미'가 앞씨말로서 들어가 있는 마디말이다. 이때 〈이익+을〉의 '이익'과 〈재미+를〉의 '재미'는 '딸림 몸통것 앞씨말'인데 줄여서 '딸림 몸통것'이라고 할 수 있다.

⑤ 갈음 몸통것 앞씨말(갈음 몸통것)

갈음 몸통것 앞씨말은 사람들이 어떤 것을 갈음하여 일컫는 앞씨말로서 '이', '저', '그', '이것', '저것', '그것', '나', '너', '그', '남', '우리', '그대'와 같은 것을 말한다. 사람들은 갈음 몸통것 앞씨말을 가지고 낱낱으로 있는 어떤 것을 '이것'이나 '저것'이나 '그것'으로 일컫는 것은 물론이고, 수많은 것으로 이루어진 온갖 것을 하나로 싸잡아서 '이것'이나 '저것'이나 '그것'으로 일컬을 수 있다. 사람들이 무엇에 대한 이야기를 주고받을 때, 갈음 몸통것 앞씨말을 씀으로써 어떤 것이든 쉽고 간단하게 가리킬 수 있다.

"〈그는〉-〈어제〉-〈그것을〉-〈너무〉-〈많이〉-〈먹었다〉"라고 할 때, 〈그+는〉과 〈그것+을〉은 갈음 몸통것인 '그'와 '그것'이 앞씨말로서 들어가 있는 마디말이다. 이때 〈그+는〉의 '그', 〈그것+을〉의 '그것'은 어떤 몸통것을 갈음하는 '갈음 몸통것 앞씨말'인데, 줄여서 '갈음 몸통것'이라고 할 수 있다.

갈음 몸통것에는 다음과 같은 것이 있다.

• 나, 너, 그, 저, 우리, 남, 저희, 너희

- 이, 저, 그, 이것, 저것, 그것, 요것, 조것, 고것
- 이놈, 저놈, 그놈
- 이분, 저분, 그분
- 이자, 저자, 그자
- 이때, 접때, 그때
- 이곳, 저곳, 그곳, 여기, 저기, 거기

⑥ 빈 몸통것 앞씨말(빈 몸통것)

빈 몸통것은 속이 비어 있는 몸통것을 일컫는 것으로서 '~것', '~바', '~줄', '~수', '~듯'과 같은 것을 말한다. 사람들은 속이 비어 있는 몸통것에 알맹이를 채워서 어떤 뜻을 가질 수 있도록 만든다. 사람들은 빈 몸통것에 알맹이를 채우는 방식으로 어떤 것에 무슨 뜻이든 담아낼 수 있다. 이를테면 사람들은 '~것'에 알맹이를 채워서 '이것', '저것', '그것', '아무것', '어느 것', '있는 것', '없는 것', '사는 것', '죽는 것', '끝이 있는 것', '끝이 없는 것', '살아도 죽는 것만 못한 것', '죽어도 살아 있을 수 있는 것'과 같은 것을 마음대로 담아낼 수 있다.

"〈그는〉-〈모든〉-〈것을〉-〈너에게〉-〈줄〉-〈수도〉-〈있을〉-〈것이다〉"라고 할 때, 〈것+을〉과 〈수+도〉와 〈것+이+다〉는 빈 몸통것인 '것'과 '수'와 '것'이 앞씨말로서 들어가 있는 마디말이다. 이때 〈것+을〉의 '것', 〈수+도〉의 '수', 〈것+이+다〉의 '것'은 속이 비어 있는 '빈 몸통것 앞씨말'인데 줄여서 '빈 몸통것'이라고 할 수 있다.

한국말에는 빈 몸통것이 매우 많다. 사람들은 여러 가지 빈 몸

통것을 써서 말하고자 하는 것을 더욱 알뜰하고 살뜰하게 만들어나
간다.

빈 몸통것에는 다음과 같은 것이 있다.

- ~것: 나는 새것보다 헌것이 좋다.
- ~이: 네가 가는 이를 잡아서 무엇 할까?
- ~놈: 속이는 놈이나 속는 놈이나 다 마찬가지이다.
- ~분: 여러분 가운데 어느 분이든 이것을 가질 수 있습니다.
- ~자(者): 낯선 자가 대문 앞에서 서성이고 있다.
- ~바: 나도 생각해둔 바가 있다.
- ~리: 내가 네 속을 알 리가 없지.
- ~줄: 나는 네가 그리할 줄을 몰랐다.
- ~수: 나는 혼자서는 여행을 갈 수가 없었다.
- ~김: 나는 시장에 가는 김에 식사도 하고 오겠다.
- ~짓: 그는 하는 짓마다 비난을 받았다.
- ~품: 그는 말하는 품이 이상하다.
- ~양: 그는 얼이 빠진 양 멍하니 나를 쳐다보았다.
- ~체: 잘난 체하지 마시오.
- ~듯: 바다 가운데 작은 섬이 보일 듯 말 듯 했다.
- ~둥: 그는 밥을 먹는 둥 마는 둥 허둥대고 있었다.
- ~족족: 그는 원서를 넣는 족족 퇴짜를 맞았다.
- ~나위: 나는 더할 나위 없이 기분이 좋았다.
- ~나름: 그는 제 나름대로 생각하고 있다.

- ~바람: 큰비가 오는 바람에 강물이 많이 불었다.
- ~까닭: 큰비가 온 까닭으로 강물이 많이 불었다.
- ~때문: 큰비가 왔기 때문에 강물이 많이 불었다.

⑦ 셈 몸통겻 앚씨말(셈 몸통겻)

셈 몸통겻은 사람들이 어떤 것을 숫자로 셈할 때 쓰는 몸통겻을 일컫는 것으로서 '하나', '둘', '셋', '열', '스물', '서른', '마리', '꾸러미', '두름'과 같은 것을 말한다. 사람들은 셈 몸통겻을 가지고 어떤 것이든 숫자로 셈할 수 있다.

"⟨이것은⟩-⟨모두⟩-⟨다섯이고⟩-⟨저것은⟩-⟨모두⟩-⟨열이다⟩"라고 할 때, ⟨다섯+이고⟩와 ⟨열+이+다⟩는 셈 몸통겻인 '다섯'과 '열'이 앚씨말로서 들어가 있는 마디말이다. 이때 ⟨다섯+이고⟩의 '다섯', ⟨열+이+다⟩의 '열'은 어떤 것을 셈하는 '셈 몸통겻 앚씨말'인데 줄여서 '셈 몸통겻'이라고 할 수 있다. 그런데 '한 마리', '두 사람', '열 꾸러미'처럼 셈 몸통겻이 몸통겻 앚씨말의 앞에 놓이면, 셈 몸통겻에 아무런 겿씨말도 붙지 않고 앚씨말만 쓰인다.

셈 몸통겻에는 다음과 같은 것이 있다.

첫째로 사람들이 수를 낱으로 헤아리는 셈 몸통겻이다.
- 하나, 둘, 셋, 넷, 열, 스물, 온, 즈믄, ~
- 영(零), 일(一), 이(二), 삼(三), 사(四), 십(十), 백(百), 천(千), 만(萬), ~
- 첫째, 둘째, 셋째, 넷째, ~
- 첫 번째, 두 번째, 세 번째, 네 번째, ~

- 일번(一番), 이번(二番), 삼번(三番), 사번(四番), ~
- 일등(一等), 이등(二等), 삼등(三等), 사등(四等), ~
- 일차(一次), 이차(二次), 삼차(三次), 사차(四次), ~
- 일회(一回), 이회(二回), 삼회(三回), 사회(四回), ~
- 원(one), 투(two), 스리(three), 포(four), ~

둘째로 사람들이 수를 묶음으로 헤아리는 셈 몸통것이다.
- ~들: 사슴들, 사람들, 우리들, 남들, ~
- ~따위: 사슴 따위, 사람 따위, 그들 따위, ~
- ~등(等): 학생 등, 학생 등등, ~
- ~및: 생산 및 소비 동향, ~
- ~또한: 그 사람 또한, 그 사람들 또한, ~

셋째로 사람들이 수를 잣대로 재서 헤아리는 셈 몸통것이다.
- ~낱: 티끌 한 낱, 낱으로, ~
- ~개(個/箇/介): 한 개, 두 개, ~
- ~마리: 한 마리, 두 마리, ~
- ~꾸러미: 한 꾸러미, 두 꾸러미, ~
- ~명(名): 한 명, 두 명, ~
- ~속: 한 속, 두 속, ~
- ~그루: 한 그루, 두 그루, ~
- ~포기: 한 포기, 두 포기, ~
- ~다발: 한 다발, 두 다발, ~

- ~자루: 한 자루, 두 자루, ~
- ~켤레: 한 켤레, 두 켤레, ~
- ~마디: 한 마디, 두 마디, ~
- ~뼘: 한 뼘, 두 뼘, ~
- ~발: 한 발, 두 발, ~
- ~길: 한 길, 두 길, ~
- ~마장: 한 마장, 두 마장, ~
- ~리(里): 일 리, 이 리, 십 리, 백 리, ~
- ~움큼: 한 움큼, 두 움큼, ~
- ~아름: 한 아름, 두 아름, ~
- ~자: 한 자, 두 자, ~
- ~치: 한 치, 두 치, ~
- ~평(坪): 한 평, 두 평, ~
- ~정(町): 한 정, 두 정, ~
- ~두락: 한 두락, 두 두락, ~
- ~마지기: 한 마지기, 두 마지기, ~
- ~되: 한 되, 두 되, ~
- ~홉: 한 홉, 두 홉, ~
- ~말: 한 말, 두 말, ~
- ~가마: 한 가마, 두 가마, ~
- ~섬: 한 섬, 두 섬, ~
- ~푼: 한 푼, 두 푼, ~
- ~전(錢): 일 전, 이 전, ~

- ~냥: 한 냥, 두 냥, ~
- ~센티미터(centimeter): 일 센티미터, 이 센티미터, ~
- ~미터(meter): 일 미터, 이 미터, ~
- ~킬로미터(kilometer): 일 킬로미터, 이 킬로미터, ~
- ~그램(gram): 일 그램, 이 그램, ~
- ~킬로그램(kilogram): 일 킬로그램, 이 킬로그램, ~
- ~리터(liter): 일 리터, 이 리터, ~
- ~킬로리터(kiloliter): 일 킬로리터, 이 킬로리터, ~
- ~환(圜): 일 환, 이 환, ~
- ~원(圓): 일 원, 이 원, ~
- ~달러($): 일 달러, 이 달러, ~

⑧ 자리 몸통것 앞씨말(자리 몸통것)

자리 몸통것은 어떤 것이 갖고 있는 자리를 나타내는 몸통것을 일컫는 것으로 '~과장', '~부장', '~장군', '~국민'과 같은 것을 말한다. 사람들은 자리 몸통것을 써서 누가 어떤 자리에 있는지 또렷하게 밝힐 수 있다. 사람들은 어떤 것에 자리를 매김으로써 구실에 따르는 책임과 권리를 함께 묻고 따질 수 있다.

"박 과장이 최 본부장에게 서류를 넘겼다."라고 할 때, 〈박+과장+이〉와 〈최+본부장+에게〉는 자리 몸통것인 '과장'과 '본부장'이 앞씨말로서 들어가 있는 마디말이다. 이때 〈박+과장+이〉의 '과장'과 〈최+본부장+에게〉의 '본부장'은 어떤 몸통것이 갖고 있는 자리를 나타내는 '자리 몸통것 앞씨말(줄여서 자리 몸통것)'이다.

2) 풀이것 앚씨말

풀이것 앚씨말은 무엇에서 볼 수 있는 일됨이나 꼴됨 따위를 어떤 것으로 가리키는 앚씨말을 말한다. 이를테면 "이 꽃은 보기가 좋고, 저 빵은 먹기가 좋다."라고 말할 때, 이 꽃을 '보는 것'으로 나타내는 '보기'와 저 빵을 '먹는 것'으로 나타내는 '먹기'는 '꽃'과 '빵'을 어떤 것으로 가리키는 풀이것 앚씨말이다.

풀이것 앚씨말은 사람들이 무엇을 어떤 것으로 풀어내는 풀이 마디말에 바탕을 두고 있다. 사람들은 풀이 마디말을 이루고 있는 풀이 마디말 앚씨말과 풀이 마디말 곁씨말에서, 풀이 마디말의 기틀을 나타내는 풀이 마디말 앚씨말에 '~음/ㅁ'이나 '~기'와 같은 것을 붙여서 풀이것 앚씨말로 만들어 쓴다. 이를테면 사람들은 '밝+다'라는 풀이 마디말에서 기틀을 나타내는 풀이지 앚씨말 '밝'에 '음'과 '기'를 붙여서 풀이것 앚씨말 '밝음'과 '밝기'를 만들어 쓴다. 사람들은 풀이것 앚씨말 '밝+음'과 '밝+기'를 가지고 "〈등잔불은〉-〈밝음에서/밝기에서〉-〈전깃불과〉-〈비교가〉-〈되지〉-〈않는다〉"와 같이 말할 수 있다.

한국말은 모든 풀이 마디말 앚씨말을 풀이것 앚씨말로 바꾸어 쓸 수 있기 때문에, 한국말에는 무엇의 꼴됨이나 일됨 따위를 나타내는 풀이것 앚씨말이 무척 많다. 이를테면 사람들은 꼴됨 풀이 마디말 〈작+다〉에서, 풀이 마디말 앚씨말인 '작'에 '음'과 '기'를 붙여서 '작음'과 '작기'라는 풀이것 앚씨말을 만들어 쓴다. 그리고 사람들은 꼴됨 풀이 마디말 〈작+다〉에 뿌리를 두고 있는 일됨 풀이 마디말 〈작아지+다〉에서, 풀이 마디말 앚씨말인 '작아지'에 'ㅁ'과 '기'를 붙여서 '작아짐'과 '작아지기'라는 풀이것 앚씨말을 만들어 쓴다. 이로써 사람들은 '작음'과 '작기'로써 무엇의 꼴됨을 풀이것으로 나타내는 것은 물론이고, '작아짐'과 '작아지기'로써 무엇의 일됨도 풀이것으로 나타낸다. 한국사람은 풀어내는 모든 것을 풀이것으로 나타낼 수 있다.

한국말에서 꼴됨을 나타내는 풀이것 앚씨말은 풀이것 앚씨말과 딸림 몸통것 앚씨말이 같은 모양을 하는 경우가 있다. 이를테면 풀이말 〈크+다〉에 바탕을 두고 있는 풀이것 앚씨말은 '큼'과 '크기'이다. 그런데 '큼'과 '크기'에서 '크기'는 딸림 몸통것 앚씨말로도 쓰인다. 이를테면 "〈이것은〉-〈크기가〉-〈크기는〉-〈크다〉"에 있는 〈크기+가〉에서 '크기'는 이것이 가진 속성의 갈래를 나타내는 딸림 몸통것 앚씨말을 나타내는 말이고, 〈크기+는〉에서 '크기'는 '크다'는 것을 드러내는 풀이것 앚씨말을 나타내는 말이다. 그리고 말을 끝맺는 〈크+다〉는 이것이 가진 크기가 큰 만큼 크다는 것을 나타내는 마침 풀이말이다.

마찬가지로 풀이말 〈밝+다〉에 바탕을 두고 있는 풀이것 앚씨말은 '밝음'과 '밝기'이다. 그런데 '밝음'과 '밝기'에서 '밝기'는 딸림 몸통것 앚씨말로도 쓰인다. "〈이것은〉-〈밝기가〉-〈밝기는〉-〈밝다〉"에 있는 〈밝기+가〉에서 '밝기'는 이것이 가진 속성의 갈래를 나타내는 딸림 몸통것 앚씨말을 나타내는 말이고, 〈밝기+는〉에서 '밝기'는 '밝다'는 것을 드러내는 풀이것 앚씨말을 나타내는 말이다. 그리고 말을 끝맺는 〈밝다〉는 이것이 가진 밝기가 밝은 만큼 밝다는 것을 나타내는 마침 풀이말이다.

한국사람은 '넓다', '깊다', '무겁다', '놀다', '잡다', '살다'와 같은 풀이말을 가지고 '넓음'과 '넓기', '깊음'과 '깊기', '무거움'과 '무겁기', '놀음'과 '놀기', '잡음'과 '잡기', '삶'과 '살기'와 같은 풀이것 앞씨말을 만들어 쓰고, 여기에서 한 걸음 더 나아가 어떤 것이 가진 속성을 나타내는 '넓이', '깊이', '무게', '놀이', '잡이', '살이'와 같은 '딸림 몸통것 앞씨말(줄여서 딸림 몸통것)'을 만들어 쓴다.

3) 풀이지 앞씨말

　풀이지 앞씨말은 무엇에서 볼 수 있는 일됨이나 꼴됨 따위를 풀어내는 앞씨말을 말한다. 이를테면 "나는 점심을 먹고, 산책을 가겠다."에서 〈먹고〉의 '먹'과 〈가겠다〉의 '가'는 일됨을 풀어내는 풀이지 앞씨말이고, "이것은 빛깔이 붉고, 크기가 작다."에서 〈붉고〉의 '붉'과 〈작다〉의 '작'은 꼴됨을 풀어내는 풀이지 앞씨말이다.

　한국말에서 무엇에서 볼 수 있는 일됨이나 꼴됨 따위를 풀어내는 풀이말은 '~지'에 바탕을 두고 있다. 사람들은 '~지'에 바탕을 둔 '붉지', '달지', '먹지', '잡지', '있지', '없지'와 같은 풀이말을 가지고 무엇을 긍정하는 것과 부정하는 것, 무엇을 선택하는 것과 선택하지 않는 것과 선택하지 못하는 것 따위를 풀어낸다. 이를테면 사람들은 '~지'를 가지고 "이것은 빛깔이 붉지."(그렇게 녀기는 긍정 판단), "이것은 빛깔이 붉지 아니하지."(그렇게 녀기지 않는 부정 판단), "그는 옻닭을 먹지."(그렇게 할 수 있어서 선택함), "그는 옻닭을 먹지 아니하지."(그렇게 할 수 있지만 선택하지 않음), "그는 옻닭을 먹지 못하지."(그렇게 할 수 없어서 선택하지 못함), "그것을 먹지 그래."(그렇게 하도록 권유함)와 같은 것을 풀어낸다.

풀이말에서 마디말의 기틀을 나타내는 앞씨말은 풀이지 앞씨말이고, 마디말의 구실을 나타내는 곁씨말은 풀이지 곁씨말이다. 그런데 풀이말에서는 앞씨말과 곁씨말이 언제나 함께 붙어 다닌다. 이를테면 '붉지'에서 '붉'과 '지', '달지'에서 '달'과 '지', '먹지'에서 '먹'과 '지', '잡지'에서 '잡'과 '지', '있지'에서 '있'과 '지', '없지'에서 '없'과 '지'는 언제나 함께 붙어 다닌다. 만약 '붉지'에서 앞씨말 '붉'과 곁씨말 '지'를 따로 떼어놓으면, 무엇을 뜻하는 말인지 알 수 없게 된다.

한국사람은 꼴됨을 나타내는 '붉+지'를 바탕으로 "붉+다/붉+으니/붉+어서/붉+으나/붉+으면/붉+은/붉+을/~"과 같은 풀이말을 수십 개나 만들어낼 수 있고, 일됨을 나타내는 '먹지'를 바탕으로 "먹+다/먹+으니/먹+어서/먹+으나/먹+으면/먹+은/먹+을/~"과 같은 풀이말을 수십 개나 만들어낼 수 있다. 이런 까닭으로 한국사람은 무엇을 어떤 것으로 풀어내는 일을 매우 촘촘하게 할 수 있다.

풀이말에서 볼 수 있는 풀이지 앞씨말과 풀이지 곁씨말은 모두 다섯 가지가 있다. 1) 일됨 풀이지 앞씨말과 곁씨말, 2) 꼴됨 풀이지 앞씨말과 곁씨말, 3) 이됨 풀이지 앞씨말과 곁씨말, 4) 있음 풀이지 앞씨말과 곁씨말, 5) 됨이 풀이지 앞씨말과 곁씨말이 그것이다.

① 일됨 풀이지 앞씨말

일됨 풀이말은 사람들이 무엇에서 볼 수 있는 일을 풀어내는 마디말을 가리키는 것으로 '간다', '온다', '먹는다', '잡는다', '맞는다', '살린다'와 같은 것을 말한다. 사람들은 무엇에서 볼 수 있는 갖가지 일을 기틀로 삼아 일됨 풀이말을 만들어서 '무엇이 어찌하는 일'을 풀어낸다.

한국사람이 무엇에서 볼 수 있는 일됨을 풀어내는 것은 크게 두 가지가 있다.

첫째로 이쪽에서 비롯한 일이 다른 쪽과 함께해서 어떤 일로 벌어지는 것을 풀어내는 것이다. 이를테면 "그는 손에 땀이 났다.", "그가 학교에 갔다.", "그는 밥을 먹었다."와 같은 것은 '그는'의 쪽에서 비롯한 일이 '손에'나 '학교에'나 '밥을'의 쪽과 함께하는 일로 벌어지는 것이다.

둘째로 다른 쪽에서 비롯한 일이 이쪽과 함께해서 어떤 일로 벌어지는 것을 풀어내는 것이다. 이를테면 "그는 귀에 소리가 들렸다.", "그는 들에서 벼락을 맞았다.", "그는 친구에게 사기를 당했다." 와 같은 것은 '그는'의 밖에 있는 다른 쪽에서 비롯한 일이 '그는'의 쪽과 함께하는 일로 벌어지는 것이다.

"그는 노래를 들으면서 벽에 페인트를 칠하였다."라고 할 때, 〈들+으면서〉에서 '들'과 〈칠하+였다〉에서 '칠하'는 일됨 풀이지 앞씨말이고, 〈들+으면서〉에서 '으면서'와 〈칠하+였다〉에서 '였다'는 일됨 풀이지 곁씨말이다.

② 꼴됨 풀이지 앚씨말

꼴됨 풀이말은 사람들이 무엇에서 볼 수 있는 꼴을 풀어내는 마디말을 가리키는 것으로 '파랗다', '시큼하다', '시끄럽다', '좋다', '지겹다', '빠르다'와 같은 것을 말한다. 사람들은 무엇에서 볼 수 있는 빛깔, 색깔, 맛깔, 냄새, 모양, 온도 따위를 가지고 꼴됨 풀이말을 만들어서 '무엇이 가진 어떠한 꼴'을 풀어낸다.

한국말에서 무엇에서 볼 수 있는 꼴을 풀어내는 것은 크게 세 가지가 있다.

첫째로 사람들이 무엇에서 볼 수 있는 꼴됨을 그냥 그대로 풀어내는 것이다. 이를테면 "이것은 빛깔이 파랗다.", "이것은 맛깔이 특이하다.", "이것은 소리가 요란하다.", "이것은 냄새가 좋다.", "이것은 겉이 거칠다."와 같은 것은 사람들이 어떤 것에서 볼 수 있는 꼴됨을 그냥 그대로 풀어낸 것이다.

사람들이 무엇에서 볼 수 있는 꼴됨을 그냥 그대로 풀어내는 것은 눈으로 느끼는 색깔과 빛깔과 모양새와 움직임, 귀로 느끼는 소리, 코로 느끼는 냄새, 혀로 느끼는 맛깔, 살에서 느끼는 거칠기와 모양새와 움직임과 열기 따위가 있다. 사람들은 느낌의 갈래를 나누어 놓고 그것의 크기, 수량, 정도, 지속(持續), 호오(好惡) 따위를 헤아려서 무엇에서 볼 수 있는 꼴됨을 갖가지로 풀어낸다.

둘째로 사람들이 무엇에서 볼 수 있는 꼴됨을 다른 것에 견주어서 풀어내는 것이다. 이를테면 "나는 그보다 키가 크다/작다.", "이것은 저것보다 길이가 길다/짧다.", "이것은 저것보다 움직임이 빠르다/느리다."에서 볼 수 있는 꼴됨은 사람들이 어떤 것이 가진 꼴됨을 다른 것에 견주어서 풀어내는 것이다.

　사람들이 무엇에 대해서 '크다/작다', '길다/짧다', '빠르다/느리다', '좋다/싫다' 따위를 말하려면 세 가지가 주어져 있어야 한다. 먼저 견주고자 하는 이것과 저것이 주어져 있어야 하고, 다음으로 이것과 저것을 견주어보는 갈래가 주어져 있어야 하고, 다음으로 이것과 저것을 견주어본 알맹이가 주어져 있어야 한다. 그래야 "이것은 저것보다 길이가 짧다.", "이것은 저것보다 움직임이 빠르다."와 같이 말할 수 있다. 이런 까닭으로 아무리 크기가 작은 것이라도 견줄 수 있는 것이 없으면 그것을 '작다'라고 말할 수 없고, 아무리 무게가 무거운 것이라도 견줄 수 있는 것이 없으면 그것을 '무겁다'라고 말할 수 없다.

　셋째로 사람들이 무엇에서 볼 수 있는 꼴됨을 '같음'과 '같지 않음', '맞음'과 '맞지 않음', '옳음'과 '옳지 않음'과 같은 것을 잣대로 삼아서 풀어내는 것이다. 이를테면 사람들은 '같음'과 '같지 않음', '맞음'과 '맞지 않음', '옳음'과 '옳지 않음' 따위를 잣대로 삼아서 "이것은 저것과 같다/같지 않다.", "이것에는 저것이 맞다/맞지 않다.", "이번에는 그렇게 하는 것이 옳다/옳지 않다.", "나는 이것이 좋다/좋지 않다."라고 말한다.

　"이 상자는 빛깔이 붉고, 크기가 작고, 무게가 가볍다."라고 할 때, 〈붉+고〉에서 '붉', 〈작+고〉에서 '작', 〈가볍+다〉에서 '가볍'은 꼴됨 풀이지 앞씨말이고, 〈붉+고〉에서 '고', 〈작+고〉에서 '고', 〈가볍+다〉에서 '다'는 꼴됨 풀이지 곁씨말이다.

③ 이됨 풀이지 앞씨말

이됨 풀이말은 사람들이 무엇을 어떤 것으로 풀어내는 마디말을 가리키는 것으로 '콩이다', '딸기이다', '~ 것이다', '~ 바이다'와 같은 것을 말한다. 사람들은 무엇을 어떤 것으로 풀어냄으로써 무엇을 어떤 것에 가두어서 어떤 것이 되게 만든다. 이를테면 사람들은 무엇을 '안경이라는 것'에 가두어서 무엇이 안경이 되게 하고, 무엇을 '돼지라는 것'에 가두어서 무엇이 돼지가 되게 한다.

"이것은 내가 좋아하는 그림이고, 저것은 좋아하는 조각이다."라고 할 때, 〈그림+이고〉에서 '그림'과 〈조각이다〉에서 '조각'은 이됨 풀이지 앞씨말이고, 〈그림+이고〉에서 '이고'와 〈조각이다〉에서 '이다'는 이됨 풀이지 곁씨말이다.

④ 있음 풀이지 앞씨말

있음 풀이말은 사람들이 무엇이 어디에 있음과 있지 않음을 풀어내는 마디말을 가리키는 것으로 '있다', '있지 아니하다', '없다', '없지 아니하다'와 같은 것을 말한다. 사람들은 무엇이 어디에 있음을 풀어냄으로써 무엇이 어디에 있음과 있지 않음을 또렷하게 드러낼 수 있게 된다.

"나는 서울에 있고, 그분은 부산에 계신다."라고 할 때, 〈있+고〉에서 '있'과 〈계시+ㄴ다〉에서 '계시'는 있음 풀이지 앞씨말이고, 〈있+고〉에서 '고'와 〈계시+ㄴ다〉에서 'ㄴ다'는 있음 풀이지 곁씨말이다.

⑤ 됨이 풀이지 앞씨말

됨이 풀이말은 사람들이 무엇이 어떤 것이 됨과 되지 않음과 되지 못함을 풀어내는 마디말을 가리키는 것으로 '된다', '되지 않는다', '되지 못한다'와 같은 것을 말한다. 사람들은 무엇이 어떤 것이 됨과 되지 않음과 되지 못함을 풀어냄으로써 무엇이 어떻게 되는 일의 과정과 결과를 또렷하게 드러낼 수 있다.

"나는 군인이 되었고, 그는 회사원이 되었다."라고 할 때, 〈되+었고〉에서 '되'와 〈되+었다〉에서 '되'는 됨이 풀이지 앞씨말이고, 〈되+었고〉에서 '었고'와 〈되+었다〉에서 '었다'는 됨이 풀이지 곁씨말이다.

4 곁씨말의 갈래와 모음

마디말에서 곁씨말은 기틀을 나타내는 앞씨말의 구실을 좇아서 갈래가 나뉜다.

1) 곧이말 곁씨말 모음

① 으뜸 곧이말 곁씨말
- ~은/~는: 창수는 밥을 먹고 있다.
- ~이/~가: 창수가 밥을 먹고 있다.
- ~만: 창수만 밥을 먹고 있다.
- ~도: 창수도 밥을 먹고 있다.
- ~부터: 창수부터 밥을 먹을 것이다.

- ~까지: 창수까지 밥을 먹을 것이다.
- ~라면: 창수라면 밥을 먹을 것이다.
- ~라서: 창수라서 그런 밥을 먹는다.
- ~라도: 창수라도 그런 밥을 먹는다.
- ~니까: 창수니까 그런 밥을 먹는다.
- ~부터가: 창수부터가 그런 밥을 먹지 않았다.
- ~부터는: 창수부터는 그런 밥을 먹지 않을 것이다.
- ~까지는: 창수까지는 그런 밥을 먹을 것이다.
- ~까지도: 창수까지도 그런 밥을 먹을 것이다.
- ~마저: 창수마저 그런 밥을 먹지 않았다.
- ~마저도: 창수마저도 그런 밥을 먹지 않았다.
- ~조차: 창수조차 그런 밥을 먹지 않았다.
- ~조차도: 창수조차도 그런 밥을 먹지 않았다.
- ~야말로: 창수야말로 그런 밥을 먹지 않을 것이다.
- ~인들: 창수인들 그런 밥을 먹을 수 있겠느냐.
- ~로서도: 창수로서도 그런 밥을 먹고 싶진 않았다.
- ~께서: 선생님께서 송년 모임에 나오셨다.
- ~께서는: 선생님께서는 어제 집에 계셨다.
- ~께옵서: 선생님께옵서 송년 모임에 나오셨다.

② 딸림 곧이말 곁씨말

- ~이/~가: 창수는 키가/눈이 크다.
- ~은/~는: 창수는 키는/눈은 크다.

- ~만: 창수는 키만/눈만 크다.
- ~도: 창수는 키도/눈도 크다.
- ~까지: 창수는 키까지/눈까지 크다.

③ 얼임 곁이말 곁씨말

- ~이/~가: 창수는 눈에 산이 보였다.
- ~은/~는: 창수는 눈에 산은 보였다.
- ~만: 창수는 눈에 산만 보였다.
- ~도: 창수는 눈에 산도 보였다.
- ~까지: 창수는 눈에 산까지 보였다.

④ 같이 곁이말 곁씨말

- ~와: 창수와 경희는 결혼한다./창수는 경희와 결혼한다.
- ~랑: 창수랑 경희랑 결혼한다.
- ~하고: 창수하고 경희하고 결혼한다.

2) 맞이말 곁씨말 모음

① 바로 맞이말 곁씨말

- ~을/~를: 창수는 밥을 먹는다./창수는 쇠고기를 좋아한다.
- ~은/~는: 창수는 밥은 잘 먹는다./창수는 쇠고기는 좋아한다.
- ~만: 창수는 쇠고기만 먹는다.
- ~도: 창수는 쇠고기도 먹는다.

- ~니까: 창수는 소고기니까 먹는다.
- ~라서: 창수는 소고기라서 먹는다.
- ~라도: 창수는 소고기라도 먹는다.
- ~부터: 창수는 국물부터 먹는다.
- ~까지: 창수는 국물까지 다 먹는다.

② 끼침 맞이말 겿씨말

- ~에: 창수는 나무판에 글씨를 새겼다.
- ~에게: 창수는 동생에게 편지를 보냈다.
- ~한테: 창수는 동생한테 편지를 보냈다.

③ 가암 맞이말 겿씨말

- ~로/~으로: 창수는 밀가루로 빵을 만들었다./창수는 흙으로 벽을 쌓았다.

④ 비롯 맞이말 겿씨말

- ~에서: 창수는 손에서 땀이 났다.
- ~로부터: 창수는 아버지로부터 재산을 물려받았다.

⑤ 자격 맞이말 겿씨말

- ~로/~으로: 창수는 둘째 아들로 태어났다./창수는 아침 식사로 빵을 먹는다.
- ~로서/~으로서: 창수는 형으로서 어린 동생을 보살펴야

했다.

- ~지만: 창수는 형이지만 어린 동생을 보살피지 않았다.

⑥ 밑감 맞이말 곁씨말

- ~에: 창수는 발이 미끄러져서 강물에 빠졌다.

⑦ 시간 맞이말 곁씨말

- ~는: 창수는 어제는 집에 있었다.
- ~만: 창수는 어제만 집에 있었다.
- ~도: 창수는 어제도 집에 있었다.
- ~부터: 창수는 어제부터 집에 있다.
- ~까지: 창수는 어제까지 집에 있었다.
- ~동안: 창수는 오랫동안/한동안/한참 동안 집에 있었다.

⑧ 장소 맞이말 곁씨말

- ~에: 창수는 어제 집에 있었다.
- ~에만: 창수는 어제 집에만 있었다.
- ~에도: 창수는 어제 집에도 있었다.

⑨ 방향 맞이말 곁씨말

- ~으로: 창수는 동쪽으로 걸어갔다.
- ~에서: 창수는 동쪽에서 걸어 나왔다.

⑩ 보람 맞이말 곁씨말

- ~에: 창수는 학교에 갔다./화살이 과녁에 맞았다.

⑪ 도구 맞이말 곁씨말

- ~로/~으로: 창수는 괭이로 땅을 팠다./창수는 톱으로 나무를 잘랐다.
- ~로써/~으로써: 말로써 천 냥 빚을 갚는다./그는 군율로써 병사들을 엄하게 다스렸다.

⑫ 수단 맞이말 곁씨말

- ~로/~으로: 그는 친절로 손님의 마음을 끌었다./그는 사랑으로 자녀를 길렀다.
- ~로써/~으로써: 그는 친절로써 손님의 마음을 끌었다./그는 사랑으로써 자녀를 길렀다.

⑬ 까닭 맞이말 곁씨말

- ~로/~으로: 창수는 심장마비로 죽었다./창수는 산사태로 가족과 집을 잃었다./창수는 부지런한 까닭으로 하는 일마다 잘 풀렸다.
- ~에: 창수는 전쟁 때문에 부모를 잃었다./비가 오는 바람에 강물이 많이 불었다.
- ~으로: 창수는 친구 덕분으로 어려움을 극복할 수 있었다.

⑭ 견줌 맞이말 곁씨말

- ~보다: 나는 그보다 덩치가 크다./나는 사과보다 딸기를 더 좋아한다.
- ~만큼: 곰은 표범만큼 나무를 잘 오른다.

⑮ 같이 맞이말 곁씨말

- ~와 ~를: 나는 사과와 딸기를 먹었다.
- ~와 ~으로: 나는 망치와 톱으로 개집을 지었다.
- ~랑 ~랑: 나는 집에서 사과랑 딸기랑 먹었다.
- ~하고 ~하고: 나는 마트에서 빵하고 우유하고 샀다.

3) 풀이말 곁씨말 모음

① 마침 풀이말 곁씨말

- ~지: 집에서 놀지./집에서 놀 테지./집에서 놀 거지.
- ~다: 집에서 논다./집에서 놀았다./집에서 놀 거다./집에서 놀 테다./집에서 쉬련다./집에 있을 것이다.
- ~오: 이것은 책이오./저것은 무엇이오?/집에 가오./집에 가시오.
- ~요: 이것을 도와주세요./저것을 옮겨줄 거지요?/잘 가세요.
- ~야: 이것은 책이야.
- ~자: 집에서 놀자.
- ~라: 이쪽을 보아라./이쪽을 보거라./이것을 먹어라./이것을

먹거라.
- ~냐: 집에 가느냐?/집에 갈 거냐?/이것은 무엇이냐?/그것은 책이냐?/이것은 얼마냐?/그날은 언제냐?

② 매김 풀이말 겻씨말

- ~는: '~는'은 지금 일어나고 있는 일을 나타낸다.
  예) 나는 밥을 먹는다.
- ~은: '~은'은 이미 이루어진 일을 나타낸다.
  예) 나는 밥을 먹은 것이다.
- ~던: '~던'은 거듭해서 해오던 것을 나타낸다.
  예) 이것은 내가 먹던 밥이다.
- ~을: '~을'은 앞으로 일어나게 될 일을 나타낸다.
  예) 이것은 내가 먹을 밥이다.

③ 이음 풀이말 겻씨말

- ~지: 크지 아니하다./먹지 아니한다./먹지 못한다./먹지 마라.
- ~고: 크고 무겁다./먹고 간다./먹고 말지./먹고 만다./있고 없고./먹고말고./되고말고.
- ~게: 먹게 하다./먹게 두다.
- ~도록: 먹도록 하다./먹도록 시키다.
- ~니: 먹으니 좋다./먹으니 즐겁다./먹으니 알겠다.
- ~니까: 먹으니까 좋다./먹으니까 즐겁다./먹으니까 알겠다.

- ~서: 먹어서 좋다./먹어서 즐겁다.
- ~든지: 가든지 말든지 마음대로 해라.
- ~던지: 피곤했던지 잠들었다./얼마나 울던지 애먹었다.

④ 엮음 풀이말 겿씨말

- ~고: 길이가 짧고, 크기가 작다./밥을 먹고, 술을 마셨다.
- ~서: 길이가 짧아서, 쓸 수가 없다./머리가 좋아서, 공부를 잘 한다./바람이 불어서, 낙엽이 휘날렸다.
- ~며: 노래를 부르며, 학교에 갔다./청소를 하며, 라디오를 들었다.
- ~면서: 노래를 부르면서, 학교에 갔다./청소를 하면서, 라디오를 들었다.
- ~니: 길이가 짧으니, 이을 수가 없다./보기가 딱하니, 그냥 있을 수가 없다.
- ~니까: 길이가 짧으니까, 이을 수가 없다./보기가 딱하니까, 그냥 있을 수가 없다.

4) 꾸밈말 겿씨말 모음

- ~리: 빨리/널리/멀리
- ~로/~루: 세로로/가로로/고루/두루
- ~게: 늦게/바르게/느리게/급하게
- ~도록: 늦도록/새도록
- ~히: 서서히/천천히

- ~처럼: 나비처럼/천사처럼
- ~같이: 나비같이/천사같이
- ~이든: 나는 오래된 책이면/책이라면 무엇이든 사서 모은다.
- ~는: 이것은 크기가 크기는 크다./나는 이것이 보기는 좋다.
- ~보다: 이것이 저것보다 좋다./나는 저것보다 이것이 좋다.
- ~만큼: 이것이 저것만큼 좋다./나는 저것만큼 이것이 좋다.

5) 묶음말 곁씨말 모음

- ~고: 그리고
- ~니: 그러니/이러니/저러니
- ~나: 그러나
- ~면: 그러면
- ~서: 그래서/이래서/저래서
- ~니까: 그러니까/이러니까/저러니까
- ~므로: 그러므로
- ~으로: 그런 까닭으로/그 덕분으로
- ~에: 이 때문에/그 바람에/그 덕분에

6) 놀람말 곁씨말 모음

- ~구나: 놀랍구나!
- ~워: 놀라워!
- ~도다: 놀랍도다!

7) 호응말 겿씨말 모음

- ~오: 아니오.
- ~야: 아니야.

8) 부름말 겿씨말 모음

- ~아/~야: 길동아./창수야.
- ~오: 여보시오.

5 씨말과 바탕치

한국말에서 포기말은 마디말로 되어 있고, 마디말은 씨말, 곧 앚씨말과 겿씨말로 되어 있다. 마디말에서 앚씨말은 마디말의 기틀을 나타내는 것이고, 겿씨말은 마디말의 구실을 나타내는 것이다.

한국말에서 앚씨말과 겿씨말은 한국사람이 스스로 만들거나 남의 것을 가져다가 써온 것이다. 그들은 필요에 따라서 그때그때 앚씨말과 겿씨말을 스스로 만들거나 남의 것을 가져다가 써왔다. 앚씨말이나 겿씨말 가운데 어떤 것은 몇천 년이 넘은 것도 있고, 어떤 것은 몇 년이 되지 않은 것도 있다.

마디말의 기틀을 나타내는 앚씨말은 사람들이 새로운 말을 만들어 쓸 때마다 그 수가 늘어난다. 앚씨말의 수는 수백에서 수천, 수만, 수십만으로 늘어나게 되었다. 그런데 마디말의 구실을 나타내는 겿씨말은 아무리 늘어나도 숫자가 몇백에 그친다. 사람들이 말의 구실을 나누는 것이 많지 않기 때문이다. 그리고 겿씨말은 사람들이 한번 마련해서 쓰면 오래도록 이어지게 된다.

사람들이 새로운 말이라고 부르는 것은 거의 모두 새로 쓰는 앞씨말을 가리킨다. 이를테면 한국사람은 몇 년 전부터 '멘붕(멘탈 붕괴)', '깜놀(깜짝 놀람)', '심쿵(심장이 쿵쾅대다)'과 같은 앞씨말을 스스로 만들어 쓰게 되었고, 최근에는 '지피티(GPT)', '딥엘(DeepL)'과 같은 앞씨말을 가져다 쓰게 되었다. 사람들은 이런 앞씨말을 가지고 '멘붕하다', '깜놀하다', '심쿵하다', '지피티(GPT)하다', '딥엘(DeepL)하다'와 같은 풀이말까지 새롭게 만들어 쓰고 있다.

한국사람이 씨말을 만들어 쓰는 것은 그냥 아무렇게나 일어나는 일이 아니다. 그들은 무슨 까닭에서 어떤 방법으로 그렇게 하는지 나름의 까닭과 방법을 바탕에 차려놓고서 그렇게 한다. 그들이 어떤 씨말을 새로 만들어 쓸 때, 바탕에 차려놓은 까닭과 방법을 씨말의 '바탕치(morphological foundation)'라고 부를 수 있다. 사람들이 씨말의 바탕치를 깊고 넓게 묻고 따지면, 그것을 만들어 쓴 까닭과 방법을 또렷이 알아볼 수 있게 된다.

그런데 한국사람은 어떤 씨말이든 배워서 쓰면 그만이라고 생각하기 때문에 씨말의 바탕치에는 관심이 적다. 한국말을 다루는 학자들조차 씨말의 바탕치를 제대로 묻고 따지지 않는다. 그들은 서양에서 만든 '어원학(語源學/etymology)'을 빌려다가 한국말의 어원을 가볍게 이야기하고 넘어간다. 서양의 어원학으로 한국말을 보게 되면, 씨말의 어원은 밝힐 수 없거나 밝히기 어려운 말로 보이기 때문이다. 서양의 어원학은 하나의 계통으로 녀겨지는 인도유럽어족에 속하는 여러 언어를 비교하여 낱낱의 씨말이 흘러온 자취를 찾아가는 데 바탕을 두고 있는 반면, 한국말은 그러한 방식으로 계통을 찾을 수가 없다.

　한국말에서 씨말의 어원을 풀어내는 것은 학자들 몫이 아니라 일반인의 몫처럼 되고 말았다. 이러니 이상한 이들이 괴상한 방식으로 씨말의 어원을 풀어내는 일이 벌어지게 되었다. 그들은 서양의 어원학에서 말소리와 말뜻의 변화 과정을 추적하여 같은 계통에 속하는 씨말의 어원을 밝혀가는 방법을 좇아서 한국말과 일본말, 한국말과 에벤크말, 한국말과 몽골말, 한국말과 중국말, 한국말과 서양말, 한국말과 산스크리트말, 한국말과 아메리카 인디언말 따위를 비교해서 씨말의 어원을 이야기한다. 그들은 말의 계통이나 특징을 묻고 따지지 않은 상태에서 이것저것을 아무렇게나 가져다 붙여서 하고 싶은 이야기만 하려고 한다. 책이나 영상을 통해서 유사 어원학이 판을 치고 있다.

　한국말에서 씨말의 어원을 푸는 일은 씨말의 발자취(etymological trace)를 풀어내는 일을 말한다. 삼국시대와 고려시대에 만들어진 향찰, 구결, 이두에서 볼 수 있는 한국말 자료와 『삼국사기』, 『삼국유사』, 『계림유사』, 『고려사』 따위에 있는 한국말 자료에 훈민정음 이후에 만들어진 한국말 자료를 함께 어우르게 되면, 씨말의 발자취를 어느 정도 살펴볼 수 있다. 그런데 한국말의 경우에는 사람들이 씨말을 써온 발자취를 살피는 것을 넘어서 씨말을 만든 까닭과 방법을 밝혀주는 바탕치까지 풀어낼 수 있다.

　한국말에서 볼 수 있는 씨말의 바탕치는 매우 독특하면서 중요하다. 씨말의 바탕치를 풀어내면 무엇을 왜 무엇이라고 말하게 되는지, 그 까닭과 방법을 또렷이 알아볼 수 있기 때문이다. 이를테면 '파래'와 '파랗지'의 바탕치를 풀어내면 사람들이 '파래'를 왜 '파래'라고 말하고, '파랗지'를 왜 '파랗지'라고 말하게 되었는지, 그 까닭과 방법을 또렷이 알아볼 수 있다. 이는 사람들이 '파래'와 '파랗다'의 바탕치가 "파래는 빛깔이 파랗지."라는 말에 뿌리를 두고 있다는 것을 알아봄으로써 이루어진다. 한국말에서 "파래는 빛깔이 파랗지."는 '파래=파라+이'와 '파랗다=파라+ㅎ다'가 같은 바탕치를 가진 말이라는 것을 또렷이 보여준다.

그런데 이런 것은 서양말과 중국말에서는 찾아보기 어려운 것이다. 한국말은 씨말의 바탕치가 생생하게 살아 있는 말이 많은 까닭으로 이와 같은 일이 쉽게 일어날 수 있다.

1) 앞씨말 만들기와 바탕치 차리기

한국사람이 어떤 앞씨말을 만들 때, 바탕치를 차리는 것은 크게 네 가지로 이루어진다.

① 몸통것 앞씨말+풀이지 앞씨말

한국사람은 어떤 앞씨말을 만들 때, 무엇을 기틀로 삼아서 그렇게 했는지 또렷이 알아볼 수 있도록, 무엇을 가리키는 '몸통것'과 무엇을 풀어내는 '풀이지'를 사물과 현상의 관계에 담아서 씨말의 바탕치를 차리고자 한다.

한국사람은 무엇에서 볼 수 있는 어떤 꼴이나 어떤 일을 기틀로 삼아서, 무엇을 가리키는 몸통것 앞씨말을 만드는 것과 함께 무엇을 어떤 꼴이나 어떤 일로써 풀어내는 풀이지 앞씨말을 만든다. 이때 무엇을 가리키는 몸통것 앞씨말과 무엇을 풀어내는 풀이지 앞씨말은 서로 바탕치를 뒷받침하는 관계에 있다.

● 파래와 파랗지

한국사람은 '파래'에서 볼 수 있는 빛깔을 바탕으로 "파래는 파랗지."라고 말한다. "파래는 파랗지."에서 '파래+는'은 몸통것 앞씨말인 '파래'와 몸통것 곁씨말인 '는'으로 되어 있고, '파랗+지'는 풀이지 앞씨말인 '파랗'과 풀이지 곁씨말인 '지'로 되어 있다.

한국사람이 "파래는 파랗지."라고 말하는 것은 일찍부터 바닷가에 터를 잡고 살아왔기 때문이다. 그들은 얕은 바다에 자라는 '파래'가 철을 가리지 않고 늘 파란빛을 띤다는 것을 잘 알고 있다. 그들은 "파래는 파랗지."라는 말을 자연스럽게 만들어 쓸 수 있다. 그런데 그들이 '파래'에서 볼 수 있는 파란빛을 잣대로 삼아서, 다른 것에서 볼 수 있는 같거나 비슷한 빛을 '파랗지'라고 말하게 됨으로써, 무엇을 가리키는 '파래'와 무엇을 어떤 것으로 풀어내는 '파랗지'가 서로 뜻을 기대는 관계에 놓이게 되었다.

이렇게 함으로써 그들은 '파랗지'라고 말하는 것이 '파래'라는 몸통것에서 비롯하는 빛깔임을 알 수 있게 되고, 이에 따라 그들은 '파랗지'가 어떤 빛깔을 말하는지 또렷이 알아보게 된다. 그들은 "그 옷감은 빛깔이 파랗지."라는 말을 들으면, "그 옷감은 파래와 같거나 비슷한 빛깔을 갖고 있는 것이지."라는 생각으로 '그 옷감'이 가진 빛깔을 제대로 풀어낼 수 있다.

한국말에서 "파래는 파랗지."는 두 개의 앞씨말, 곧 '파래'라는 몸통것 앞씨말과 '파랗'이라는 풀이지 앞씨말이 기틀을 같이하는 말임을 잘 보여준다. 몸통것 앞씨말 '파래'와 풀이지 앞씨말 '파랗'은 빛깔을 기틀로 삼아서 서로 뜻을 기대는 관계에 놓여 있다. 사람들은 '파래'와 '파랗'이 빛깔로써 함께하고 있음을 더욱 또렷하게 나타내기 위해 "파래는 빛이 파랗지./ 파래는 빛깔이 파란 것이지./ 파래는 색깔이 파랗지./ 파래는 색깔이 파란 것이지."라고 말한다.

● 쓸개와 쓰지

한국사람은 '쓸개'에서 볼 수 있는 맛깔을 기틀로 "쓸개는 쓰지."라고 말한다. "쓸개는 쓰지."에서 '쓸개+는'은 몸통것 앞씨말인 '쓸개'와 몸통것 곁씨말인 '는'으로 되어 있고, '쓰+지'는 풀이지 앞씨말인 '쓰'와 풀이지 곁씨말인 '지'로 되어 있다.

한국사람이 "쓸개는 쓰지."라고 말하는 것은 살아가는 동안에 붕어, 피라미, 곰, 돼지와 같은 동물들의 쓸개가 쓴맛을 띠는 것을 잘 알게 되었기 때문이다. 그들은 "쓸개는 쓰지."라는 말을 자연스럽게 만들어 쓸 수 있다. 그런데 그들이 '쓸개'에서 맛볼 수 있는 쓴맛을 잣대로 삼아서, 다른 것에서 볼 수 있는 같거나 비슷한 맛을 '쓰지'라고 말하게 됨으로써, 무엇을 가리키는 '쓸개'와 무엇을 어떤 것으로 풀어내는 '쓰지'가 서로 뜻을 기대는 관계에 놓이게 되었다.

이렇게 함으로써 그들은 '쓰지'라고 말하는 것이 '쓸개'라는 몸통것에서 비롯하는 맛깔임을 알 수 있게 되고, 이에 따라 그들은 '쓰지'가 어떤 맛깔을 말하는지 또렷이 알아보게 된다. 그들은 "그 나물은 쓰지."라는 말을 들으면, "그 나물은 쓸개와 같거나 비슷한 맛깔을 갖고 있는 것이지."라는 생각으로 '그 나물'이 가진 맛깔을 제대로 풀어낼 수 있다.

한국말에서 "쓸개는 쓰지."는 두 개의 앞씨말, 곧 '쓸개'라는 몸통것 앞씨말과 '쓰'라는 풀이지 앞씨말이 기틀을 같이하는 말임을 잘 보여준다. 몸통것 앞씨말 '쓸개'와 풀이지 앞씨말 '쓰'는 맛깔을 기틀로 삼아서 서로 뜻을 기대는 관계에 놓여 있다. 사람들은 '쓸개'와 '쓰'가 맛깔로써 함께하고 있다는 것을 더욱 또렷하게 나타내기 위해 "쓸개는 맛이 쓰지./ 쓸개는 맛깔이 매우 쓴 것이지."라고 말한다.

● 길과 길지

한국사람은 '길'에서 볼 수 있는 모양의 꼴을 기틀로 "길은 길지."라고 말한다. "길은 길지."에서 '길+은'은 몸통것 앞씨말인 '길'과 몸통것 곁씨말인 '은'으로 되어 있고, '길+지'는 풀이지 앞씨말인 '길'과 풀이지 곁씨말인 '지'로 되어 있다.

한국사람이 "길은 길지."라고 말하는 것은 살아가는 동안에 사람이 다니는 길은 길이가 길다는 것을 잘 알게 되었기 때문이다. 그들은 "길은 길지."라는 말을 자연스럽게 할 수 있다. 그런데 그들이 '길'에서 볼 수 있는 길이의 모양을 잣대로 삼아서, 다른 것에서 볼 수 있는 같거나 비슷한 모양을 '길지'라고 말하게 됨으로써, 무엇을 가리키는 '길'과 무엇을 어떤 것으로 풀어내는 '길지'가 서로 뜻을 기대는 관계에 놓이게 되었다.

이렇게 함으로써 그들은 '길지'라고 말하는 것이 '길'이라는 몸통것에서 비롯하는 모양임을 알 수 있게 되고, 이에 따라 그들은 '길지'가 어떤 모양인지 또렷이 알아보게 된다. 그들은 "그 막대는 길지."라는 말을 들으면, "그 막대는 길에서 볼 수 있는 것과 같거나 비슷한 모양을 갖고 있는 것이지."라는 생각으로 '그 막대'가 가진 모양을 제대로 풀어낼 수 있다.

한국말에서 "길은 길지."는 두 개의 앚씨말, 곧 '길'이라는 몸통것 앚씨말과 '길'이라는 풀이지 앚씨말이 기틀을 같이하는 말임을 잘 보여준다. 몸통것 앚씨말 '길'과 풀이지 앚씨말 '길'은 모양을 기틀로 삼아서 서로 뜻을 기대는 관계에 놓여 있다. 사람들은 '길'과 '길'이 길이의 모양으로써 함께하고 있다는 것을 더욱 또렷하게 나타내기 위해 "길은 길이가 길지./ 길은 길이가 긴 것이지."라고 말한다.

● **사람과 살리지**

한국사람은 '사람'이 하는 갖가지 일을 살펴보고서, '사람'이 하는 일 가운데 으뜸인 것은 '사람'이 무엇을 '살리는 일'이라고 보았다. 그들은 '사람'은 언제나 늘 무엇이 가진 성질을 살려서 살아가는 일을 한다고 보았다. '사람'은 불이 가진 성질을 살려서 밥을 짓고, 그릇을 굽고, 쇠를 불리는 일을 하고, 물이 가진 성질을 살려서 술을 빚고, 댐을 만들고, 전기를 만드는 일을 하고, 돌이 가진 성질을 살려서 집을 짓고, 비석을 세우고, 성을 쌓는 일을 한다. '사람'은 온갖 것이 가진 성질을 살려서 살아가는 살림살이의 임자이다.

한국사람은 '사람'에서 볼 수 있는 '살리는 일'을 기틀로 "사람은 살리지."라고 말할 수 있다고 보았다. "사람은 살리지."는 '사람'은 언제나 늘 무엇을 '살리는 일'을 하는 것으로서, '사람'이라는 말이 '살리는 일'을 일컫는 말로 쓰일 수 있다는 것을 뜻한다. "사람은 살리지."에서 '사람+은'은 몸통것 앞씨말인 '사람'과 몸통것 곁씨말인 '은'으로 되어 있고, '살리+지'는 풀이지 앞씨말인 '살리'와 풀이지 곁씨말인 '지'로 되어 있다.

　한국사람이 "사람은 살리지.=사람은 살리는 것이지."라고 말할 수 있게 된 것은 '사람'이 벌이는 온갖 일을 매우 깊고 넓게 살펴보았기 때문이다. '사람'은 먹고, 놀고, 자고, 짓고, 만들고, 부수고, 허무는 따위의 일을 하면서 좋아하고, 싫어하고, 기뻐하고, 슬퍼하고, 즐거워하고, 괴로워하는 일과 더불어 살아간다. 그런데 이와 같은 일은 언제나 늘 일어나는 일이 아니라 주어진 상황에 따라서 일어나는 일이다. 그러나 '사람'이 무엇이 가진 성질을 살려서 살아가는 일은 '사람'에게 언제나 늘 일어나는 일이다. 이러니 사람들이 '사람'을 무엇을 살리는 일을 하는 것으로 일컫는 것은 매우 그럴듯한 일이기에 "사람은 살리지."라는 말을 자연스럽게 할 수 있다. 그런데 그들이 '사람'에서 볼 수 있는 '살리는 일'을 잣대로 삼아서, 다른 것에서 볼 수 있는 같거나 비슷한 일을 '살리지'라고 말하게 됨으로써, 무엇을 가리키는 '사람'과 무엇을 어떤 것으로 풀어내는 '살리지'가 서로 뜻을 기대는 관계에 놓이게 되었다.

　이렇게 함으로써 그들은 '살리지'라고 말하는 것이 '사람'이라는 몸통것에서 비롯하는 일임을 알 수 있게 되고, 이에 따라서 그들은 '살리지'가 어떤 일인지 또렷이 알아보게 된다. 그들은 "저 어미가 새끼를 살리지."라는 말을 들으면, "저 어미가 사람이 무엇을 살리는 일과 같거나 비슷한 일을 하는 것이지."라는 생각으로 '저 어미'가 하는 일을 제대로 풀어낼 수 있다.

● 물과 물지

한국사람은 '물'에서 볼 수 있는 갖가지 일을 살펴보고서, '물'이 하는 일 가운데 으뜸인 것은 '물'이 다른 것을 '무는 일'이라고 보았다. 그들은 무엇이든 '물'에 들어가면 '물'이 언제나 늘 그것을 '무는 일'을 한다고 보았다. 그들은 사람이 물에 들어가면 물이 사람을 물어서 벗어나는 일을 힘들게 만들고, 배가 물에 들어가면 물이 배를 물어서 배가 넘어가지 않도록 잡아주는 일을 한다고 보았다.

한국사람은 '물'에서 볼 수 있는 '무는 일'을 기틀로 "물은 물지."라고 말할 수 있다고 보았다. "물은 물지."는 '물'은 언제나 늘 무엇이든 '무는 일'을 하는 것으로서, '물'이 '무는 일'을 일컫는 말로 쓰일 수 있음을 뜻한다. "물은 물지."에서 '물+은'은 몸통곳 앞씨말인 '물'과 몸통곳 곁씨말인 '은'으로 되어 있고, '물+지'는 풀이지 앞씨말인 '물'과 풀이지 곁씨말인 '지'로 되어 있다.

한국사람이 "물은 물지.=물은 무는 것이지."라고 말할 수 있게 된 것은 물에서 볼 수 있는 온갖 일을 매우 깊고 넓게 살폈기 때문이다. '물'은 상황에 따라서 가두어지고, 쏟아지고, 흩어지고, 흘러가고, 떨어지는 것이다. 그리고 물은 사람이 뜻을 좇아서 쏟고, 붓고, 마시고, 뿌리고, 끓이는 것이다. 이와 같은 일은 '물'에서 언제나 늘 일어나는 일이 아니라 상황에 따라서 일어나는 일이다. 그런데 '물'

이 안으로 들어오는 것을 '무는 일'은 언제나 늘 일어나는 일이다. 이러니 사람들이 '물'을 무엇을 '무는 일'을 하는 것으로 일컫는 것은 매우 그럴듯한 일이다. 사람들은 "물은 물지."라는 말을 자연스럽게 만들어 쓸 수 있다. 그런데 그들이 '물'에서 볼 수 있는 '무는 일'을 잣대로 삼아서, 다른 것에서 볼 수 있는 같거나 비슷한 일을 '물지'라고 말하게 됨으로써, 무엇을 가리키는 '물'과 무엇을 어떤 것으로 풀어내는 '물지'가 서로 뜻을 기대는 관계에 놓이게 되었다.

이렇게 함으로써 그들은 '물지'라고 말하는 것이 '물'이라는 몸통것에서 비롯하는 일임을 알 수 있게 되고, 이에 따라서 그들은 '물지'가 어떤 일인지 또렷이 알아보게 된다. 그들은 "그 개는 사람을 물지."라는 말을 들으면, "그 개는 물이 무엇을 무는 일과 같거나 비슷한 일을 하는 것이지."라는 생각으로 '그 개'가 하는 일을 제대로 풀어낼 수 있다.

● 토끼와 토끼지

한국사람은 '토끼'에서 볼 수 있는 갖가지 일을 살펴보고서, 토끼가 하는 일 가운데 으뜸인 것은 '토끼는 일'이라고 보았다. 그들은 '토끼'가 여우, 늑대, 매, 사람과 같은 것을 만나면 잡아먹히는 일에서 벗어나기 위해 언제나 늘 '토끼는 일'을 하는 것으로 보았다. 그들은 '토끼'가 '토끼는 일'을 잘할 수 있도록 매우 튼튼한 뒷다리를 갖고 있다고 보았다.

한국사람은 '토끼'에서 볼 수 있는 '토끼는 일'을 기틀로 삼아서 "토끼는 토끼지."라고 말할 수 있다고 보았다. "토끼는 토끼지."에서 '토끼+는'은 몸통것 앞씨말인 '토끼'와 몸통것 곁씨말인 '는'으로 되어 있고, '토끼+지'는 풀이지 앞씨말인 '토끼'와 풀이지 곁씨말인 '지'로 되어 있다.

한국사람이 "토끼는 토끼지.=토끼는 토끼는 것이지."라고 말할 수 있게 된 것은 '토끼'에서 볼 수 있는 갖가지 일을 매우 깊고 넓게 살폈기 때문이다. 토끼는 저를 지킬 수 있는 날카로운 이, 뾰족한 뿔 따위를 갖고 있지 않기 때문에 여우, 늑대, 매, 사람과 같은 것으로부터 저를 지키려면 매우 빠르게 굴로 달아나야 한다. 그래서 토끼는 풀을 뜯으면서도 끊임없이 굴로 달아나는 것을 되새긴다. 이러니 사람들이 '토끼'를 '토끼는 일'을 하는 것으로 일컫는 것은 매우 그럴듯한 일이다. 사람들은 "토끼는 토끼지."라는 말을 자연스럽게 만들어 쓸 수 있다. 그런데 그들이 '토끼'에서 볼 수 있는 '토끼는 일'을 잣대로 삼아서, 다른 것에서 볼 수 있는 같거나 비슷한 일을 '토끼지'라고 말하게 됨으로써, 무엇을 가리키는 '토끼'와 무엇을 어떤 것으로 풀어내는 '토끼지'가 서로 뜻을 기대는 관계에 놓이게 되었다.

이렇게 함으로써 그들은 '토끼지'라고 말하는 것이 '토끼'라는 몸통것에서 비롯하는 일임을 알 수 있게 되고, 이에 따라서 그들은 '토끼지'가 어떤 일을 말하는지 또렷이 알아보게 된다. 그들은 "그놈이 토꼈다."라는 말을 들으면, "그놈이 토끼가 토끼는 일과 같거나 비슷한 일을 한 것이지."라는 생각으로 '그놈'이 토끼는 일을 제대로 풀어낼 수 있다.

● **나와 나지**

　한국사람은 '나'에게 일어나는 갖가지 일을 살펴보고서, 그 가운데 으뜸인 것은 '나는 일'이라고 보았다. 그들은 '나'를 언제나 늘 무엇이 나는 것으로 보았다. 그들은 '나'는 사람으로 생겨-나서 세상에 태어-나게 된 것으로서, 힘이 나고, 성이 나고, 열이 나고, 땀이 나고, 신이 나고, 지각이 나고, 생각이 나고, 욕심이 나는 일과 같은 것을 기틀로 삼아서 나로서 살아가는 것으로 보았다.

　한국사람은 '나'에게서 볼 수 있는 나는 일을 기틀로 "나는 나지."라고 말할 수 있다고 보았다. "나는 나지."는 '나'는 언제나 늘 무엇이 나는 것이기에, '나'가 '나는 일'을 일컫는 말로 쓰일 수 있음을 뜻한다. "나는 나지."에서 '나+는'은 몸통것 앞씨말인 '나'와 몸통것 곁씨말인 '는'으로 되어 있고, '나+지'는 풀이지 앞씨말인 '나'와 풀이지 곁씨말인 '지'로 되어 있다.

　한국사람이 "나는 나지.=나는 나는 것이지."라고 말할 수 있게 된 것은 '나'에게 일어나는 온갖 일을 매우 깊고 넓게 살폈기 때문이다. 나는 사람으로 생겨-난 것이고, 세상에 태어-난 것으로서, 나는 스스로 난 것이면서 어머니가 '낳은 것=나도록 한 것'이고, 하늘과 바다와 땅을 비롯한 온갖 것이 '낸 것=나게 한 것'이다. 이러한 '나'는 끊임없이 일어나는 '나는 일', 곧 힘이 나고, 성이 나고, 열이 나고, 땀이 나고, 신이 나고, 지각이 나고, 생각이 나고, 욕심이 나는 일과 같은 것을 기틀로 삼아서 '나'로서 살아가는 일을 한다. 이러니 사람들이 '나'를 '나는 일'을 하는 것으로 일컫는 것은 매우 그럴듯한 일이기에 "나는 나지."라는 말을 자연스럽게 할 수 있다. 그런데 그들이 '나'에서 볼 수 있는 '나는 일'을 잣대로 삼아서, 다른 것에서 볼 수 있는 같거나 비슷한 일을 '나지'라고 말하게 됨으로써, 나는 것을 가리키는 '나'와 무엇을 어떤 일로 풀어내는 '나지'가 서로 뜻을 기대는 관계에 놓이게 되었다.

이렇게 함으로써 그들은 '나지'라고 말하는 것이 '나'라는 갈음 몸통것에서 비롯하는 일임을 알 수 있게 되고, 이에 따라서 그들은 '나지'가 어떤 일인지 또렷이 알아보게 된다. 그들은 "씨앗이 싹이 났지."라는 말을 들으면, "씨앗이 '나'에게 '나는 일'과 같거나 비슷한 일이 난 것이지."라는 생각으로 씨앗에서 난 일을 제대로 풀어낼 수 있다.

② 가져다 붙이기

한국사람은 이미 쓰고 있는 씨말이나 마디말을 통째로 또는 조각으로 가져다 붙여서 새로운 앞씨말을 만들 때, 왜 그리고 어떻게 가져다 붙이는지 그것의 까닭과 방법을 살펴서 앞씨말의 바탕치를 차리고자 한다.

한국사람은 이미 만들어 쓰고 있는 씨말이나 마디말을 이리저리 가져다 붙여서 무엇을 어떤 것으로 가리키는 새로운 몸통것 앞씨말을 만들거나, 무엇을 어떤 꼴이나 어떤 일로 풀어내는 새로운 풀이지 앞씨말을 만든다. 이때 사람들이 씨말이나 마디말을 이리저리 가져다 붙이는 까닭과 방법이 씨말의 바탕치이다.

● 한국사람은 이쪽의 몸통것 앞씨말과 저쪽의 몸통것 앞씨말

을 가져다 붙여서 새로운 몸통겻 앚씨말을 만들어 쓴다. 이를테면 사람들은 '까치'라는 몸통겻 앚씨말과 '집'이라는 몸통겻 앚씨말을 붙여서 '까치집'이라는 새로운 몸통겻 앚씨말을 만들고, '미국'이라는 몸통겻 앚씨말과 '사람'이라는 몸통겻 앚씨말을 붙여서 '미국사람'이라는 새로운 몸통겻 앚씨말을 만들어 쓴다.

● 한국사람은 이쪽의 풀이지 앚씨말과 저쪽의 풀이지 앚씨말을 가져다 붙여서 새로운 풀이지 앚씨말을 만들어 쓴다. 이를테면 사람들은 '오지'에서 '오'라는 풀이지 앚씨말과 '가다'에서 '가'라는 풀이지 앚씨말을 붙여 '오가'라는 새로운 풀이지 앚씨말을 만들어서, '오가지'라는 새로운 풀이말을 만들어 쓴다. 마찬가지로 사람들은 '들쭉하지'에서 '들쭉'이라는 풀이지 앚씨말과 '날쭉하지'에서 '날쭉'라는 풀이지 앚씨말을 가져다 붙여 '들쭉날쭉하'라는 새로운 풀이지 앚씨말을 만들어서, '들쭉날쭉하지'라는 새로운 풀이말을 만들어 쓴다.

● 한국사람은 이쪽의 몸통겻 앚씨말과 저쪽의 풀이지 앚씨말을 가져다 붙여서 새로운 풀이지 앚씨말을 만들어 쓴다. 이를테면 사람들은 '귀공자'라는 몸통겻 앚씨말에 '스럽'이라는 풀이지 앚씨말을 붙여 '귀공자스럽'이라는 새로운 풀이지 앚씨말을 만들어서, '귀공자스럽지'라는 새로운 풀이말을 만들어 쓴다. 마찬가지로 사람들은 '사람'이라는 몸통겻 앚씨말에 '답'이라는 풀이지 앚씨말을 붙여 '사람답'이라는 새로운 풀이지 앚씨말을 만들어서, '사람답지'라

는 새로운 풀이말을 만들어 쓴다.

● 한국사람은 이쪽의 풀이지 마디말에 저쪽의 몸통것 앞씨말을 붙여서 새로운 몸통것 앞씨말을 만들어 쓴다. 이를테면 사람들은 '달다'에 바탕을 둔 '단'이라는 풀이지 마디말에 '물'이라는 몸통것 앞씨말을 붙여서 '단물'이라는 새로운 몸통것 앞씨말을 만들어 쓴다. 마찬가지로 사람들은 '짜다'에 바탕을 둔 '짠'이라는 풀이지 마디말에 '맛'이라는 몸통것 앞씨말을 붙여서 '짠맛'이라는 새로운 몸통것 앞씨말을 만들어 쓴다.

● 한국사람은 어떤 것에 있는 풀이지 앞씨말을 겹쳐서 새로운 풀이지 앞씨말을 만들어 쓴다. 이를테면 사람들은 '넓지'에서 볼 수 있는 '널'을 겹쳐서 '널널하'라는 풀이지 앞씨말을 만들어서, '널널하지'라는 새로운 풀이말을 만들어 쓴다. 마찬가지로 사람들은 '달지'에서 볼 수 있는 '달'을 겹쳐서 '달달하'라는 풀이지 앞씨말을 만들어서, '달달하지'라는 새로운 풀이말을 만들어 쓴다.

● 한국사람은 느낌이 비슷한 풀이지 앞씨말을 가져다 붙여서 새로운 풀이지 앞씨말을 만들어 쓴다. 이를테면 사람들은 '싱글거리지'에 있는 '싱글'과 '벙글거리지'에 있는 '벙글'을 가져다 붙여 '싱글벙글하'라는 풀이지 앞씨말을 만들어서, '싱글벙글하지'라는 새로운 풀이말을 만들어 쓴다. 마찬가지로 사람들은 '은근하지'에서 볼 수 있는 '은근'과 '슬쩍하지'에서 볼 수 있는 '슬쩍'을 가져다 붙여

'은근슬쩍하'라는 풀이지 앞씨말을 만들어서, '은근슬쩍하지'라는 새로운 풀이말을 만들어 쓴다.

③ 말뜻을 넓히거나 펼치기

한국사람은 이미 쓰고 있는 씨말이나 마디말의 말뜻을 넓히거나 펼쳐서 새로운 앞씨말을 만들 때, 왜 그리고 어떻게 넓히거나 펼쳤는지 그것의 까닭과 방법을 살펴서 앞씨말의 바탕치를 차리고자 한다.

한국사람은 이미 만들어 쓰고 있는 씨말이나 마디말에 뜻을 넓혀주는 씨말을 더해서 새로운 앞씨말을 만들어 쓴다. 이를테면 사람들은 '먹다'에서 '먹'에 어떤 일을 당하는 것을 나타내는 풀이지 앞씨말인 '히'를 더해 '먹히'라는 새로운 풀이지 앞씨말을 만들어서 '먹히지', '먹히다', '먹히니', '먹히나'와 같은 풀이말을 새롭게 만들어 쓴다. 마찬가지로 사람들은 '먹다'에서 '먹'에 어떤 일을 하게 하는 것을 나타내는 풀이지 앞씨말인 '이'를 더해 '먹이'라는 새로운 풀이지 앞씨말을 만들어서 '먹이지', '먹이다', '먹이니', '먹이나'와 같은 풀이말을 새롭게 만들어 쓴다.

④ 말소리 달리하기

한국사람은 이미 쓰고 있는 씨말이나 마디말의 말소리를 달리해서 새로운 앞씨말을 만들 때, 왜 그리고 어떻게 말소리를 달리했는지 그것의 까닭과 방법을 살펴서 앞씨말의 바탕치를 차리고자 한다.

한국사람은 씨말이나 마디말의 말소리를 조금 달리하여 말뜻이 조금 달라지도록 해서 새로운 앛씨말을 만들어 쓴다. 이를테면 사람들은 '찰랑거리지'에서 '찰랑'의 말소리를 조금 달리하여 '출렁거리지'와 같은 것을 새롭게 만들어 쓴다. '찰랑거리지'는 적은 물이 작게 떨리는 모습을 나타내고, '출렁거리지'는 많은 물이 크게 떨리는 모습을 나타낸다. 그리고 사람들은 이런 것을 바탕으로 '찰랑찰랑', '철렁철렁', '촐랑촐랑', '출렁출렁'과 같은 것을 만들어 쓴다. 마찬가지로 사람들은 '생생하지'에서 '생생'의 말소리를 조금 달리하여 '싱싱하지', '씽씽하지', '쌩쌩하지'와 같은 것을 새롭게 만들어 쓴다. '생생하지'는 무엇이 시들거나 상하지 않은 상태에 있음을 나타내는 말이고, '싱싱하지'와 '씽씽하지'와 '쌩쌩하지'는 무엇이 생생한 상태보다 더 생생한 상태에 있음을 나타내는 말이다.

⑤ 남의 나라말 빌려 쓰기

한국사람은 남의 나라말에서 쓰는 씨말이나 마디말을 가져다가 새로운 앛씨말 만들 때, 왜 그리고 어떻게 가져다 쓰는지 그것의 까닭과 방법을 차려서 앛씨말의 바탕치를 차리고자 한다. 그런데 남의 나라말에서 가져온 경우에는 본래의 바탕을 묻고 따지는 것이 어렵기 때문에 그냥 대충 넘어가는 일이 많다.

한국말에는 남의 나라말에서 빌려다 쓰는 씨말이 매우 많다. 옛날에는 중국말에서 씨말을 빌려다 쓰는 일이 많았고, 오늘날에는 영국말에서 씨말을 빌려다 쓰는 일이 많다. 교과서에 실려 있는 학술 용어는 거의 모두가 중국말이나 영국말에서 빌려온 씨말로 되어 있다. 그런데 사람들은 이런 씨말을 그냥 배워서 쓰는 일에만 힘을 기울이기 때문에 말의 바탕치를 아는 일은 눈밖에 밀려나 있다.

한국사람은 남의 나라말에서 빌려온 씨말을 그냥 그대로 쓰는 것을 넘어서, 그것을 한국말에 담아서 새로운 낱말을 만들어 쓰는 경우가 매우 흔하다. 이런 일은 크게 두 가지로 이루어지는데, 하나는 사람들이 빌려온 씨말로 새로운 낱말을 만들어서 '터박이 바탕 낱말'로 쓰는 것이다. 이를테면 한국사람은 중국말에서 빌려온 '대(對)'라는 앞씨말에 '하다'를 붙여서 '대(對)하지', '대(對)하다', '대(對)해서', '대(對)하기', '대(對)함'과 같은 새로운 낱말을 만들어 쓴다. 그런데 한국말에서 '대하지', '대하다', '대해서', '대하기', '대함'은 뿌리를 굳건히 내린 상태에서 가지를 뻗고 꽃을 피우고 열매를 맺은 '터박이 바탕 낱말'로 자리하고 있다. 사람들은 '터박이 바탕 낱말'인 '대하다'를 가지고서 '대답(對答)하다', '대면(對面)하다', '대질(對質)하다', '대상(對象)', '대대(待對)', '반대(反對)' 따위에 나오는 '대'의 뜻을 풀어낸다.

다른 하나는 사람들이 빌려온 씨말로 새로운 낱말을 만들어서 '가져온 바탕 낱말'로 쓰는 것이다. 이를테면 한국사람은 중국말에서 빌려온 '견학(見學)'이라는 앞씨말에 '하다'를 붙여서 '견학(見學)하지', '견학(見學)하다', '견학(見學)해서', '견학(見學)하기', '견학(見學)함'과 같은 새로운 낱말을 만들어 쓴다. 그런데 한국말에서 '견학하지', '견학하다', '견학해서', '견학하기', '견학함'은 '터박이 바탕 낱말'이 되지 못한 상태에서 그냥 '가져온 바탕 낱말'로 쓰이고 있다. 왜냐하면 사람들이 '견학(見學)'에서 볼 수 있는 '見'과 '學'을 '見할

見', '學할 學'으로 새기지 않고, '볼 見', '배울 學'으로 새기기 때문이다. 사람들은 '터박이 바탕 낱말'인 '보다'와 '배우다'를 가져다가 '견학(見學)하다'의 뜻을 '보고(볼 見) 배우는(배울 學) 일'로 풀어낸다.

그리고 오늘날 한국사람은 서양말에서 빌려온 앞씨말을 가지고 새로운 낱말을 만들어 쓰는 일을 많이 한다. 이를테면 사람들은 영국말에서 빌려온 '스터디(study)'라는 앞씨말에 '하다'를 붙여서 '스터디하지', '스터디하다', '스터디하기', '스터디함'과 같은 새로운 낱말을 만들어 쓴다. 이런 경우에 사람들은 '스터디(study)'의 뜻을 한자 낱말인 '공부(工夫)'로 풀어서 '스터디하다'의 뜻을 '공부하다'로 푼다. 그런데 사람들은 '공부'가 무엇을 뜻하는 말인지 또렷이 알지 못하기 때문에 '공부하다'의 뜻도 또렷이 알지 못하고, '스터디하다'의 뜻도 또렷이 알지 못한다.

⑥ 널리 알려진 이야기를 바탕으로 삼기

한국사람은 널리 알려진 어떤 이야기를 바탕으로 삼아서 새로운 앞씨말을 만들 때, 왜 그리고 어떻게 바탕으로 삼는지 그것의 까닭과 방법을 살펴서 앞씨말의 바탕치를 차리고자 한다.

한국사람은 널리 알려진 어떤 이야기를 바탕으로 삼아서 새로운 앞씨말을 만들어 쓴다. 이를테면 사람들은 『흥부전』에서 놀부라는 사람이 보여주는 여러 가지 모습을 생각하면서, '놀부다', '놀부 같다', '놀부 같은 놈', '놀부 심보'와 같은 말을 만들어 쓰고, 흥부가 목숨을 살려준 제비가 물어다 준 박씨를 심어서 기른 큰 박을 타서 크게 복을 누리게 된 것을 생각하면서, '대박'이라는 새로운 앞씨말을 만들어서 '대박이다', '대박 나다'와 같은 풀이말까지 만들어 쓴다. 이때 『흥부전』 이야기는 '놀부', '놀부다', '놀부 같다', '놀부 같은', '놀부 심보', '흥부', '대박', '대박이다', '대박 나다'와 같은 씨말이나 마디말의 바탕치가 된다.

이 밖에도 한국사람은 필요에 따라서 여러 가지 방식으로 새로운 앞씨말을 만들 때, 무엇을 기틀로 삼아서 그렇게 했는지 알아볼 수 있도록 앞씨말의 바탕치를 차리고자 한다.

2) 곁씨말 만들기와 바탕치 차리기

① 곁씨말 만들어 쓰기

한국사람은 마디말의 기틀을 나타내는 앞씨말에 마디말의 구실을 나타내는 곁씨말을 붙여서 낱낱의 마디말을 만들고, 이런 마디말을 가지고 갖가지 포기말을 만들어서 온갖 이야기를 펼쳐낸다.

한국사람은 말의 뜻을 알뜰하게 만들기 위해서 마디말의 구실을 나타내는 곁씨말을 매우 촘촘하게 만들어 써왔다. 이런 까닭으로 한국말은 곁씨말의 수가 엄청나게 많다. 이를테면 "나는 빵을 먹었다."에 있는 곧이말 '나+는'에서 '는'의 자리에 붙을 수 있는 곧이말 곁씨말이 스무 개가 넘는다. '나+는'이 '내+가/나+만/나+도/나+부터/나+까지/나+니까/나+라서/나+라도/나+만큼/나+만큼이라도/~'와 같이 바뀔 수 있다. 그리고 "나는 빵을 먹었다."에 있는 맞이말 '빵+을'에서 '을'의 자리에 붙을 수 있는 맞이말 곁씨말이 열 개가 넘는다. '빵+을'이 '빵+은/빵+만/빵+도/빵+부터/빵+까지/빵+이니까/빵+이라서/빵+이라도/빵+만큼은/빵+만큼이라도/~'와 같이 바뀔 수 있다. 그리고 "나는 빵을 먹었다."에 있는 풀이말 '먹+었다'에서 '었다'의 자리에 붙을 수 있는 곁씨말이 열 개가 넘는다. '먹+었다'가 '먹+었지/먹+었고/먹+었으니/먹+었으나/먹+었으면/먹+었다면/먹+었느냐/먹+겠지/먹+겠구나/~'와 같이 바뀔 수 있다. 이러니 "나는 빵을 먹었다."에서 곧이말 '나+~'와 맞이말 '빵+~'과 풀이말 '먹+~'은 섬세한 떨림과 울림을 주고받으며 하나의 포기말을 만들고 있다.

한국사람은 무슨 말이든 곁씨말을 조금 달리하면 말의 뜻도 조금 달라진다. 사람들은 이런 것을 흔히 "아 다르고 어 다르다."라고 말한다. 같은 말이라도 곁씨말에 따라서 말의 뜻이 조금씩 달라지는 것을 가리키는 말이다. 이를테면 사람들은 "나는 그곳을 지키고 있어야 했다."라는 말에서 '나'를 좀 더 알뜰하게 만들고 싶은 경우에 "나만큼은/나만큼이라도 그곳을 지키고 있어야 했다."라고 말하고, '그곳'을 좀 더 알뜰하게 만들고 싶은 경우에 "나는 그곳만큼은/그곳만큼이라도 지키고 있어야 했다."라고 말한다. 사람들은 곁씨말 '만+큼+은'이나 '만+큼+이+라+도'를 가지고 '나'나 '그곳'에 대한 알뜰함을 담아낸다.

사람들이 마디말의 구실을 나누는 것에 따라서 곁씨말의 갈래가 나뉜다. 이런 까닭으로 사람들이 마디말의 구실을 촘촘하게 나누면 곁씨말의 갈래가 늘어나고, 성기게 나누면 곁씨말의 갈래가 줄어든다. 이를테면 옛날에는 사람들이 지위에 따라 말을 높이고 낮추는 일에 매우 엄격했기 때문에 높낮이를 나타내는 구실을 하는 겻씨말의 수가 많았다. 그때 사람들은 상대방의 지위가 저보다 크게 높은 경우에는 겻씨말 '오'와 '옵'을 덧붙여서 "〈선생님+께+오+서〉-〈하+시+옵+는〉-〈일+을〉-〈뜻+대로〉-〈이루+시+옵+소+서〉"와 같이 말했다. 그런데 요즈음에 사람들은 상대방의 지위가 크게 높은 경우에도 '오'와 '옵'을 덧붙이지 않고, "〈선생님+께+서〉-〈하+시+는〉-〈일+을〉-〈뜻+대로〉-〈이루+소+서〉"와 같이 말할 수 있다.

겻씨말이 나타내는 마디말의 구실은 생각 가운데서도 매우 추상적인 생각에 속한다. 이러니 사람들은 겻씨말이 하는 일을 눈으로 마주할 수 없다. 겻씨말은 사람들의 머릿속에 오로지 생각으로만 자리하고 있다. 따라서 사람들이 어떤 겻씨말을 만들어 쓰려면, 사람들의 생각이 모이고 모여서 겻씨말의 체계를 고치는 일에까지 나아가야 한다. 이러니 사람들은 겻씨말을 새로 만들어 쓰는 일도 쉽지 않고, 이미 쓰고 있는 겻씨말을 쓰지 않고 버리는 것도 쉽지 않다.

사람들이 한국말, 영국말, 중국말과 같은 말을 배우는 일은 말의 구실을 나타내는 겻씨말을 가지고 말의 짜임새와 엮임새와 쓰임새 따위를 차려가는 일로써 이루어진다. 이런 까닭으로 무슨 말이든지 겻씨말의 차림새를 두루 살펴보게 되면 그런 말을 쓰는 사람들이 어떻게 머리를 굴리고, 어떻게 생각을 펼치는지 얼추 알아볼 수 있다. 한국말처럼 마디말의 구실을 모두 겻씨말에 담아내는 경우에는 더욱 그러하다. 한국사람은 촘촘하고 가지런한 겻씨말의 차림새를 바탕으로 매우 알뜰하고 살뜰한 한국말의 세계를 만들어왔다.

한국말에서 겻씨말은 사람들이 그냥 아무렇게 만들어 쓰는 것이 아니라, 마디말의 구실에 걸맞은 씨말을 골라서 만들어 쓰는 것이다. 이런 까닭으로 사람들이 어떤 곁씨말을 만들어 쓰게 된 까닭과 방법을 살펴보면 곁씨말의 바탕치가 어떤 것인지 알아볼 수 있다.

한국말에서 볼 수 있는 곁씨말은 마디말의 갈래를 좇아서 모두 여덟 가지가 있다. 1) 곧이말 곁씨말, 2) 맞이말 곁씨말, 3) 풀이말 곁씨말, 4) 꾸밈말 곁씨말, 5) 묶음말 곁씨말, 6) 놀람말 곁씨말, 7) 호응말 곁씨말, 8) 부름말 곁씨말이 그것이다.

한국사람이 만들어 쓰는 곁씨말에는 크게 두 가지, 본디 곁씨말과 붙임 곁씨말이 있다. 먼저 본디 곁씨말은 "〈집+에〉-〈가+지요〉"에서 '에'와 '지요', "〈여행+을〉-〈오+면〉"에서 '을'과 '면'처럼, 어떤 앞씨말에 붙어서 그것을 하나의 마디말로 만들어주는 곁씨말을 말한다. 한국말에서 곁씨말은 거의 모두가 본디 곁씨말이다. 다음으로 붙임 곁씨말은 〈먹+었+다〉에서 '었'이나 〈가+시+지요〉에서 '시'처럼 본디 곁씨말에 붙어서 함께 쓰이는 곁씨말을 말한다. 한국말에서 때를 나타내는 마디말에서 볼 수 있는 '~는', '~ㄴ', '~았', '~었', '~을', '~ㄹ'과 같은 것이나 임자를 높이는 말에서 볼 수 있는 '~서', '~시', '~오'와 같은 것은 붙임 곁씨말이다.

② 곁씨말 바탕치 차리기

● ~이/~가

한국말에서 곁씨말 '~이'는 "〈이+것+이〉-〈이+분+이〉-〈보+실〉-

〈것+이+다〉"에서 볼 수 있는 〈이+것+이〉의 '이'와 '~이', 〈이+분+이〉의 '이'와 '~이', '것+이+다'의 '~이'와 바탕을 같이하는 말이다. 이때 '이'와 '~이'는 말하는 사람 쪽에서 이때 이곳에서 곧바로 마주하고 있는 어떤 것을 가리키는 것이면서, 말에 들어 있는 곧이말 쪽에서 이때 이곳에서 곧바로 마주하고 있는 어떤 것을 가리키는 것이다.

한국말에서 말하는 사람의 쪽과 말에 들어 있는 곧이말 쪽이 함께 곧바로 마주하고 있는 어떤 것은 언제나 '이(존재하는 것)'와 '~이(존재로 드러난 것)'로서 드러난다. 이러한 '이'와 '~이'는 저마다 따로 하는 낱낱의 어떤 것을 가리키는 것으로서, 사람들이 무엇을 어떤 것으로 느끼고, 알고, 바라고, 이루는 일이 비롯하는 바탕이 된다. 사람들은 이런 '이'와 '~이'를 가지고서 "〈이+것+이〉-〈이+분+이〉-〈보+실〉-〈것+이+다〉"와 같이 말한다.

한국말에서 곁씨말 '~이'는 16세기까지 사람들이 '~이'만 말하다가, 17세기부터 몸통것 앞씨말이 '이'로 끝나거나 몸통것 앞씨말이 '이'가 들어간 이중모음으로 끝나는 경우에 '~이'를 '~가'로 고쳐서 말하기 시작한 것으로 되어 있다. 이를테면 16세기까지 사람들은 '부텨[불타(佛陀)]'를 곧이말로 쓸 때, '부텨'와 '~이'를 붙여서 '부톄=부텨+이'라고 말하다가, 17세기 이후로 '부톄'를 '부텨가=부텨+가'로 고쳐서 말하기 시작했다. 오늘날 사람들은 '부텨'의 말소리를 '부처'로 고쳐서 '부텨+가'를 '부처+가'라고 말한다.

한국말에서 곁씨말 '~이'는 곧이말과 풀이말에 두루 쓰인다. "〈그+것+이〉-〈저+것+이+다〉"에서 〈그+것+이〉의 '이'는 곧이말에 쓰는 곁씨말이고, 〈저+것+이+다〉에서 '이'는 풀이말에 쓰는 곁씨말이다.

그리고 이러한 '~이'는 일됨 풀이말 〈~이 ~를/을 이다(머리에 보따리를 이다)〉와 이됨 풀이말 〈~이 ~이다(이것은 꽃이다)〉와 있음 풀이말 〈~에 ~이 있다(집에 감나무가 있다)〉와 일됨 풀이말 〈~이 일다(물결이 일다)〉와 일됨 풀이말 〈~이 일어나다(지진이 일어나다)〉에 바탕을 두고 있다고 말할 수 있다. 곁씨말 '~이'를 중심으로 '~이 ~을/~를 이다'와 '~이 ~이다'와 '~에 ~이 있다'와 '~이 일다'와 '~이 일어나다'가 하나로 꿰어져 있다.

무엇(존재하는 것)이 하나의 '~이(존재로 드러난 것)'로서 자리하려면 무엇이 아래와 위를 갖고 있어야 한다. 아래와 위가 없는 것은 어떤 것이 될 수 없기 때문에 '~이'로서 자리하지 못한다. 이것을 달리 말한다면, 무엇(존재하는 것)이 하나의 '~이(존재로 드러난 것)'로서 자리하려면, 무엇의 아래쪽에서는 다른 것이 무엇을 위로 이고 있고, 무엇의 위쪽에서는 무엇이 또 다른 것을 위로 이고 있어서, 이고 있는 일이 함께 아울러 일어나야 한다. 이렇게 되어야 무엇은 아래와 위를 가진 하나의 '~이'로서 어디에 자리할 수 있다. 사람들은 아래와 위를 갖고 있는 무엇이 이때 이곳에 자리하고 있을 때, 그것을 '~이다'라고 말하고, '~이다'라고 말할 수 있는 무엇이 어디에 드러나 있을 때, '~에 ~이 있다'라고 말하고, '~이다'라고 말할 수 있는 무엇이 드러나는 일이 있게 될 때, '~이 일다', '~이 일어나다'라고 말한다.

● ~을/~를

한국말에서 곁씨말 '~을/~를'은 맞이말에서만 쓰는 곁씨말이다. 곁씨말 '~을/~를'은 "〈그+는〉-〈고기+를〉-〈잡+았+다〉"에 들어 있는 〈고기+를〉에서 '를'과 "〈그+는〉-〈빵+을〉-〈먹+었+다〉"에 들어 있는 〈빵+을〉에서 '을'과 같은 것을 말한다. 이때 '~을/~를'은 곧이말 쪽에서 곧바로 마주하고 있는 맞이말 쪽을 가리키는 말이다. 곧이말인 〈그+는〉이 '고기'와 '빵'을 곧바로 마주하게 되면, '~을/~를'을 붙여서 〈고기+를〉과 〈빵+을〉이라고 말한다. '~을/~를'이 붙어 있는 맞이말은 바로 맞이말이다.

한국말에서 으뜸 곧이말과 바로 맞이말 사이에서 어떤 일이 벌어지는 것은 두 가지 길이 있다. 하나는 "그가 고기를 먹었다."와 같이 으뜸 곧이말 쪽에서 어떤 일이 비롯해서 바로 맞이말 쪽이 함께하게 되는 경우이고, 다른 하나는 "그가 벼락을 맞았다."와 같이 바로 맞이말 쪽에서 어떤 일이 비롯해서 으뜸 곧이말 쪽이 함께하게 되는 경우이다. 이때 그가 고기를 먹는 일은 그가 스스로 알아서 하는 일이고, 그가 벼락을 맞는 일은 그가 속절없이 그냥 당하는 일이다. 이렇기 때문에 어떤 앞씨말에 곁씨말 '~를/~을'이 붙어 있다고 해서 무턱대고 목적어라고 부르거나 타동사라고 부른다면 크게 잘못될 수 있다.

한국말에서 '~를', '~로', '~라'처럼 첫소리에 'ㄹ'이 들어가는 곁씨말은 곧이쪽과 맞이쪽이 곧바로 마주해 있는 어떤 것을 나타내거나, 곧이쪽에서 맞이쪽을 재료, 도구, 수단 따위로 삼아서 뜻대로 다루는 것을 나타낼 때 쓰는 곁씨말이라고 할 수 있다. 이를테면 "그는 벼락을 맞았다."에서 〈벼락+을〉은 곧이말인 '그는'이 곧바로 마주하고 있는 '벼락'을 나타낸 것이고, "그는 고기를 먹었다."에서 〈고기+를〉은 곧이말인 '그는'이 곧바로 마주해서 뜻대로 다루고 있는 '고기'를 나타내는 것이다. 그리고 "그는 밀가루로 식빵을 만들었다.", "그는 칼로 고기를 썰었다.", "그는 미소로 손님을 맞았다."에서 볼 수 있는 〈밀가루+로〉, 〈칼+로〉, 〈미소+로〉는 곧이쪽에서 맞이쪽을 뜻대로 다루는 재료, 도구, 수단 따위를 나타내는 것이다.

● ~은/~는

한국말에서 겿씨말 '~은/~는'은 곧이말과 맞이말에 두루 쓰는 겿씨말이다. 이를테면 "〈나+는〉-〈빵+은〉-〈먹었다〉", "〈형+은〉-〈귀+는〉-〈밝다〉"에서 〈나+는〉의 '~는'과 〈빵+은〉의 '~은', 〈형+은〉의 '~은'과 〈귀+는〉의 '~는'은 곧이말과 맞이말에 두루 쓰이고 있다.

겿씨말 '~은/~는'의 옛말은 '~눈/~은'이다. '~눈/~은'은 '눈호다'와 바탕을 같이한다고 말할 수 있다. '눈호다'는 '나누다'의 옛말로, 사람들이 낱낱의 것을 싸잡아서 이것이나 저것으로 갈래를 나누는 것을 뜻하는 말이다. 사람들은 〈이+것+이〉라고 부를 수 있는 낱낱의 것을 모두 싸잡아서 하나의 갈래로 묶으면 〈이+것+은〉이라고 말할 수 있다. 이를테면 "〈이+것+이〉-〈꽃+이다〉"라고 말할 때, 〈꽃+이다〉라고 말할 수 있는 모든 낱낱의 〈이+것+이〉를 모두 싸잡아서 하나로 묶으면 〈이+것+은〉이라는 갈래로 나타내게 된다. 이때 〈이+것+이〉는 저마다 따로 하는 낱낱의 '이것'을 가리키는 말이고, 〈이+것+은〉은 낱낱의 '이것'을 모두 싸잡아서 하나의 갈래로 묶어서 나눈 것을 가리키는 말이다. 사람들은 이런 것을 바탕으로 "〈나+는〉-〈고기+는〉-〈무엇+이든〉-〈좋아하+지요〉"와 같이 말할 수 있다. 〈나+는〉에서 '는'은 곧이말 겿씨말이고, 〈고기+는〉에서 '는'은 맞이말 곁씨말이다.

● ~만

한국말에서 곁씨말 '~만'은 곧이말과 맞이말에 두루 쓰는 곁씨말이다. 이를테면 "〈나+만〉-〈빵+을〉-〈먹었다〉", "〈나+는〉-〈빵+만〉-〈먹었다〉", "〈나+만〉-〈빵+만〉-〈먹+었다〉"에서 〈나+만〉의 '~만'은 곧이말에 쓰이는 곁씨말이고, 〈빵+만〉의 '~만'은 맞이말에 쓰이는 곁씨말이다.

한국말에서 곁씨말 '~만'은 '만하다=많다'와 뿌리를 같이하는 말이다. 무엇이 '만하다=많다'는 것은 무엇이 가득 들어차서 더는 필요하지 않은 상태를 뜻하는 말이다. 이때 '만'은 무엇이 가진 그릇의 크기를 말하고, '만하다'는 무엇이 가진 그릇의 크기와 같게 가득 차게 된 상태를 말한다. 사람들은 무엇에 대해서 더는 필요하지 않게 되었을 때, '만만하다'고 말한다.

● ~도

한국말에서 곁씨말 '~도'는 곧이말과 맞이말에 두루 쓰는 곁씨말이다. 이를테면 "〈나+도〉-〈빵+을〉-〈먹었다〉", "〈나+는〉-〈빵+도〉-〈먹었다〉", "〈나+도〉-〈빵+도〉-〈먹+었다〉"에서 〈나+도〉의 '~도'는 곧이말에 쓰이는 곁씨말이고, 〈빵+도〉의 '~도'는 맞이말에 쓰이는 곁씨말이다.

한국말에서 곁씨말 '~도'는 〈나+도〉, 〈너+도〉, 〈그+도〉의 '도', 〈돕다=도+우다〉의 '도', 〈또다시〉, 〈또 하다〉의 '또'와 바탕을 같이하는 말이다. 이때 '~도'는 어떤 것이 이미 있는 것과 같게 되는 것을 말한다. 사람들이 '~도'라고 말할 수 있는 낱낱의 것을 모두 싸잡으면, 하나의 갈래에 속한 모든 것이 된다.

● ~로/~으로

한국말에서 겿씨말 '~로/~으로'는 맞이말에만 쓰는 겿씨말이다. '~로/~으로'는 '~을/~를', '~라/~아라/~어라'와 뿌리를 같이하는 겿씨말로, 곧이말 쪽에서 어떤 일이 벌어질 때, 그런 일에서 볼 수 있는 일의 가암, 일의 방향, 일의 도구, 일의 수단, 일의 까닭 따위를 가리키는 말이다.

한국말에서 겿씨말 '~로/~으로'는 곧이말 쪽에서 어떤 일이 벌어질 때, 맞이말 쪽에서 하는 구실을 좇아서 다섯 가지로 갈래가 나뉠 수 있다.

첫째로, 곧이말 쪽에서 어떤 일이 벌어질 때, 일에 쓰이는 가암을 나타내는 경우이다. 이를테면 "〈나는〉-〈밀가루+로〉-〈빵을〉-〈만들었다〉"에서 〈밀가루+로〉는 내가 빵을 만드는 일에 쓰는 가암을 나타내는 가암 맞이말이다.

둘째로, 곧이말 쪽에서 어떤 일이 벌어질 때, 일이 일어나는 방향을 나타내는 경우이다. 이를테면 "〈나는〉-〈전철역+으로〉-〈걸어갔다〉"에서 〈전철역+으로〉는 내가 걸어가는 일을 할 때, 일이 일어나는 방향을 나타내는 방향 맞이말이다.

셋째로, 곧이말 쪽에서 어떤 일이 벌어질 때, 일에 쓰이는 도구를 나타내는 경우이다. 이를테면 "〈나는〉-〈가위+로〉-〈색종이를〉-

〈잘랐다〉"에서 〈가위+로〉는 내가 색종이를 자르는 일에 쓰이는 도구를 나타내는 도구 맞이말이다.

넷째로, 곧이말 쪽에서 어떤 일이 벌어질 때, 일에 쓰는 수단을 나타내는 경우이다. 이를테면 "〈나는〉-〈사랑+으로〉-〈자식을〉-〈길렀다〉"에서 〈사랑+으로〉는 내가 자식을 기르는 일에 쓴 수단을 나타내는 수단 맞이말이다.

다섯째로, 곧이말 쪽에서 어떤 일이 벌어질 때, 일이 비롯하는 까닭을 나타내는 경우이다. 이를테면 "〈나는〉-〈두통+으로〉-〈고통을〉-〈받았다〉"에서 〈두통+으로〉는 내가 고통을 받는 일이 비롯하게 된 까닭을 나타내는 까닭 맞이말이다.

● ~에

한국말에서 곁씨말 '~에'는 맞이말에 주로 쓰는 곁씨말이다. '~에'는 '~어+이'에 바탕을 두고 있다고 말할 수 있다. 곁씨말 '~에=~어+이'에서 '~어'는 이쪽이나 저쪽으로 함께 어울려 있는 것을 나타내고, '이'는 무엇이 하나의 '~이'로서 자리하고 있는 것을 나타낸다. '~에'는 이쪽이나 저쪽으로 함께 어울려 있는 무엇이 하나의 '~이'로서 자리하고 있다는 것을 말한다.

한국말에서 곁씨말 '~에'는 곧이말 쪽에서 어떤 일이 벌어질 때, 그런 일에서 볼 수 있는 보람, 장소, 시간, 밑감 따위를 나타내는 맞이말이다. 곁씨말 '~에'는 일을 풀어내는 방식에 따라서 네 가지로 갈래가 나뉠 수 있다.

첫째로, 곧이말 쪽에서 어떤 일이 벌어질 때, 일이 향하는 보람을 나타내는 경우이다. 이를테면 "〈나는〉-〈학교+에〉-〈갔다〉"에서 〈학교+에〉는 내가 가는 일로써 이루고자 하는 보람을 나타내는 보람 맞이말이다.

둘째로, 곧이말 쪽에서 어떤 일이 벌어질 때, 일이 벌어지는 장소를 나타내는 경우이다. 이를테면 "〈나는〉-〈부산+에〉-〈산다〉"에서 〈부산+에〉는 내가 사는 일이 벌어지는 장소를 나타내는 장소 맞이말이다.

셋째로, 곧이말 쪽에서 어떤 일이 벌어질 때, 일이 벌어지는 시간을 나타내는 경우이다. 이를테면 "〈나는〉-〈낮+에〉-〈졸았다〉"에서 〈낮+에〉는 나에게 조는 일이 벌어진 시간을 나타내는 시간 맞이말이다.

넷째로, 곧이말 쪽에서 어떤 일이 벌어질 때, 일이 일어나는 밑감을 나타내는 경우이다. 이를테면 "〈그는〉-〈강물+에〉-〈빠졌다〉"에서 〈강물+에〉는 그에게 빠지는 일이 벌어진 밑감을 나타내는 밑감 맞이말이다.

● ~에게

한국말에서 곁씨말 '~에게'는 곧이말과 맞이말에 두루 쓰는 곁씨말이다. 이를테면 "〈나+에게〉-〈아들이〉-〈둘이다〉"에서 〈나+에게〉의 곁씨말 '~에게'는 곧이말에 쓰는 곁씨말이고, "〈나는〉-〈그+에게〉-〈돈을〉-〈주었다〉"에서 〈그+에게〉의 '~에게'는 맞이말에 쓰는 곁씨말이다.

곁씨말 '~에게'는 '~에+게'에 바탕을 두고 있다고 말할 수 있다.

곁씨말 '~에+게'에서 '~에'는 이쪽이나 저쪽으로 함께 어울려 있는 무엇이 하나의 '~이'로서 자리하고 있는 것을 나타내고, '게'는 '거+이=것+이'로서 무엇이 하나의 '~것'으로 드러나서 임자의 자격을 갖는 것을 나타낸다. '~에게'는 이쪽이나 저쪽으로 함께 어울려 있는 무엇이 하나의 '~이'로서 자리하는 것을 넘어, 하나의 '~것'으로 드러나서 느끼고, 알고, 바라고, 이루는 임자로 구실하는 것을 말한다.

한국말에서 곁씨말 '~에게'는 곧이말 쪽에서 어떤 일이 벌어지게 될 때, 곧이말 쪽과 맞이말 쪽이 모두 임자의 자격으로서 함께하는 것을 나타낸다. 이를테면 "〈그+에게〉-〈돈이〉-〈많다〉"에서 〈그+에게〉는 곧이말 쪽이 돈을 많이 가지고 있는 임자라는 것을 나타내고, "〈그+는〉-〈친구+에게〉-〈돈을〉-〈빌렸다〉"에서 〈친구+에게〉는 맞이말 쪽이 돈을 빌려주는 일을 하는 임자라는 것을 나타내고, "〈그+는〉-〈이웃+에게〉-〈놀림을〉-〈받았다〉"에서 〈이웃+에게〉는 맞이말 쪽이 놀리는 일을 하는 임자라는 것을 나타낸다.

● ~께서/~께오서

한국말에서 "〈아버지+께서〉-〈출근을〉-〈하셨다〉"에서 〈아버지+께서〉에 쓰이는 곁씨말 '~께서'는 곧이말이 가리키는 무엇이 하나의 임자로서 스스로 서 있는 상태에 이르렀다는 것을 나타내는 말이다. 이때 '~께+서'에서 '~께'는 '~의그에'로서 '~의 것에'를 뜻하는 말이고, '~서'는 '~의 것'이 온전히 서는 상태에 이른 것을 뜻하는 말이다. 사람들이 무엇이 하나의 임자로서 스스로 온전히 서는 상태에 이르렀다고 말하는 것은 무엇을 높이 추어올려서 일컫는 뜻을 나타낸다. '~께오서'는 '~께+오+서'로서 곧이말이 가리키는 무엇이 하나의 임자로서 스스로 오롯이 서 있는 상태에 이르렀다는 것을 나타내는 말이다. '~께오서'는 '~께서'보다 한 걸음 더 나아간 상태를 가리키는 말로, 더욱 높이는 뜻을 갖고 있다.

● ~지

한국말에서 곁씨말 '~지'는 풀이말에 쓰는 곁씨말이다. 곁씨말 '~지'는 무엇이 어떻게 되는 것을 가리키는 말로서 '지다', '지나다', '지내다'와 바탕을 같이한다. 이때 '지다'는 무엇이 어떻게 되는 것을 가리키는 말로, "〈꽃이〉-〈지+다〉", "〈해가〉-〈지+다〉", "〈빛깔이〉-〈붉어+지+다〉", "〈소리가〉-〈작아+지+다〉"와 같이 무엇이 어떻게 되는 것을 가리킨다. 그리고 〈지나다=지+나+다〉는 '지'가 '나'는 일로서, '무엇이 어떻게 되는 일이 일어나서 시간이 흘러가는 것을 가리키고, 〈지내다=지+나+이+다〉는 사람이 무엇이 어떻게 되는 일을 일어나게 해서 시간이 흘러가게 하는 것을 가리킨다.

한국사람은 '~지'를 가지고 1) 내가 어떤 일에 뜻을 두는 것, 2) 내가 어떤 일에 뜻을 두더라도 꾀하지 않는 것, 3) 내가 어떤 일에 뜻을 두더라도 꾀하지 못하는 것, 4) 내가 남에게 어떤 일에 뜻을 두고서 꾀하도록 이끄는 것, 5) 내가 남에게 어떤 일에 뜻을 두더라도 꾀하지 말도록 하는 것 따위를 담아낸다.

첫째로, 사람들은 '~지'를 가지고 내가 어떤 일에 뜻을 두는 것을 담아낸다. 이를테면 "〈나는〉-〈아침에〉-〈커피를〉-〈마시지〉"에서 〈마시지〉는 내가 아침에 커피를 마시는 일에 뜻을 둘 수 있음을 나타내는 말이다. 나는 뜻을 좇아서 아침마다 커피를 마시는 일을 꾀할 수도 있다. 내가 아침마다 커피를 마시는 일을 실제로 꾀하게 되면 "〈나는〉-〈아침에〉-〈커피를〉-〈마시지〉"에서 "〈나는〉-〈아침마다〉-〈커피를〉-〈마신다〉"나 "〈나는〉-〈아침마다〉-〈커피를〉-〈마셨다〉"로 나아가게 된다.

둘째로, 사람들은 '~지'를 가지고 내가 어떤 일에 뜻을 두더라도 일을 꾀하지 않는 것을 담아낸다. 이를테면 "〈나는〉-〈아침에〉-〈커피를〉-〈마시지〉-〈아니한다/않는다〉"에서 〈마시지〉는 내가 아침에 커피를 마시는 일에 뜻을 둘 수 있음을 나타내는 말이고, 〈아니한다/않는다〉는 내가 커피를 마시는 일에 뜻을 둘 수 있더라도, 그러한 뜻을 마음의 안에만 머무르게 해서, 커피를 마시는 일을 꾀하지 않는 것을 나타내는 말이다. 나는 커피를 마시는 일을 꾀하지 않기 때문에 "〈나는〉-〈아침에〉-〈커피를〉-〈마시지〉-〈아니한다/않는다〉"라고 말할 수 있다.

셋째로, 사람들은 '~지'를 가지고 내가 어떤 일에 뜻을 두더라도 일을 꾀하지 못하는 것을 담아낸다. "〈나는〉-〈아침에〉-〈커피를〉-〈마시지〉-〈못한다〉"에서 〈마시지〉는 내가 아침에 커피를 마시는 일에 뜻을 둘 수 있음을 나타내는 말이고, 〈못한다〉는 내가 아침에 커피를 마시는 일에 뜻을 두고 있더라도, 이런저런 까닭으로 그러한 뜻을 꾀할 수 없다는 것을 나타내는 말이다. 나는 커피를 마시는 일을 꾀할 수 없기 때문에 "〈나는〉-〈아침에〉-〈커피를〉-〈마시지〉-〈못한다〉"라고 말할 수 있다.

넷째로, 사람들은 '~지'를 가지고 내가 남에게 어떤 일에 뜻을 두고서 꾀하도록 이끄는 것을 담아낸다. 이를테면 "〈너는〉-〈아침에〉-〈커피를〉-〈마시지〉-〈그래〉"에서 〈마시지〉는 네가 아침에 커피를 마시는 일에 뜻을 둘 수 있음을 나타내는 말이고, 〈그래〉는 내가 너에게 아침에 커피를 마시는 일을 꾀하도록 이끄는 것을 나타내는 말이다. 네가 나의 말을 받아들이면 아침에 커피를 마시는 일을 힘써 꾀하게 될 것이고, 그러지 않으면 네가 하고자 하는 대로 마냥 하게 될 것이다.

다섯째로, 사람들은 '~지'를 가지고 내가 남에게 어떤 일에 뜻을 두더라도 꾀하지 말도록 하는 것을 담아낸다. 이를테면 "〈너는〉-〈아침에〉-〈커피를〉-〈마시지〉-〈말아라〉"에서 〈마시지〉는 네가 아침에 커피를 마시는 일에 뜻을 둘 수 있음을 나타내는 말이고, 〈말아라〉는 네가 아침에 커피를 마시는 일에 뜻을 두고 있더라도, 내가 너에게 그런 일을 꾀하지 말도록 금지하는 것을 나타내는 말이다. 네가 나의 말을 따르면 아침에 커피를 마시지 않을 것이고, 그러지 않으면 아침에 커피를 마실 것이다.

한국사람이 무엇을 어떤 것으로 풀어내는 풀이말은 '~지'에 바탕을 두고 있다. 사람들은 '~지'에 바탕을 둔 '붉지', '달지', '먹지', '잡지', '있지', '없지'와 같은 풀이말을 가지고 무엇을 긍정하는 것과 부정하는 것, 무엇을 선택하는 것과 선택하지 않는 것과 선택하지 못하는 것 따위를 풀어낸다. 이를테면 사람들은 "이것은 빛깔이 붉지."(긍정 판단), "이것은 빛깔이 붉지 아니하지."(부정 판단), "그는 옻닭을 먹지."(가능해서 선택함), "그는 옻닭을 먹지 아니하지."(가능하지만 선택하지 않음), "그는 옻닭을 먹지 못하지."(가능하지 않아서 선택하지 못함), "그것을 먹지 그래."(권유해서 선택하도록 함)와 같은 것을 풀어낸다.

● ~고

한국말에서 곁씨말 '~고'는 풀이말에 쓰는 곁씨말이다. '~고'는 무엇이 어떻게 되는 일을 통해서 이미 '고'의 상태에 이른 것을 가리키는 말이다. 이를테면 〈붉+고〉, 〈작+고〉, 〈짜+고〉, 〈오+고〉, 〈먹+고〉, 〈잡+고〉, 〈나비+이고〉, 〈사슴+이고〉에서 볼 수 있는 '~고'이다. 〈붉+고〉는 '이미 붉은 것'을 나타내고, 〈오+고〉는 '이미 온 것'을 나타내고, 〈나비+이고〉는 '이미 나비인 것'을 나타낸다.

곁씨말 '~고'는 '곧', '곧이곧대로', '고스란히'와 바탕을 같이 하는 말이라고 할 수 있다. 이때 '곧'은 무엇이 어떻게 되어 있는 것을 그냥 그대로 가리키는 것으로서, "〈이것은〉-〈곧〉"이라고 말하는 '곧'이다. 그리고 '곧이곧대로'는 어떤 것이 '곧'의 상태에 있는 것을 그냥 그대로 인정하는 것을 가리키는 말이고, '고스란히'는 어떤 것이 '곳=곧'의 상태에서 오롯이 드러나 있는 것을 가리키는 말이다.

사람들은 무엇이 어떻게 되는 일을 거쳐서 '고'의 상태에 놓이면, 그것을 크게 세 가지로 나누어서 말한다.

첫째로, 사람들은 무엇이 어떤 꼴을 갖게 되는 과정을 거쳐서 '고'의 상태에 놓이면 '붉고', '노랗고', '크고', '작고', '멋지고', '아름답고', '있고', '없고' 따위로 말한다.

둘째로, 사람들은 무엇이 어떤 일을 갖게 되는 과정을 거쳐서 '고'의 상태에 놓이면 '가고', '오고', '먹고', '잡고', '살고', '죽고', '되고' 따위로 말한다.

셋째로, 사람들은 무엇이 어떤 것이 되는 과정을 거쳐서 '고'의 상태에 놓이면 '풀이고', '나무이고', '나비이고', '사람이고', '어른이고', '과장이고', '사장이고', '장군이고' 따위로 말한다.

● ~다

한국말에서 곁씨말 '~다'는 풀이말에 쓰는 곁씨말이다. '~다'는 무엇이 어떻게 되는 일이 끝맺음에 이른 것을 가리키는 말이다. 곁씨말 '~다'는 '다', '다이다'와 바탕을 같이하는 말이라고 할 수 있다. 이때 '다'는 "〈동네 사람이〉-〈다〉-〈모여서〉-〈온갖〉-〈쓰레기를〉-〈다〉-〈치웠다〉"에 있는 '다'로서, 곧이말이나 맞이말 쪽에 있는 어떤 것을 모두 싸잡아서 일컫는 말이다. 그리고 '다이다'는 "〈내가〉-〈가진〉-〈것은〉-〈이것이〉-〈다+이다〉"에 있는 '다이다'로서 곧이말 쪽에 있는 어떤 것을 모두 싸잡아서 일컫는 말이다. 사람들은 '다'와 '다이다'에서 볼 수 있는 '다'를 가지고 무엇이 어떻게 되는 일이 완전히 끝맺음에 이른 것을 나타내는 '~다'로 쓴다.

한국말에서 풀이지 앞씨말에 붙이는 곁씨말 '~지'와 '~고'와 '~다'는 무엇이 어떻게 되는 일에서 볼 수 있는 일의 세 가지 단계를 가리키고 있다.

첫째로, 곁씨말 '~지'는 무엇이 어떻게 되는 일이 그냥 어떠한 일이라는 것을 가리키는 말이다. 이를테면 "길이가 늘어나지.", "길이가 늘어나지 않지.", "길이가 늘어나지 못하지.", "밥을 먹지.", "밥을 먹지 않지.", "밥을 먹지 못하지.", "밥을 먹지 말지."에서 '~지'의 단계에 있는 일은 아직 어떤 일로서 일어나지 않은 상태에 있다.

둘째로, 겻씨말 '~고'는 무엇이 어떻게 되는 일이 어떠한 일로 일어난 것을 가리키는 말이다. 이를테면 '길이가 늘어나고', '밥을 먹고'에서 '~고'의 단계에 있는 일은 이미 어떠한 일로 일어나서 일의 과정과 결과를 아우르는 상태에 있다.

셋째로, 겻씨말 '~다'는 무엇이 어떻게 되는 일이 어떠한 일로 일어나서 끝맺음에 이른 것을 가리키는 말이다. '~다'의 단계에서 일은 이미 어떤 일로 일어나 일의 과정과 결과를 아우르는 상태에서 끝맺음에 이른 상태에 있다.

● ~니

한국말에서 겻씨말 '~니'는 풀이말에 쓰는 겻씨말이다. '~니'는 무엇이 어떻게 되는 일이 일어나서 다른 일이 비롯하는 까닭이 되는 것을 가리키는 말이다. '~니'는 '니다(~이다)', '닐다(~일다)'와 바탕을 같이하는 말이라고 할 수 있다. 이때 '니다'는 "그는 짚으로 지붕을 니었다(이었다)."에서 볼 수 있는 '니다'로, 사람이 짚으로 지붕을 이게 되면 지붕이 다른 것을 누르는 일이 비롯하게 된다. '닐다'는 "바람에 물결이 닐다(일다)."에서 볼 수 있는 '닐다'로, 바람에 물결이 일어나게 되면 물결이 다른 것을 움직이는 일이 비롯하게 된다.

한국말에서 겻씨말 '~니'는 어떤 일에서 다른 일이 비롯하는 것을 나타내는 말이다. 이를테면 "〈나는〉-〈술을〉-〈마시니〉-〈기분이〉-〈좋다〉"에서 〈마시니〉는 술을 마시는 일에서 기분이 좋은 일이 비롯하는 것을 나타낸다.

● ~서

한국말에서 곁씨말 '~서'는 풀이말에 쓰는 곁씨말이다. '~서'는 무엇이 어떻게 되는 일이 이루어짐으로써 다른 일이 비롯하게 되는 것을 가리키는 말이다. '~서'는 '서다'와 바탕을 같이하는 말이라고 할 수 있다. 이때 '서다'는 무엇이 어떻게 되는 일이 이루어져서 하나의 일로 서게 된 것을 가리키는 말이다. 그런데 일은 이 일이 저 일의 씨가 되어서 끊임없이 이어져 흘러가는 까닭으로, 어떤 일이 하나의 일로 서게 되면 반드시 다른 일이 비롯하게 된다.

한국말에서 곁씨말 '~서'는 어떤 일이 하나의 일로 서게 됨으로써 다른 일이 비롯하는 것을 나타내는 말이다. 이를테면 시장이 서면 사람들이 물건을 사고파는 일이 비롯하게 되고, 나라가 서면 사람들이 나라를 다스리는 일이 비롯하는 것과 같다.

● ~오

한국말에서 곁씨말 '~오'는 풀이말에 쓰는 곁씨말이다. '~오'는 무엇이 어떻게 되는 일이 바야흐로 드러나 있는 것을 가리키는 말이다. 이를테면 "〈이것은〉-〈무엇+이오〉", "〈이것은〉-〈책상+이오〉", "〈당신은〉-〈무엇을〉-〈하+오〉", "〈나는〉-〈집으로〉-〈가+오〉"에서 '~오'는 무엇이 바야흐로 무엇으로 드러나 있는 것을 가리킨다.

'~오'는 '오다', '온'과 바탕을 같이하는 말이라고 할 수 있다. 이때 '오다'와 '온'은 무엇이 온 것으로서 이때 이곳에 바야흐로 무엇으로 드러나 있는 것을 말한다. 아직 오지 않은 것은 이때 이곳에 바야흐로 무엇으로 드러나는 일이 있을 수 없고, 이때 이곳에 이미 와 버린 것은 이때 이곳에서 바야흐로 무엇으로 드러나는 일이 지나간 일이 되어서 있지 아니하게 된다. 누리에 있는 모든 것은 이때 이곳에 바야흐로 '온'의 모습으로 드러나 있는 것을 말한다.

한국말에서 곁씨말 '~오'는 무엇이 어떻게 되는 일이 바야흐로 드러나 있는 것을 가리키는 말로서, 곧이말 쪽에서 바라보는 온갖 것을 나타내는 말이면서, 온갖 것으로 이루어진 온 누리를 나타내는 말이다. 사람들은 '~오'를 가지고 무엇에 대해서 묻는 일과 무엇에 대해서 답하는 일을 함께 할 수 있다.

● ~라

한국말에서 곁씨말 '~라'는 풀이말에 쓰는 곁씨말이다. '~라'는 임자가 무엇을 말에 담아서 어떠한 것으로 규정하는 것을 가리키는 말이다. 이를테면 "〈이것은〉-〈나비+라〉", "〈너는〉-〈빵을〉-〈먹+어라〉"에서 '~라'는 말하는 임자가 '이것'을 '나비'라는 것으로 규정하고, '너'를 '빵을 먹어야 하는 것'으로 규정한다.

● ~아/~야

한국말에서 곁씨말 '~아/~야'는 부름말에 쓰는 곁씨말이다. '~아/~야'는 임자가 무엇을 말에 담아, 어떠한 것으로 불러서 마주하고자 하는 것을 가리키는 말이다. 이를테면 "〈길동+아〉", "〈창수+야〉"에서 '~아/~야'는 말하는 임자가 '길동'과 '창수'를 불러서 마주하고자 하는 것을 가리킨다.

'~아/~야'에서 '~아'는 낱낱의 것을 뜻하는 '아'나 '알', '아름'과 바탕을 같이하는 말이다 '~아'는 낱낱으로 있는 무엇을 불러서 마주하는 것을 말한다. 그리고 '~야'는 몸통것 앚씨말이 모음으로 끝날 때, '~이아'가 '~야'로 말소리가 줄어든 것이다.

맺음말

한국말을 바탕으로
묻고 따져서 풀어내기

　이제 일이 끝에 이르렀으니 다시 처음으로 돌아가보자. 나는 왜 한국말 말차림법을 새로 만들었는가? 사람들이 한국말을 잘 배울 수 있도록 돕기 위해서이다. 사람들이 한국말을 잘 배울 수 있어야 생각하는 일을 깊고 넓게 펼쳐갈 수 있기 때문이다. 그런데 이제까지 사람들이 학교에서 배운 한국말 문법은 한국말을 제대로 풀어내지 못하는 얼치기 수준에 머물러 있다. 사람들이 한국말 문법을 열심히 배우더라도 생각하는 일을 깊고 넓게 펼쳐가는 일에 별로 도움이 되지 않는다. 사람들은 이런 문법을 100년이 넘도록 받들어 왔다.

새로운 말차림법이 꼭 필요한 까닭

　초등학교에서 고등학교에 이르는 12년 동안에 학생들이 배우는 과목 가운데 가장 많은 시간이 주어진 것은 국어 교과이다. 그런데 학생들이 그 많은 국어 시간에 한국말 문법을 배우는 시간은 아주 적다. 그리고 학생들은 한국말 문법을 배우더라도 무엇을 어떻게 배웠는지 잘 알 수 없게 되어 있다. 한국말 문법을 제대로 가르칠 수 있는 바탕을 갖추지 못했기 때문이다. 이러니 국어 교사들이 힘을 내지 않고, 수능시험에서도 중요하게 다루지 않는다. 이에 더하여 학생들은 한국말 문법과 영국말 문법이 어떤 점에서 같고 다른지 알지 못하기 때문에, 한국말 문법을 배우더라도 영국말 문법에 눌려서 한국말 문법이 영국말 문법으로 뒤바뀌는 일이 일어난다. 대학을 졸업할 즈음이면 한국말 문법에 대한 이야기는 머릿속에서 까마득한 옛일이 되고 만다.

한국사람은 사람들이 머릿속에 차리고 있는 한국말의 말차림새에 대해서 들어본 적이 없다. 이 때문에 사람들은 무엇에 대해서 생각할 때, 그것을 한국말의 논리에 맞도록 차려내는 일을 잘 하지 못한다. 사람들이 무엇에 대해서 이야기하는 것을 들어보면 한국말의 논리가 이리저리 뒤엉키는 것을 볼 수 있다. 이러니 말하기나 글쓰기에 관심을 가진 이들은 서양사람이 서양말의 논리에 맞추어서 만들어놓은 여러 가지 방법을 빌려서 토론 교육, 논술 교육, 논리 교육, 철학 교육 따위를 말한다.

그런데 이들이 쓰는 교재를 보면 논리 판단을 끝맺을 때 쓰는 영국말 'true'와 'false'를 '참'과 '거짓'으로 말하고 있다. 그들은 한국말에서 '참'과 '거짓', '맞음'과 '틀림'이 어떤 말인지 또렷이 알지 못하기 때문에, '맞음'과 '틀림'으로 말해야 하는 'true'와 'false'를 '참'과 '거짓'으로 말하고 있다. 이를테면 '1+2=3'과 '1+2=4'를 말할 때, "하나에 둘을 더하면 셋이라고 하는 것은 맞고, 하나에 둘을 더하면 넷이라고 하는 것은 틀렸다."라고 말해야 말이 맞다. 반면에 '1+2=3'과 '1+2=4'를 말할 때, "하나에 둘을 더하면 셋이라고 하는 것은 참이고, 하나에 둘을 더하면 넷이라고 하는 것은 거짓이다."라고 말하면 말이 맞지 않는다. 그런데 그들은 논리를 말하면서도 한국말에서 볼 수 있는 논리의 차림새는 전혀 묻고 따지지 않는다.

한국사람은 한국말을 제대로 풀어낼 수 있는 새로운 말차림법을 왜 만들어야 하는지, 어떻게 만들어야 하는지, 만들면 어떻게 해야 하는지 따위를 생각해본 적이 없다. 이 때문에 누가 한국말 말차림법을 새롭게 만든다고 하면 크게 낯설어하고, 어설프게 여길 수밖에 없다. 어떤 이들은 그것을 물리치기 위해서 꾸짖고 나무라는 일에 힘을 쏟을 것이다. 그러나 사람들이 한국말을 제대로 배우고 쓰려면 누군가 반드시 제대로 된 말차림법을 만들어야 한다. 누군가 하다가 안되면, 다른 사람이 나와서 다시 시작해야 한다. 모두에게 반드시 필요한 일이기 때문이다.

한국말로 묻고 따지는 큰 복을 모두가 누릴 수 있기를

내가 한국말 말차림법을 만들었지만 모자라거나 잘못된 점이 있을 수 있으니 고치는 일에 힘을 써야 한다. 또한 많은 이들이 이것을 배워서 쓸 수 있도록 널리 펴는 일에 힘을 써야 한다. 그리고 내가 그동안 한국말 말차림법을 만드는 일에 매달려서 뒤로 미루어놓았던 일들을 하나하나 챙겨야 할 때가 되었다. 그 가운데 가장 시급한 것을 몇 가지 꼽으면 다음과 같다.

첫째로 한국사람이 한국말을 한글이라고 부르는 못된 버릇을 빨리 버려야 한다. 한글은 사람들이 한국말, 중국말, 영국말, 일본말과 같은 말을 글로 적는 글자를 가리키는 말이다. 세종대왕은 말을 글로 적는 글자를 만들어서 '훈민정음'이라고 불렀다. 오늘날 인도네시아 부톤섬에 사는 찌아찌아족이 그들의 말을 한글로 적어서 읽고 쓴다고 해서, 그 말이 한국말이 되는 것은 아니다.

둘째로 한국말의 바탕치를 묻고 따져야 한다. 한국말에서 파래는 '파랗다'와 바탕을 같이하는 것으로서 '언제나 늘 빛깔이 파란 것'을 뜻하고, 다래는 '달다'와 바탕을 같이하는 것으로서 '언제나 늘 맛깔이 단 것'을 뜻한다. 그리고 사람은 '살다'와 '살리다'에 바탕을 둔 것으로서 '살려서 살아가는 것'을 뜻하고, 몸은 '모다', '모이다'에 바탕을 둔 것으로서 '모여서 모두가 된 것'을 뜻한다. 사람들은 말을 만들어 쓰는 까닭과 방법을 묻고 따져서 말의 바탕을 또렷이 알아야 한다.

셋째로 사람들이 한국말에 나오는 수많은 한자 낱말을 제대로 알고 쓰도록 해야 한다. 한자를 배우지 않은 사람은 교육, 학습, 질문, 연구, 태양, 지구, 행성, 윤리, 정치, 경제와 같은 한자 낱말을 그냥 덩어리 낱말로 배우고 쓴다. 이렇게 되면 사람들이 아무리 낱말 공부를 열심히 하더라도 말의 뜻이 흐릿한 상태에 머물게 된다. 사람들이 한자 낱말을 터박이 바탕 낱말로 새겨서 '가르칠 교', '기를 육', '배울 학', '익힐 습', '바탕 질', '물을 문'으로 배울 수 있게 해야 한다.

넷째로 사람들이 한국말에 관심을 갖고서 묻고 따지도록 해야 한다. 한국사람이 대를 이어가며 물려주고 물려받는 것 가운데서 가장 값진 것은 한국말이다. 한국말은 강력한 힘을 갖고 있는 말이다. 세상을 새롭게 할 수 있는 갖가지 실마리가 한국말에 들어 있다. 한국말은 묻고 따지는 사람에게 엄청난 복을 안겨주는 복덩어리라고 말할 수 있다. 사람들은 그것을 알지 못한 채, 발로 걷어차는 일만 거듭하고 있다. 사람들이 한국말에 관심을 갖고서 묻고 따지는 것은 복을 받아가는 일이면서 복을 지어놓는 일이다. 모든 이들이 큰 복을 받아서 누리도록 해야 한다.

덧붙임 1

한국말 말차림법
용어 풀이

01	말	말은 무리를 이루어서 살아가는 사람들이 '무엇을 어떤 것으로 녀긴 것'을 함께 뜻으로 사무치는 것을 말한다. 사람들이 배우고 쓰는 말에는 소리에 담아서 사무치는 입말, 그림에 담아서 사무치는 그림말, 글자에 담아서 사무치는 글말, 몸짓에 담아서 사무치는 짓말 따위가 있다.
02	말차림새	말차림새는 사람들이 어떤 말을 배우고 쓸 때, 그들의 머릿속에 차려져 있는 씨말 나눔새, 마디말 모양새, 포기말 펼침새, 포기말 쓰임새와 같은 것을 말한다.
03	말차림법	말차림법은 사람들이 머릿속에 있는 말의 차림새를 어떤 규칙에 담아서 체계적으로 풀어놓은 것을 말한다.
04	낱말	낱말은 사람들이 어떤 말을 주고받을 때, 말소리를 끊어서 말하는 낱낱의 것을 말한다. 한국말의 경우에 사람들은 말을 마디말[어절(語節)]로 끊어서 말하고, 영국말의 경우에 사람들은 말을 단어(單語)로 끊어서 말한다. 그런데 한국말사전에 실려 있는 낱말은 이것과 달라서 '가다', '오다', '붉다', '크다'처럼 마디말로 된 것, '벌', '나비', '하늘', '바다', '백두산'처럼 앞씨말[어근(語根)]로 된 것, '~은/~는', '~이/~가', '~도', '~만', '~을/~를', '~다', '~고', '~니'와 같은 곁씨말[토씨/조사(助詞)/어미(語尾)]로 된 것, 'ㄱ', 'ㄴ', 'ㄷ', 'ㄹ', 'ㅏ', 'ㅓ', 'ㅗ', 'ㅜ'처럼 씨소리[음소(音素)]로 된 것이 함께하고 있다.
05	마디말	한국말에서 마디말(어절)은 포기말[문장(文章)]을 이루는 기본 단위이다. 마디말은 말의 기틀을 나타내는 앞씨말(어근/어간)과 말의 구실을 나타내는 곁씨말(토씨/조사/어미)로 이루어져 있다. "그는 빵을 먹었다."는 세 개의 마디말, 곧 〈그+는〉과 〈빵+을〉과 〈먹+었다〉로 이루어져 있다. 한국말에서 마디말은 크게 여덟 가지로 나눌 수 있다. 곧 이 마디말, 맞이 마디말, 풀이 마디말, 꾸밈 마디말, 묶음 마디말, 놀람 마디말, 호응 마디말, 부름 마디말이 그것이다.

06	매듭말	매듭말[구절(句節)]은 둘 이상의 마디말(어절)이 하나의 뭉치를 이루어서 포기말(문장)을 만드는 조각으로 구실하는 것을 말한다. "커다란 연못에 예쁜 정자를 지으면 매우 아름다울 것이다."에서 〈커다란-연못에〉, 〈예쁜-정자를〉, 〈매우-아름다울-것이다〉는 매듭말이다.
07	포기말	포기말(문장)은 사람들이 말로써 생각을 주고받는 기본 단위를 말한다. 포기말은 "여보게!", "가자!", "얼씨구"처럼 하나의 마디말로 된 것도 있고, "그는 어제 아침에 늦잠을 자서, 헐레벌떡 집을 나서는 바람에 휴대전화를 챙기지 못해서, 전화번호를 기억하지 못하는 이들과는 연락이 닿지 않아서, 회사에서 업무를 보는 동안 내내 크게 애를 먹었다."처럼 여러 개의 마디말로 된 것도 있다.
08	다발말	다발말[단락(段落)]은 사람들이 포기말(문장)을 엮어서 이야기를 펼칠 때, 그 속에 들어 있는 작은 이야기 다발을 말한다. 사람들은 이야기를 작은 다발로 묶어줌으로써 뜻을 또렷하게 만들 수 있다.
09	이야기	이야기[담화(談話)]는 사람들이 포기말(문장)을 엮어서 말하고자 하는 어떤 것을 이야기로 펼쳐놓은 것을 말한다. 사람들이 말을 주고받는 것은 이야기를 펼쳐서 뜻을 함께하기 위해서이다.
10	곧이말	곧이말은 '곧이 마디말'을 줄인 것으로서, 말하는 사람이 말해보고자 하는 그것을 가리키는 마디말이다. "나는 아침에 빵을 먹었다."에서 〈나+는〉은 말하는 사람이 말해보고자 하는 그것을 가리키는 곧이말이다. 한국말에서 곧이말은 아래와 같이 네 가지로 나눌 수 있다.
10-1	으뜸 곧이말	으뜸 곧이말은 말하는 사람이 말해보고자 하는 그것을 그냥 바로 가리키는 곧이말을 말한다. "그는 집에서 소설책을 읽었다."에서 〈그+는〉은 말하는 사람이 말해보고자 하는 그것을 그냥 바로 가리키는 으뜸 곧이말이다.

10-2	딸림 곧이말	딸림 곧이말은 으뜸 곧이말을 또렷하게 풀어주기 위해서 뒤따라 나오는 곧이말을 말한다. "나는 몸이 아프다."에서 〈몸+이〉는 으뜸 곧이말인 〈나+는〉을 또렷하게 풀어주기 위해서 뒤따라 나오는 딸림 곧이말이다. 이때 '몸'은 '나'에게 딸려 있는 관계에 있다.
10-3	얼임 곧이말	얼임 곧이말은 으뜸 곧이말과 함께 얼려 있는 곧이말을 말한다. "나는 소리가 들린다."에서 〈소리+가〉는 으뜸 곧이말 〈나+는〉과 함께 얼려 있는 얼임 곧이말이다. 이때 '소리'는 '나'와 함께 얼려 있는 관계에 있다.
10-4	같이 곧이말	같이 곧이말은 으뜸 곧이말과 더불어 같이하는 곧이말을 말한다. "나는 그녀와 결혼한다."에서 〈그녀+와〉는 으뜸 곧이말 〈나+는〉과 더불어 같이하는 같이 곧이말이다. 이때 '나'와 '그녀'는 더불어 같이하는 관계에 있다.
11	맞이말	맞이말은 맞이 마디말을 줄인 것으로서, 곧이말에 어떤 일이 있게 될 때, 곧이말이 마주하는 여러 가지 마디말을 하나로 싸잡아서 가리키는 말이다. 한국말에서 맞이말은 곧이말이 맞이말을 어떻게 마주하느냐에 따라서 아래와 같이 열다섯 가지로 나누어볼 수 있다.
11-1	바로 맞이말	바로 맞이말은 곧이말에 어떤 일이 있게 될 때, 곧이말이 바로 마주하고 있는 맞이말을 말한다. "나는 딸기를 먹었다.", "그는 벼락을 맞았다."에서 〈딸기+를〉과 〈벼락+을〉은 바로 맞이말이다.
11-2	끼침 맞이말	끼침 맞이말은 곧이말에 어떤 일이 있게 될 때, 곧이말이 일에서 끼치고자 하는 어떤 것을 나타내는 맞이말을 말한다. "나는 동생에게 편지를 보냈다."에서 〈동생+에게〉는 끼침 맞이말이다.

11-3	가암 맞이말	가암 맞이말은 곧이말에 어떤 일이 있게 될 때, 일에 쓰이는 가암(감, 재료)을 나타내는 맞이말을 말한다. "그는 밀가루로 수제비를 끓였다."에서 〈밀가루+로〉는 가암 맞이말이다.
11-4	비롯 맞이말	비롯 맞이말은 곧이말에 어떤 일이 있게 될 때, 일이 비롯하는 어떤 것을 나타내는 맞이말을 말한다. "그는 몸에서 땀이 났다."에서 〈몸+에서〉는 비롯 맞이말이다.
11-5	자격 맞이말	자격 맞이말은 곧이말에 어떤 일이 있게 될 때, 곧이말이 가진 자격을 나타내는 맞이말을 말한다. "그는 형으로서 동생을 보살펴야 했다."에서 〈형+으로서〉는 자격 맞이말이다.
11-6	밑감 맞이말	밑감 맞이말은 곧이말에 어떤 일이 있게 될 때, 일의 밑바탕이 되는 어떤 것을 나타내는 맞이말을 말한다. "그는 강물에 빠졌다."에서 〈강물+에〉는 밑감 맞이말이다.
11-7	시간 맞이말	시간 맞이말은 곧이말에 어떤 일이 있게 될 때, 일이 일어난 시간을 나타내는 맞이말을 말한다. "그는 12시에 집에 왔다."에서 〈12시+에〉는 시간 맞이말이다.
11-8	장소 맞이말	장소 맞이말은 곧이말에 어떤 일이 있게 될 때, 일이 일어난 장소를 나타내는 맞이말을 말한다. "그는 오늘 집에 있다."에서 〈집+에〉는 장소 맞이말이다.
11-9	방향 맞이말	방향 맞이말은 곧이말에 어떤 일이 있게 될 때, 일이 가리키는 방향을 나타내는 맞이말을 말한다. "그는 동쪽으로 걸어갔다."에서 〈동쪽+으로〉는 방향 맞이말이다.
11-10	보람 맞이말	보람 맞이말은 곧이말에 어떤 일이 있게 될 때, 일의 보람을 나타내는 맞이말을 말한다. "그는 학교에 갔다."에서 〈학교+에〉는 보람 맞이말이다.

11-11	도구 맞이말	도구 맞이말은 곧이말에 어떤 일이 있게 될 때, 일에 쓰이는 도구를 나타내는 맞이말을 말한다. "그는 칼로 당근을 썰었다."에서 〈칼+로〉는 도구 맞이말이다.
11-12	수단 맞이말	수단 맞이말은 곧이말에 어떤 일이 있게 될 때, 일에 쓰는 수단을 나타내는 맞이말을 말한다. "그는 친절로써 손님의 마음을 끌었다."에서 〈친절+로써〉는 수단 맞이말이다.
11-13	까닭 맞이말	까닭 맞이말은 곧이말에 어떤 일이 있게 될 때, 일이 있게 된 까닭을 나타내는 맞이말을 말한다. "그는 교통사고로 병원에 실려 갔다."에서 〈교통사고+로〉는 까닭 맞이말이다.
11-14	견줌 맞이말	견줌 맞이말은 곧이말이 무엇을 끌어다가 견주는 것을 나타내는 맞이말을 말한다. "나는 그보다 덩치가 크다."에서 〈그+보다〉는 견줌 맞이말이다.
11-15	같이 맞이말	같이 맞이말은 맞이말과 맞이말이 함께 묶여서 같이하는 맞이말을 말한다. "그는 망치와 톱으로 개집을 지었다."에서 〈망치+와〉와 〈톱+으로〉는 같이 맞이말이다.
12	풀이말	풀이말은 풀이 마디말을 줄인 것으로서, 곧이말을 어떤 것으로 풀어주는 마디말을 가리키는 말이다. 한국말에서 풀이말은 크게 두 가지로 나눌 수 있다. 하나는 풀이말이 곧이말을 풀어주는 방식을 좇아서 일됨, 꼴됨, 이됨 따위로 풀이말의 갈래를 나누는 것이고, 다른 하나는 풀이말이 포기말에서 맡아서 하는 구실을 좇아서 마침, 매김, 이음 따위로 풀이말의 갈래를 나누는 것이다.
12-1	일됨 풀이말	일됨 풀이말은 곧이말에서 볼 수 있는 어떤 일을 어찌어찌하는 것으로 풀어주는 마디말을 말한다. "그는 아침에 빵을 먹었다."에서 〈먹+었다〉는 일됨 풀이말이다.

12-2	꼴됨 풀이말	꼴됨 풀이말은 곧이말에서 볼 수 있는 어떤 꼴을 어떠어 떠한 것으로 풀어주는 마디말을 말한다. "그것은 빛깔이 붉다."에서 〈붉+다〉는 꼴됨 풀이말이다.
12-3	이됨 풀이말	이됨 풀이말은 곧이말이 어떤 것임을 풀어주는 마디말을 말한다. "그것은 내가 본 책이다."에서 〈책+이다〉는 이됨 풀이말이다.
12-4	있음 풀이말	있음 풀이말은 곧이말이 어디에 자리해 있다는 것을 풀어주는 마디말을 말한다. "그는 아직도 집에 있다."에서 〈있+다〉는 있음 풀이말이다.
12-5	됨이 풀이말	됨이 풀이말은 곧이말이 어떤 것이 되는 것을 풀어주는 마디말을 말한다. "그는 씩씩한 군인이 되었다."에서 〈되+었다〉는 됨이 풀이말이다.
12-6	마침 풀이말	마침 풀이말은 어떤 말이 하나의 포기말(문장)로서 끝마침에 이를 수 있도록 풀어주는 마디말을 말한다. "그는 아침에 빵을 먹었다."에서 〈먹+었다〉는 마침 풀이말이다.
12-7	매김 풀이말	매김 풀이말은 어떤 말을 속으로 매겨서 풀어주는 마디말을 말한다. "부지런한 그는 무엇이든 성공할 것이다."에서 〈부지런하+ㄴ〉은 〈그+는〉을 매겨주는 매김 풀이말이고, 〈성공하+ㄹ〉은 〈것+이다〉를 매겨주는 매김 풀이말이다.
12-8	이음 풀이말	이음 풀이말은 어떠한 것이나 어찌하는 것을 뒤로 이어지게 해서 풀어주는 마디말을 말한다. "그는 아들을 집에 있게 했다."에서 〈있+게〉는 뒤에 나오는 〈했+다〉로 이어지는 이음 풀이말이다.
12-9	엮음 풀이말	엮음 풀이말은 어떠한 것이나 어찌하는 것을 뒤로 엮이게 해서 풀어주는 마디말을 말한다. "그는 밥을 먹고, 학교로 갔다."에서 〈먹+고〉는 뒤에 나오는 '학교로 갔다'와 엮여 있는 엮음 풀이말이다.

13	꾸밈말	꾸밈말은 '꾸밈 마디말'을 줄인 것으로서, 무엇을 어떠하다고 꾸며주는 마디말을 가리키는 말이다. "그는 일을 신나게 했다."에서 〈신나+게〉는 〈했+다〉를 꾸며주는 꾸밈 마디말이고, "그는 춤을 나비처럼 추었다."에서 '나비+처럼'은 〈추+었다〉를 꾸며주는 꾸밈 마디말이다.
14	묶음말	묶음말은 '묶음 마디말'을 줄인 것으로서, 포기말(문장)과 포기말(문장)을 묶어서 뜻이 서로 잘 이어지게 만드는 마디말을 말한다. "그는 일찍 밥을 먹었다. 그리고 그는 회사에 출근했다."에서 〈그리+고〉는 앞뒤의 포기말을 묶어서 이어주는 묶음 마디말이다.
15	놀람말	놀람말은 '놀람 마디말'을 줄인 것으로서, 사람이 무엇을 마주해서 놀라게 되었을 때, 그러한 느낌을 나타내는 마디말을 말한다. '앗!', '와!', '굉장하구나!' 같은 것은 놀람 마디말이다.
16	호응말	호응말은 '호응 마디말'을 줄인 것으로서, 사람들이 남이 하는 말을 듣고서 그것에 대한 호응을 나타내는 마디말을 말한다. '예', '아니', '글쎄'와 같은 것은 호응 마디말이다.
17	부름말	부름말은 '부름 마디말'을 줄인 것으로서, 사람들이 무엇을 불러서 마주하게 하는 것을 나타내는 마디말을 말한다. '길동아', '창수야', '여보시오'와 같은 것은 부름 마디말이다.
18	씨말	씨말[형태소(形態素)]은 사람이 말로써 무엇을 생각할 때, 생각의 씨가 되는 낱낱의 말을 가리킨다. "그는 작은 꽃을 보았다."에서 '그', '는', '작', '은', '꽃', '을', '보', '았', '다'는 씨말이다. 한국말은 씨말로써 마디말(어절)을 만들고, 마디말을 엮어서 포기말(문장)을 만들어 갖가지로 생각을 펼친다. 씨말은 마디말의 기틀을 나타내는 앞씨말과 마디말의 구실을 나타내는 곁씨말이 있다.

19	앟씨말	앟씨말(어근/어간)은 마디말을 이루는 씨말 가운데 마디말의 기틀을 나타내는 씨말을 가리키는 말이다. "그는 작은 꽃을 보았다."에서 〈그+는〉의 '그', 〈작+은〉에서 '작', 〈꽃+을〉에서 '꽃', 〈보+았다〉에서 '보'는 마디말의 기틀을 나타내는 앟씨말이다. 앟씨말에는 몸통것 앟씨말, 풀이것 앟씨말, 풀이지 앟씨말이 있다.
19-1	몸통것 앟씨말	몸통것 앟씨말은 무엇이 가진 몸통을 가리키는 앟씨말을 말한다. '해', '달', '풀', '나무', '개', '나비', '밥', '옷', '기차', '비행기'와 같은 것은 무엇에서 볼 수 있는 몸통을 가리키는 몸통것 앟씨말이다.
19-2	풀이것 앟씨말	풀이것 앟씨말은 무엇에서 볼 수 있는 일됨이나 꼴됨 따위를 어떤 것으로 가리키는 앟씨말을 말한다. '먹음', '먹기', '잡음', '잡기', '밝음' '밝기', '있음', '없음', '좋음', '싫음'과 같은 것은 무엇에서 볼 수 있는 일됨이나 꼴됨 따위를 가리키는 풀이것 앟씨말이다.
19-3	풀이지 앟씨말	풀이지 앟씨말은 무엇에서 볼 수 있는 일됨이나 꼴됨 따위를 풀어내는 앟씨말을 말한다. "나는 점심을 먹고, 산책을 가겠다."에서 〈먹+고〉의 '먹', 〈가+겠다〉의 '가'는 무엇에서 볼 수 있는 일됨을 풀어내는 풀이지 앟씨말이다.
20	곁씨말	곁씨말(토씨/조사/어미)은 마디말을 이루는 씨말 가운데 마디말의 구실을 나타내는 씨말을 가리키는 말이다. "그는 작은 꽃을 보았다."에서 〈그+는〉의 '~는', 〈작+은〉에서 '~은', 〈꽃+을〉에서 '~을', 〈보+았다〉에서 '~았다'는 마디말의 구실을 나타내는 곁씨말이다. 마디말에서 구실을 나타내는 것은 모두 곁씨말이다. 곁씨말은 마디말의 갈래를 좇아서 곧이말 곁씨말, 맞이말 곁씨말, 풀이말 곁씨말, 꾸밈말 곁씨말, 묶음말 곁씨말, 놀람말 곁씨말, 호응말 곁씨말, 부름말 곁씨말이 있다.

한국말 말차림법

2023년 10월 9일   초판 1쇄 찍음
2023년 10월 19일   초판 1쇄 펴냄

지은이 최봉영
펴낸이 송문숙
책임편집 류미정 | **디자인** 올컨텐츠그룹
마케팅 최근홍

펴낸곳 묻따풀학당
출판등록 2020년 11월 19일 제385-251002020000175호
주소 경기도 안양시 동안구 부림로 113 평촌아이파크 1602호
전화 031-384-4220
전자우편 muttapul@gmail.com

© 최봉영 2023

ISBN 979-11-972995-1-3 03700

- 이 책 내용의 전부 또는 일부를 재사용하려면
  반드시 저작권자와 묻따풀학당 양쪽의 서면 동의를 받아야 합니다.
- 책값은 뒤표지에 표시되어 있습니다.

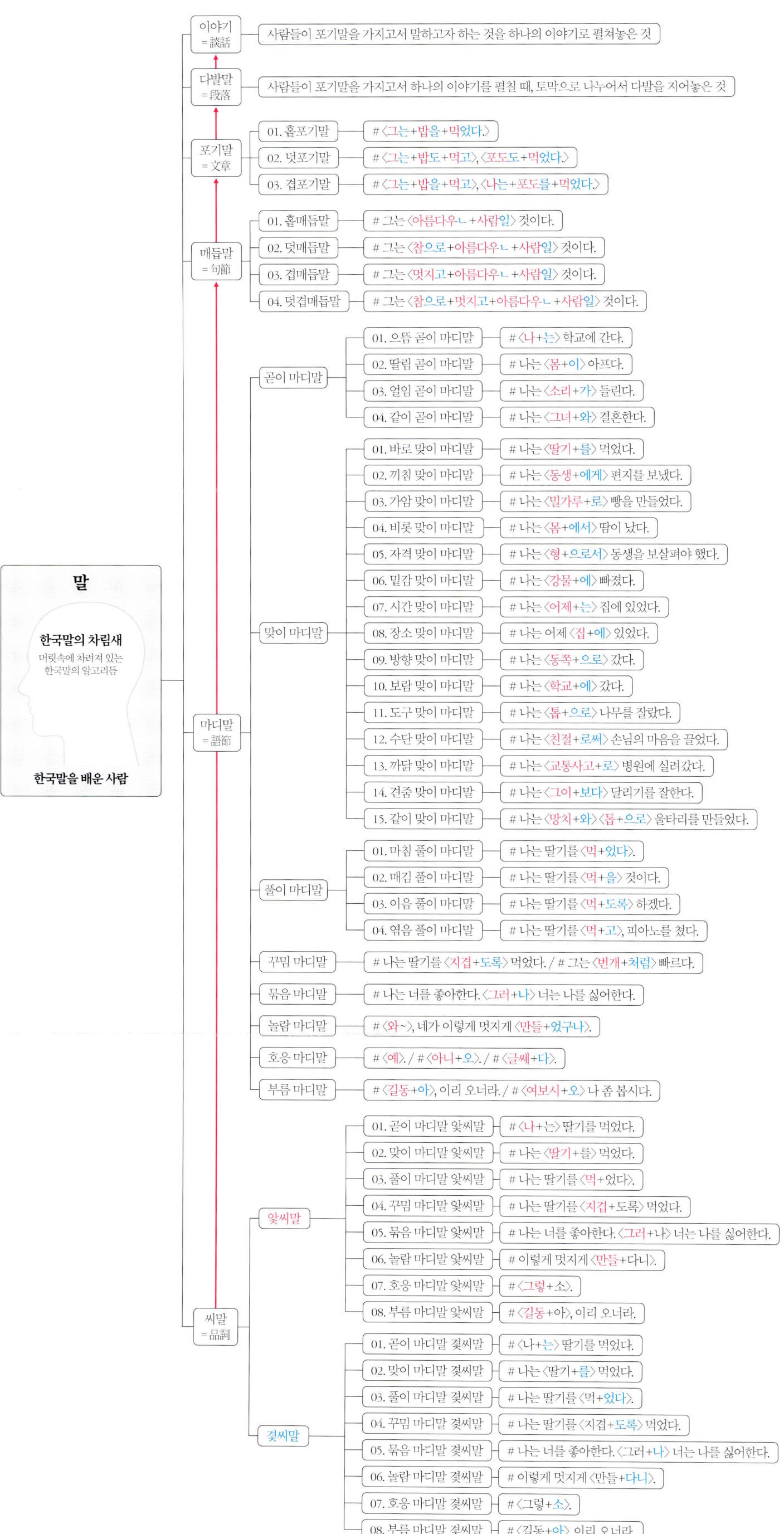